著

文化多样性
语境下主流意识形态
建设新论

光明日报出版社

图书在版编目（CIP）数据

　　文化多样性语境下主流意识形态建设新论/张一著
.--北京： 光明日报出版社,2022.8
　　ISBN 978-7-5194-6782-1

　　Ⅰ.①文… Ⅱ.①张… Ⅲ.①社会意识形态—研究—
中国—现代 Ⅳ.① D092.7

　　中国版本图书馆 CIP 数据核字 (2022) 第 156491 号

文化多样性语境下主流意识形态建设新论
WENHUA DUOYANGXING YUJING XIA ZHULIU YISHIXINGTAI JIANSHE XINLUN

著　　者：张　一				
责任编辑：杨　茹		责任印制：曹　净		
封面设计：李彦生		责任校对：傅泉泽		

出版发行：光明日报出版社

地　　址：北京市西城区永安路 106 号，100050

电　　话：010-63169890（咨询），010-63131930（邮购）

传　　真：010-63131930

网　　址：http://book.gmw.cn

E - mail：gmrbcbs@gmw.cn

法律顾问：北京市兰台律师事务所龚柳方律师

印　　刷：北京建宏印刷有限公司

装　　订：北京建宏印刷有限公司

本书如有破损、缺页、装订错误，请与本社联系调换，电话：010-63131930

开　　本：170mm×240mm			
字　　数：260 千字		印　　张：16.75	
版　　次：2022 年 8 月第 1 版		印　　次：2022 年 8 月第 1 次印刷	
书　　号：ISBN 978-7-5194-6782-1			
定　　价：78.00 元			

目 录

C O N T E N T S

第四章　文化多样性语境下主流意识形态建设的主要内容

第五章 文化多样性语境下主流意识形态建设的原则和路径

绪　论

　　马克思主义主流意识形态作为一种观念的上层建筑，一种认识现实世界的方式，一种鼓舞和规范人们行为的力量，一种社会黏合剂，对于社会主义和谐社会建设和当今中国的改革与发展十分重要。英国 19 世纪著名的社会改革家塞缪尔·斯迈尔斯在其《信仰的力量》中指出："能够激发灵魂的高贵与伟大的，只有虔诚的信仰。在最危险的情形下，最虔诚的信仰支撑着我们；在最严重的困难面前，也是虔诚的信仰帮助我们获得胜利。"①经过四十多年的改革开放，现代化为人类的物质生产、精神生活和科学技术带来了日新月异的变化，中国社会呈现出更加丰富的样态。具体而言，本书探究文化多样性语境下当代中国主流意识形态建设，主要有以下三方面的原因。

一、多样文化激荡与共存的时代背景

　　20 世纪中叶以来，伴随着全球化的历史进程，全球范围内超越国界、超越民族、超越社会制度、超越意识形态的多种文化和价值观念也随之而来。文化资源的全球性流动已成为当今社会的潮流和发展趋势。正如马克思、恩格斯所说："过去那种地方的和民族的自给自足和闭关自守状态，被各民族的各方面的互相往来和各方面的互相依赖所代替了。物质的生产是如此，精神的生产也是如此。各民族的精神产品成了公共的财产。民族的片面性和局限性日益成为不可能。"②多样文化相互碰撞、交融与共存的趋势日趋明显。

① 斯迈尔斯. 信仰的力量 [M]. 余星，等，译. 北京：北京图书馆出版社，2000：1.
② 马克思恩格斯选集：第 1 卷 [M]. 北京：人民出版社，1995：276.

特别是在当今社会，由于人类本身及其活动的多样性、丰富性，从而使人类的文化呈现出更加多姿多彩的发展态势。文化的灵魂是价值和价值观，文化的多样化必将导致价值的多样化。从内缘性看，当代中国社会的急剧转型引发了文化形态的多样性。中国由传统的计划经济向社会主义市场经济、由农业社会向工业社会乃至现代社会转变，这就必然形成人们生活方式、思想观念、价值取向的多样化，造成传统文化与现代文化、先进文化与落后文化、主流文化与多样文化的冲突等。如何用主流意识形态整合、引领多样文化及价值取向是摆在我们面前必须解决的课题。从外缘性看，经济全球化、政治多极化构成了中西文化和价值的冲突。在这场全球性的利益博弈中，西方发达国家利用其经济、科技、文化等方面的优势，高扬"平等""人权""自由"等人类普遍价值，冲击了我国民族文化和本土文化，造成了两者之间在价值目标、价值取向、价值标准、价值手段等诸方面的摩擦与冲突。在这种背景下，全球化、市场化、开放化、现代化催生了我国多样文化的发展，一方面，世界范围内各种不同文化的频繁接触、交流、碰撞、激荡、交汇确实有利于中国吸收世界优秀文明成果，另一方面，伴随着资本输出，西方强势文化源源不断地进入中国文化市场，不断地冲击国人的思想品格、价值取向和道德观念。因此，基于多样文化背景，探究当代中国主流意识形态建设问题具有重要的理论和实践意义。

二、当代中国主流意识形态建设面临新挑战

改革开放前，由于马克思主义在革命战争年代所展现出的巨大威力，社会主义意识形态在我国民众的心目中树立了不可撼动的威信，获得了民众高度的认同。再加上党和政府加强了对马克思主义基本理论的宣传，从

而将旧的意识形态的社会影响控制在一定的范围内。同时由于西方帝国主义国家对中国的敌视和封锁以及我们对西方国家的偏见使得两种截然不同的意识形态难以在中国境内碰撞和交锋。所以，马克思主义意识形态在当时处于绝对主导和统治地位。

改革开放后，随着经济、政治体制的变革和社会交往方式、生活方式等多样化和传统思想文化的复兴以及西方各种文化和思潮的涌入，一定程度上，使人们获得了新的价值参照坐标，开阔了视野，认知世界的理性程度大大提升，民众的思想观念和价值取向呈现出多样的特点。各种非马克思主义甚至反马克思主义的思想体系开始在人们的头脑中产生较大影响，宗教的和非宗教的、传统的和现代的、本土的和西方的思想文化观念由于在不同层面适应了不同社会群体与个体的精神需求而被接纳和信奉，进而影响着社会成员的社会行为。有些非马克思主义思想在当代中国能起到一定调适社会心理、进行道德教化、劝人向善和稳定社会秩序等积极作用，这些思想文化中所包含的优秀文化成分可以被主流意识形态所汲取。但是，也有一些非马克思主义的意识形态披着合法的外衣但本质上却意图消解甚至取代以马克思主义为指导的主流意识形态地位。此外，还有一些人和社会团体通过各种渠道和途径秘密传播各种反社会主义、反马克思主义的言论和观点，否定改革开放的社会主义性质和取得的成果，企图将改革开放引向歧途。诸如此类问题的存在给当代我国主流意识形态建设提出新挑战、新要求，必须引起足够的警惕和重视。总之，各种思想文化、文化思潮和意识形态汇聚中华，形成共生与渗透、碰撞与交流、冲突与对话的文化和意识形态系统是一种必然的历史趋势，如何科学应对，需要执政者与学界的认真总结与反思。

从社会现实层面看，目前中国正处于社会的转型期和改革的关键阶段，社会利益结构正在发生深刻调整，人们思想活动的差异性、多变性、选择性、独立性明显增强。但是，在多样文化、文化思潮和西方意识形态的冲击和挑战下，我国主流意识形态面临着一系列富于挑战性的境遇，意识形态领域中多种思想、文化、价值和道德观念并存，造成了部分社会成员在理想信念、价值取向、道德观念等方面选择时的困惑、迷惘，削弱了人们对马克思主义主流意识形态的认同，给我国的主流意识形态建设带来了极大的障碍，党的执政方式与能力面临复杂而严峻的考验。

三、对我国主流意识形态建设研究的意义

和平与发展作为当今世界的时代特征和主题，但这并不意味着意识形态斗争已经停止或消失。"只有到了共产主义社会，阶级和国家走向了消亡，阶级社会中的意识形态才会最终走向彻底终结。"[①] 可见，只要阶级意志和根本利益不同的阶级、阶层和社会集团仍然存在，只要国家尚未消失，意识形态和意识形态领域的斗争就会客观存在，只是在不同的时期具有不同的表现形式而已。自从十月革命以来，资本主义和社会主义国家之间的意识形态斗争就从来没有间断过。直至 20 世纪 50 年代中后期，一方面社会主义国家顶住了资本主义国家的遏制、封锁、侵略，基本上稳住了阵脚；另一方面，资本主义国家经济开始复苏，局势逐步趋于稳定。意识形态领域的斗争似乎没有以前那么激烈了，以至于 1960 年美国政治学家丹尼尔·贝尔在其所著的《意识形态的终结》一书中大肆宣扬"意识形态终结论"，他声称："摆在美国和世界面前的问题是坚决抵制'左派'和'右派'之间进行意识形态争论的古老观念，现在，纵使'意识形态'这一术语还

---

① 梁建新. 穿越意识形态终结的幻想——西方意识形态终结思潮评析 [M]. 北京：中国社会科学出版社，2008：187.

有理由存在的话，它也是一个不可救药的贬义词。"① 然而，事实并非如此。在现实的国际关系中，资本主义国家与社会主义国家之间相处并不太平静，两种社会制度、两条道路之间的较量是长期的，资本主义国家对社会主义国家的意识形态渗透从未放松。

20世纪90年代以来，随着中国综合国力和国际影响的不断增强，美国国内的保守势力和所谓的政治"精英"，日益把中国视为对美国霸权利益的巨大挑战和最大的潜在敌人。邓小平在倡导改革开放、推进现代化建设的同时，也明确地提出了"坚持社会主义，防止和平演变"的问题。他告诫全党：西方国家正在打一场没有硝烟的第三次世界大战。江泽民在抵御西方资本主义国家的和平演变问题上，多次进行过深刻思考："在这种复杂的情况下，我们务必要高瞻远瞩，采取有力措施，把各级领导班子建设好，以保证老一辈无产阶级革命家开创的事业代代相传。"② 新时期，随着我国改革开放的深入和全面展开，意识形态领域面临的形势将更加严峻，为此，习近平同志指出："意识形态工作是党的一项极端重要的工作。"③ 是为国家立心、为民族立魂的工作。意识形态关乎旗帜、关乎道路、关乎国家政治安全，必须把意识形态工作的领导权、管理权、话语权牢牢掌握在手中。

理论的研究源于对问题的关注，社会发展期待着人们价值取向的学术自觉。在新的形势下，中国共产党如何汲取苏东国家社会主义意识形态建设失败的深刻教训，发挥我国主流意识形态的引领、凝聚及整合功能，培养广大民众对马克思主义主流意识形态的认同、信仰及理性自觉，满足人们对精神价值的追求，促进人自由而全面发展；如何利用执政党的有利地位，把中国改造成一个具有现代文明，现代法制，经济繁荣，人民生活得

① 贝尔. 意识形态的终结——50年代政治观念衰微之考察 [M]. 张国清，译. 南京：江苏人民出版社，2013：167.
② 新时期党的建设文献选编 [M]. 北京：人民出版社，1991:560.
③ 习近平谈治国理政：第一卷 [M]. 北京：外文出版社，2018:153.

到保障的社会。这是一个重大的历史性课题，也是新时代对中国意识形态建设提出的新要求。

多样文化背景下当代我国主流意识形态建设研究是一个具有前沿性和时代性的课题，对于开辟马克思主义中国化的新境界，不断增强主流意识形态的吸引力和凝聚力，充分调动广大人民的主动性、积极性和创造性，开创具有中国特色社会主义事业的新局面具有重要意义。

（一）有助于坚持和发展马克思主义，树立主流意识形态的理性权威

马克思主义是我们立国立党的根本指导思想，是我国社会主流意识形态的根本所在。历史发展特别是当代中国发展已经雄辩地证明，坚持马克思主义的指导地位，是近代以来中国历史发展的必然结果，是中国共产党和中国人民的历史选择。改革开放四十多年的历史进程表明，马克思主义是我们主流意识形态的旗帜和灵魂。推动科学发展，促进社会和谐，维护社会稳定，实现人民利益，就必须坚持和巩固马克思主义在我国意识形态领域的指导地位。深入探讨我国主流意识形态建设面临的机遇和挑战，借鉴西方发达资本主义主流意识形态建设的可行性经验，吸取东欧剧变的历史教训，清除思想文化领域中干扰主旋律的杂音，建设社会主义先进文化，以社会主义核心价值体系引领和整合多样化的文化思潮，对于不断增强马克思主义在当代中国的吸引力具有十分重要的现实意义。

（二）有助于确立价值导向，建设社会主义核心价值体系

意识形态"是一种判断是非、对错、真伪的价值体系"①。意识形态"为

---

① 李希光，刘康，等. 妖魔化与媒体轰炸 [M]. 南京：江苏人民出版社，1999：21-22.

世人确定意义"①。任何政权在建立以后，都会按照自己的利益来建设社会、改造世界，就必须建构一套符合本阶级利益的社会价值体系，使全社会成员认同自己的价值目标、价值取向、评判标准等。一个稳固的社会，必定有一个得到社会各阶层成员广泛认同的社会价值体系。意识形态建构社会价值体系、确立社会价值导向，主要体现在以下几方面：第一，提出价值目标。价值目标包含在统治阶级意识形态的政治目标或社会理想中。正确的价值目标，是在社会实践的基础上产生的，是主观对客观的正确反映，不切实际的价值目标是无法实现的。它既要体现主观的愿望，也不可以脱离客观实际随意决定。第二，明确评判标准。价值评判标准就是对事物的价值进行客观评价的尺度和依据。不同的社会价值观就有不同的评判标准。社会主义核心价值体系就是要提出一个以维护广大人民利益为出发点的，保障人民权益，且能够为全社会认同的评判标准。第三，制定价值规范。为了约束、引导人们的言行，使之尽可能地符合社会价值观的要求，制定价值规范是非常必要的。它具体表现为统治者倡导的一系列的行为准则，属于一种道义的"软约束"，一般不带有强制性。十六届六中全会上，我党在总结历史经验和准确把握中国社会性质的基础上，明确提出了社会主义核心价值体系的概念，党的十八大报告指出，"社会主义核心价值体系是兴国之魂，决定着中国特色社会主义发展方向。要深入开展社会主义核心价值体系学习教育，用社会主义核心价值体系引领社会思潮、凝聚社会共识。……牢牢掌握意识形态工作领导权和主导权，坚持正确导向，提高引导能力，壮大主流思想舆论"②。多样文化背景下我国主流意识形态建设的研究这一课题，既是对多样文化冲突和价值冲突的回应，又是消解主流意识形态认同危机的核心诉求；

① 霍金森. 领导哲学（中文版）[M]. 刘林平，等，译. 昆明：云南人民出版社，1987：92.
② 十八大以来重要文献选编：上 [M]. 北京：中央文献出版社，2014：24-25.

既是重塑改革共识的需要，又是重建精神家园的诉求；既是确立主流意识形态的价值导向，有效引领文化思潮的要求，又是提升中国软实力、建设社会主义核心价值体系的必然选择。

（三）可以更好地满足多样文化背景下人的精神生活需求

人是马克思历史唯物主义的始点，也是其全部学说的终点。在马克思的视域里，人是历史的、现实的，也是发展的。人的存在方式归根结底是与一定社会的生产方式联系在一起的。当人类进入 21 世纪这个崭新的时代，现代人的存在方式已不仅仅是生产方式的直接产物，其文化境遇日益凸显出来。当代社会在多样文化的背景下，人们对精神生活的需求日益增长，人的精神生活愈来愈被提升到重要的位置。如何提高人的生存质量，丰富人的精神生活，升华人的生存意义，成为文明社会发展着力解决的核心问题之一，成为当代中国需要关注的一个重要领域。社会主义意识形态是一个不断完善的价值系统，是历史性与普遍性、实践性与价值性的有机统一体。主流意识形态不仅是一定历史阶段特定的价值追求，在一定程度上契合历史发展的需要，满足了人们特定阶段的精神需求，而且要体现终极性的社会价值理想和信仰，以满足人们持续精神生活的需求。当代中国的主流意识形态建设既不能缺少本体论的意义层面，也不能缺少现代人安身立命的终极精神追求。多样文化境遇下的主流意识形态建设这一课题，作为满足人们精神生活的手段，通过发挥主流意识形态功能，最大限度地对人类的精神生活产生有效性和适用性，使主流意识形态转化为实践模式和生活模式，转化为一种具有可操作性的文化手段，尊重不同民族国家的文化个性，在平等交流中取长补短，又要弘扬民族文化，建设社会主义先进文化，真正提升自身的文化软实力，以满足人的全面自由发展的终极价值追求。

第一章

文化多样性与主流意识形态建设关系阐释

文化多样性是人类社会的基本特征，文化多样性的共存与博弈直接影响着当代中国主流意识形态建设和中国特色社会主义文化建设的进程。在当代中国主流意识形态建设中我们不应忽视其背后存在的多样文化背景，即多样文化全球化进程中出现的多样主义文化价值取向，只有直面和反思这些多样文化背景以及客观认识多样文化全球化进程中对我国主流意识形态建设的影响，我国的主流意识形态建设才能顺利进行。因此，必须在全面认识文化多样性的内涵及特点的基础上，科学把握主流意识形态的内涵和功能，正确理解文化多样性与主流意识形态建设的密切关系，进而深入阐释主流意识形态建设的基本问题就成为我们探讨文化多样性背景下当代中国主流意识形态建设这一重大问题的理论基础和逻辑起点。

第一节　　文化与文化多样性研究

“文化”一词对于大众来说并不陌生，但要对“文化”进行更深层次的概述和阐释却绝非易事，随着人类社会不断发展以及人类思想的深度交流碰撞，人们对“文化”一词的定义的分歧不是越来越少，反而在不断地扩大。文化多样性是当前学术界研究的前沿问题，要全面认识文化多样性就必须对"文化"的基本内涵、特征进行梳理和把握，以此才能更全面客观地对"文化多样性"进行深入阐释。

一、文化的内涵及基本特征

"文化"是一个非常复杂的概念，人们对文化的定义与争论一直存在，加强对文化相关概念的探讨有助于我们更加深刻地理解文化以及对其附属相关概念的把握。同时，由于文化一词具有丰富的内涵和不同的定义，对文化的概述无法一一论及，只能把其中具有代表性或普遍被讨论的内容加以梳理，进而为人们提供一定的参考和理解。

（一）文化的内涵

对于"文化"一词的定义，目前学术界还未形成真正统一的意见，不同学者对"文化"有不同的看法和界定标准。人们从不同维度对"文化"进行定义和区分，如从人类学、社会学、哲学、政治学、民族学、精神病学等角度阐释文化的概念等。

就西方社会而言，从词源和语义上考察文化，"文化"一词是古罗马人从拉丁语"Cultus"一词演变而来的，而后演变为"Culture"。美国著名文化人类学学者克罗伯（A.L. Kroeber）和克拉克洪（D. Kluckhohn）在《文化：一个概念定义的考评》一书中把人类各领域著名的专家学者对有关"文化"的定义进行了总结梳理，这本书中一共收集了166条有关文化的定义。他们把收集到的166条对文化的定义归类为6组，即描述性定义、历史性定义、规范性定义、心理性的定义、结构性定义和遗传性定义，这些定义具有一定的权威性和系统性，他们对文化的定义的系统梳理和总结概括被《大英百科全书》所引用。"人类学之父"泰勒（E. B. Tylor）是第一个从科学意义上对"文化"下定义的人，他在《原始文化》一书中指出，"文化，或文明，就其广泛的民族学意义来说，是包括全部的知识、信仰、艺术、道德、法律、风俗以及作为社会成员的人所掌握和接受的任何其他的才能和习惯的复合体"[1]。法国著名的启蒙思想家、哲学家卢梭在他的《社会契约论》一书中指出文化是风俗、习惯，特别是舆论。人类学家威廉·A.哈维兰在《当代人类学》一书中指出，文化是一系列规范或准则。怀特（L. A. White）在1959年发表的《文化的概念》一文中对文化提出了一个著名的定义，"文化是依赖于符号的使用而产生的，包括物体、行为、思想及态度"[2]。怀特的这一定义具有广泛性意义和参考性价值，对后来人们对文化的定义产生了深远的影响。

中国最早出现"文化"一词最早可追溯至《周易》中提及的"人文化成"一词，《周易》之贲卦的《彖辞》记载，"刚柔交错，天文也；文明以止，人文也。观乎天文以察时变，观乎人文以化成天下。"这里的"天文"是指天道自然，"人文"是指社会人伦。汉朝刘向在《说苑·指武》中谈道，"凡武之兴，为不服也，文化不改，然后加诛"。这里的"文"的基本含义是指文治，"化"的基本含义是指教化，"文化"的基本含义即是"文治教化"的意思，从词源的发展角度来看，刘向是中国古代汉语中最先将"文化"一词合并使用的人。汉代荀悦、南齐王融、晋代束晳在各自的相关著作中对"文化"均有所阐释，阐释了"文化内辑，武功外悠"的含义。从中国古代对"文化"使用的场景以及表述方式来看，"文化一直是在文治教化、礼乐典章制度意义上使用"[3]。梁启超在《什么是文化》中认为，"文化者，

---

① 泰勒. 原始文化 [M]. 连树声，译. 上海：上海文艺出版社，1992：1.
② 怀特. 文化的科学——人类与文明研究 [M]. 沈原，译. 济南：山东人民出版社，1988：133.
③ 王威孚，朱磊. 关于对"文化"定义的综述 [J]. 江淮论坛，2006（2）.

人类心能所开释出来之有价值的工业也"[1]。梁漱溟认为文化有广义和狭义之分，"俗常以文字、文学、思想、学术、教育、出版等为文化，乃是狭义的。我今说文化就是吾人生活所依靠之一切……文化之本义，应在经济、政治，乃至一切无所不包"[2]。钱穆认为，"文化是指集体的大群的人类生活而言。在某一地区、某一集团、某一社会或某一民族之集合的大群的人生，指其生活之各部门各方面综合的全体性而言，始得目之为文化"[3]。张岱年和程宜山认为，"文化是人类在处理人和世界关系中所采取的精神活动与实践活动的方式及其所创造出来的物质和精神成果的总和，是活动方式与活动成果的辩证统一"[4]。《辞海》把文化区分为广义文化和狭义文化，"从广义上说，指人类社会历史实践过程中所创造的物质财富和精神财富的总和。从狭义上说，指社会意识形态以及与之相适应的制度和组织机构"[5]。从我国学者对文化的定义来看，对文化的定义较为偏向精神层面，同时，广义文化和狭义文化是学者们关注的重点方面。

马克思主义认为，文化是由社会存在决定的，文化的发展受到政治、经济发展的制约，是一定社会政治和经济的反映，文化具有意识形态属性，是上层建筑的重要组成部分。《马克思主义大辞典》把文化划分为广义的文化和狭义的文化，认为广义的文化是指人类创造的物质财富和精神财富的总和，狭义的文化是指精神文化，包括自然科学、技术科学、社会意识形态及其与之相应的制度与设施。马克思主义哲学中的文化概念特别重视文化的意识形态属性，强调意识形态属性是文化的重要特征。中国特色社会主义文化具有丰富的思想内涵和理论价值，习近平总书记

---

① 王德峰. 国性与民德：梁启超文选 [M]. 上海：上海远东出版社，1995：254.
② 梁漱溟. 中国文化要义 [M]. 上海：上海人民出版社，2005：6.
③ 钱穆. 文化学大义 [M]. 台北：正中书局，1952：4.
④ 张岱年，程宜山. 中国文化与文化论证 [M]. 北京：中国人民大学出版社，1990：2.
⑤ 辞海 [M]. 上海：上海辞书出版社，1985：1533.

在党的十九大报告中指出，"中国特色社会主义文化，源自中华民族五千多年文明历史所孕育的中华优秀传统文化，熔铸于党领导人民在革命、建设、改革中创造的革命文化和社会主义先进文化，根植于中国特色社会主义伟大实践"①。建设中国特色社会主义文化要以建设社会主义核心价值观为引领，要不断推进社会主义核心价值体系建设，大力培育和践行社会主义核心价值观，搞好中国特色社会主义文化建设是推进当代中国主流意识形态建设的新平台。

（二）文化的基本特征

尽管文化的内涵十分丰富，人们对文化的概念的界定有所不同，但就对文化自身的基本特点来说，文化具有一些为绝大多数人所接受的共同属性。同时，立足于马克思主义科学方法论的指导，文化具有以下几方面的特点。

1. 意识形态属性

文化具有鲜明的意识形态属性，意识形态属性是文化的重要特性，意识形态制约并规范着文化的表现形式。文化蕴含着一定历史时期人们的价值观念、道德原则和思维认知，具有鲜明的意识形态属性，文化的意识形态属性深刻体现着一个国家的政治方向。在阶级社会，统治者与被统治者始终处于矛盾对立的两端，作为统治阶级的一方为了对被统治阶级进行彻底的、长期的统治，在统治初期往往是以暴力的手段进行镇压，然而要使社会长期稳定和阶级统治不断得到巩固和加强，就必须对被统治者加以精神控制，这就使得社会精神文化不可避免地沾染上意识形态的色彩。恩格斯指出，"意识形态是由所谓的思想家通过意识、但是通过虚假的意识完

① 习近平. 决胜全面建成小康社会 夺取新时代中国特色社会主义伟大胜利——在中国共产党第十九次全国代表大会上的报告 [N]. 人民日报，2017-10-28.

成的过程。"① 统治阶级通过把社会文化以及附属文化载体形式作为对被统治阶级进行统治的工具，不断地对被统治阶级进行精神控制和意识灌输，这就必然会使社会精神文化注入极强的政治色彩和阶级目的，使得社会精神文化作为维护社会统治阶级的意志的形式呈现出来，这就是文化的意识形态性。

2. 历史延续性

文化作为反映人类社会发展的一种特殊表现形式，它伴随着人类的经济、政治的发展而不断发展，文化的发展尤其受到经济、政治的制约和影响。在人类文明发展的历史进程中，文化以其特有的生命力不断地以一种生命力量而存在，尽管在一些历史节点上一些民族、部落的文化已经消失或者不再具有原有的表现形态，但就人类社会整个历史发展来看，人类的文明进程是一直延续着的。特别是具有强大包容性的文化，具有强大包容性的民族文化能够根据时代的变化不断调整自身以适应人类社会的经济、政治发展的需要，正是因为文化具有强大的历史延续性，人类社会才能得以不断地发展和进步。文化作为人类文明进程的重要呈现形式，它的历史延续性为人类交流和发展提供了基本的记忆载体。

3. 民族性和阶级性

文化具有鲜明的民族性，文化是一个地域、部落、民族创造的物质财富和精神财富的总和，文化记载着人们的行为范式、交流形式、生活方式等，每个民族都有区别于其他民族的固有文化形式和表现方式，具有不同于其他民族的文化特征，都有属于本民族的独特的文化世界。这些独特的文化既是民族的，也是世界的，它们共同构成了绚丽多彩的人类文化。同时，在阶级社会，文化具有阶级性，世界并不存在超阶级的文化，必须对

---

① 马克思恩格斯选集：第 4 卷 [M]. 北京：人民出版社，2012：642.

文化的阶级性加以高度重视和辨析。列宁指出，"无产阶级文化与资产阶级文化是两种不同的文化，无产阶级不能脱离包括资产阶级文化在内的传统文化的基础，但是绝不是简单地继承和全盘接受，需要用马克思主义加以改造和创新，必须把无产阶级的文化原则贯彻在其中，从而建立真正的无产阶级文化"①。认清阶级社会中文化的阶级属性是正确处理本民族文化和外来文化、社会主义文化和资本主义文化的重要前提，也是实现本民族文化自信的重要保证。需要指出的是，文化本身并不具备侵略功能，但如果把文化置于民族、国家竞争中的软实力层面来看，文化则是民族、国家间综合实力竞争的重要侵略性工具，它被赋予了更复杂的表现形态。同时，需要指出的是，文化具有阶级性只是阐明文化具有的特性，但这不意味着所有文化都具有阶级性，也就是说部分文化并不具备阶级属性。

4. 多样性

文化多样性是人类社会的基本特征，正是因为文化具有多样性，人类社会的发展才展现出不同的文化特征和表现形式，例如，希腊文化、中国文化、印度文化、非洲文化等，这些多样的文化共同创造了人类光辉灿烂的文明，对人类社会发展和进步做出了重要的贡献。2005 年 10 月 20 日联合国教科文组织（UNESCO）第 33 届会议通过的《保护和促进文化表现形式多样性公约》指出，"文化多样性是人类的一项基本特性；文化多样性创造了一个多姿多彩的世界，它使人类有了更多的选择，得以提高自己的能力和形成价值观，并因此成为各社区、各民族和各国可持续发展的一股主要推动力"。经济全球化必然加速推进不同民族文化的全球化进程步伐，但文化多样性的全球化并不意味着人类文化走向"同质化"和"单

---

① 列宁专题文集 [M]. 北京：人民出版社，2009：167.

一化"，我们必须肯定世界文化的多样性，各民族之间的文化交流应该在平等、尊重的基础上开展，人类社会不存在绝对的、统一的文化优劣评判标准，也不存在绝对的普世价值，我们必须正确处理人类文化的多样性，承认世界文化的多样性同时也就是在承认意识形态的多样性，这也就为各民族文化的和谐发展以及国家平等交流提供了规范指引。

二、文化多样性的内涵及具体表现

当今世界是一个文化多样性的时代，人类文明丰富多彩、百花齐放，多样性是世界文化的一个基本特质，文化多样性为人类交流互鉴提供了现实基础。深入把握文化多样性的内涵和表现形式，不仅有助于我们对人类文明发展成果进行充分了解，也有助于我们在处理人类社会交流互动中保持应有的理性和原则，更有助于我们在开展当代中国特色社会主义文化建设中更加坚定文化自觉和文化自信。

（一）文化多样性的内涵

在人类社会发展的很大一部分时期，文化多样性（Cultural diversity）一直被否认存在，各民族更多的是主张自己的本民族文化是世界文化的中心。但随着人类社会的不断进步和经济全球化的进一步发展，各民族文化的相互交流更加深入，文化多样性已成为人类社会讨论的重点词汇之一。2005年10月20日经联合国教科文组织第33届会议通过的《保护和促进文化表现形式多样性公约》（以下简称《公约》）把"文化多样性"的全称规定为"文化表现形式多样性"（The diversity of cultural expressions）。

　　《公约》把文化多样性界定为，"各群体和社会借以表现其文化的多种不同形式。这些表现形式在他们内部及其间传承。文化多样性不仅体现在人类文化遗产通过丰富多彩的文化表现形式来表达、弘扬和传承的多种方式，也体现在借助各种方式和技术进行的艺术创造、生产、传播、销售和消费的多种方式"。从联合国教科文组织对文化多样性的界定中可以看出，联合国教科文组织对文化多样性的界定侧重于文化表达形式的多样性，虽然《公约》的主要目的是促进国际文化产业和文化贸易的有序发展，但这一界定对促进各个国家之间开展文化平等交流具有积极意义，有利于保护和促进世界多样文化发展。我国在第十届全国人民代表大会常务委员会第 25 次会议上做出了批准该《公约》的决定，2007 年 1 月 30 日，我国正式向联合国教科文组织递交了批准书，2007 年 4 月 30 日该《公约》对我国正式生效。批准这一《公约》即意味着我国对《公约》中所阐述的内容给予了肯定和支持，这也体现了我国对联合国教科文组织对文化多样性内涵的规定的肯定和认可。

　　同时，需要指出的是，尽管联合国教科文组织在《公约》中对文化多样性的内涵进行了界定，《公约》也得到了包括中国在内的大多数国家的支持和认可，但《公约》所定义的文化多样性主要倾向于国家与国家之间的文化差异构成的多样性，有些学者对此持有不同的看法，学者们对文化多样性内涵的探讨仍然具有不同的声音和观点。例如，美国著名经济学教授泰勒·考恩（Tyler Cowan）认为，文化多样化概念有多重含义，如果把多样性说成意义单一的概念便会存在误导性，社会内的多样性和社会间的多样性具有不同的概念，前者是指这个社会选择菜单的丰富程度，而后者在某种程度上是一个集合式概念，后者更倾向于集体概念而不是个体概念。[①] Albro 则对《公约》中文化多样性内涵的界定提出了批评，他认为应该更多地关注多样性与特定文化主体之间的关系，如果我们不注意多样性与特定文化主体的关系，我们可能很快就会失去对未来多样性的把握。[②]尽管人们在探讨文化多样性这一问题上具有不同的界定标准和处理原则，但是从人类社会发展的角度来说，文化多样性的存在具有客观实在性，我们必须高度重视文化多样性存在的合理价值以及谨慎处理文化多样性带来的全球文化冲击对本民族文化的影响。

（二）文化多样性的具体表现

从文化多样性的具体表现来看，文化多样性具有表现形式的多样性和表现内容的多样性。

表现形式的多样性是文化多样性的重要特征，人类文明具有不同的表现形式，通过表现形式的多样化来展现各民族、部落以及聚居群体独特的文化色彩和文化特色，表现形式的不同是区分不同民族文化特点的重要根据。一是物质型文化，物质型文化表现形式是人们最为常见的形式之一，简单地说，体现人类劳动的物质产品都是物质型文化最本质的内容；二是制度型文化，制度型文化伴随着人类私权和公权的产生而出现，在权力的制约和威慑下，制度性文化既是维护权力的需要，也是规范和约束社会行为的需要；三是行为型文化，这种文化表现形式最能体现在人们每天的生活中，例如，打招呼形式的不同，招手、拥抱、点头等；四是心理型文化，心理型文化主要体现在人们价值观念和思维方式的不同上，对待同一件事

① 考恩. 创造性破坏：全球化与文化多样性 [M]. 王志毅，译. 上海：上海人民出版社，2007：24.

② Robert Albro：Managing Culture at Diversity's Expense? Thoughts on UNESCO's Newest Cultural Policy Instrument, The Journal of Arts Management, Law, and Society, Volume 35, No.3, 2005.

或者同一行为，具有不同文化背景的人的价值观念和思维方式会有所不同，并最终通过其现实的实践行为的不同而表现出来。

表现内容的多样性是文化多样性最基本的特征，各民族文化的不同和独有特征正是由于文化内容的不同而得到体现，也是因为内容的不同使得人类文明展现出不一样的色彩。影响人类社会文化内容多样性的因素有很多，主要因素有以下几方面。一是生产力，生产力水平的高低直接影响着人类文明前进的进程和演进方式，由于生产力的不同，不同民族的文化发展程度也会有所不同，因而其内容表现也存在差异性。二是地域，民族文化包含着地域文化的特性，由于地理环境的不同，各民族的文化内容也会存在不同，比如，内陆文化与海洋文化、平原文化与山区文化之间的不同等，另外，地理环境的差异性还会影响人们的思维习惯和行为习惯，进而影响人们对同一问题上的不同文化解读。三是社会实践，社会文化是社会实践的产物，社会实践是文化产生的源泉。文化内容的多样性来源于人类在实践过程中的创造、经验和总结，各民族在社会实践的基础上形成了具有本民族特色的文化内容和文化表现形式，构成了多姿多彩的文化世界。

第二节　马克思主义视域下的意识形态理论

"意识形态"（Ideology）作为多学科领域的焦点问题，长期以来是一个歧义纷呈的概念。马克思在批判继承前人特别是黑格尔的意识形态理论的基础上，创立科学的意识形态理论，从而使马克思的意识形态理论与马克思主义实现了历史的耦合。2018 年 6 月，习近平总书记在中央外事工作会议上指出："当前，我国处于近代以来最好的发展时期，世界处于百年未有之大变局，两者同步交织、相互激荡。"① 在世界处于"百年未有之大变局"的时代大背景下，在我国开启全面建设社会主义现代化国家的伟大新征程中，在经济全球化、文化全球化的时代境遇下，来探讨和摸索当代中国主流意识形态建设问题，我们必须厘清马克思主义意识形态的逻辑进程、主要观点、基本特征和主要功能。

一、马克思主义意识形态理论的逻辑进程与主要观点

马克思主义意识形态理论是指导社会主义国家文化建设的根本理论，是社会主义主流意识形态建设的核心内容。充分、准确认识马克思主义意识形态理论的逻辑进程和主要观点是开展社会主义主流意识形态建设的必要前提，只有加强对马克思主义意识形态理论的逻辑进程和主要观点的认识，社会主义国家主流意识形态建设才能充分得到理论指导。

（一）马克思主义意识形态理论的逻辑进程

"意识形态"概念虽然只有短暂的 200 多年历史，但它是一个非常复杂的词语，是整个社会科学领域中最难以把握又极富争议的概念之一。特里·伊格尔顿（Terry Eagelton，1943–）归纳了人们对意识形态所下的 16 种定义，而马尔科姆·汉密尔顿（Malcolm Hamilton）在《意识形态概念的要素》一文中罗列并分析的有关意识形态的定义则有 27 种之多，英国学者拉瑞恩（Jorge A. Larrain）认为，"意识形态是社会科学

---

① 习近平谈治国理政：第 3 卷 [M]. 北京：外文出版社，2020：428.

领域我们能够发现的最有歧义和最难理解的概念之一"①。一般认为，最早使用意识形态概念的是法国的"意识形态学家"（Ideologues）特拉西②，其实在特拉西那里，"意识形态"概念并不复杂，特拉西在他的多卷本著作《意识形态的要素》（Elementw D Ideologie：1801—1815）中用"意识形态"指称"观念科学"或"思想的科学"。在特拉西那里，意识形态是一个肯定性的概念，是积极的、进步的。但是经过拿破仑和法国保皇派、复辟派以及保守派的攻击之后，意识形态就成为一种贬义词流行开来，以至于很多西方学者纷纷从否定的意义来解读意识形态，把它看成与科学对立的虚假意识，都将自己排除在意识形态阵营之外。意识形态概念所表现出来的唯物主义感性论的色彩和经验理性的力量，对马克思意识形态理论产生了极大的影响。不过需要指出的是马克思的意识形态概念主要是在批判和吸收德国古典哲学尤其是黑格尔和费尔巴哈哲学的基础上形成的。黑格尔的"教化"和"异化"理论对马克思确立意识形态的内涵和特征以及创立意识形态理论奠定了重要的理论基础。费尔巴哈对宗教的批判触及意识形态的起源和本质问题，这对马克思唯物地理解宗教等具体意识形态形式具有启发作用。

与特拉西等法国意识形态家们不同，马克思首次把"意识形态"作为哲学概念加以使用。马克思意识形态理论的创立和发展过程，与历史唯物主义的创立和发展过程在逻辑上是一致的。"历史唯物主义的创立与意识形态学说的形成乃是同一个过程的两方面。"③从马克思在不同时期的著

---

① 刘明军，郑春来，陈少岚. 多样文化冲突与主流意识建构 [M]. 北京：中国社会科学出版社，2008：34.
② 关于"意识形态"这一概念的提出时间存在不同的认识：大卫·麦克里兰认为这一概念出现在 1797 年（参见麦克里兰. 意识形态 [M]. 长春：吉林人民出版社，2005：7）；约翰·B. 汤普森则认为这一概念 1976 年被使用（参见汤普森. 意识形态与现文化 [M]. 南京：译林出版社，2005：31）.
③ 俞吾金. 意识形态论 [M]. 上海：上海人民出版社，1993：53.

作中我们可以清楚地看到这一点。

《黑格尔法哲学批判》是马克思开始研究意识形态问题的起点。马克思在《〈黑格尔法哲学批判〉导言》中明确指出，"德国的哲学和法哲学在黑格尔的著作中得到了最系统、最丰富和最完整的阐述；对这种哲学的批判不但是对现代国家和对同他联系着的现实的批判性的分析，而且也是对目前为止的德国政治意识和法治意识的整个形式的最彻底的批判，而这种意识的最主要、最普遍、上升为科学的表现形式就是思辨的法哲学本身"[①]，其中清晰显现马克思对黑格尔哲学的批判性思维，并在对黑格尔法哲学和政治意识形式的地位、体系、本质与特征的批判与否定中，开始形成了马克思自己的意识形态的概念与理论体系。

马克思在《1844 年经济学哲学手稿》中以历史的、实践的人本主义改造费尔巴哈的"现实的人"的概念，并在随后《神圣家族》中进一步批判黑格尔思辨哲学，这可以看作马克思意识形态理论的进一步发展。所以说，"《1844 年经济学哲学手稿》在马克思意识形态思想发展中也是一个具有标志性意义的著作"[②]。1845 年的《关于费尔巴哈的提纲》，是马克思唯物史观形成的重要阶段，马克思通过对资产阶级政治经济学、德国古典哲学、青年黑格尔思想、费尔巴哈的旧唯物论以及各种文化思潮的批判，并通过对一系列社会政治实践的反思，马克思创立了重要的社会学说唯物史观，从而使唯物史观的理论与马克思的意识形态理论紧密结合起来。

马克思在 1845 年至 1846 年完成的《德意志意识形态》，进一步深化了《黑格尔法哲学批判》和《1844 年经济学哲学手稿》中关于意识形态的思想，创制了作为哲学概念的意识形态，并对意识形态进行了多维的内涵揭示与分析。之所以说是多维的分析，在于马克思在文中分别从两个

---

① 马克思恩格斯全集：第 3 卷 [M]. 北京：人民出版社，2002：206.
② 张秀琴. 论意识形态的功能 [J]. 教学与研究，2004（5）.

不同维度阐述"意识形态"的概念：其一是"德意志意识形态"，它指的是"从施特劳斯到施蒂纳的整个德国哲学"①，其二是"一般意识形态"，它是指阶级社会中反映统治阶级利益和意志、为统治阶级服务的思想体系。在《德意志意识形态》一书中，马克思深入探讨了意识形态的根源、本质与属性等基本概念，对意识形态进行了哲学的概括与应用，不仅在阶级立场与方法论上表现出了与黑格尔唯心主义神秘哲学、费尔巴哈旧唯物主义以及最近德国哲学家的根本差异，而且系统形成了历史唯物主义的社会观。《德意志意识形态》因此成为马克思意识形态理论创立的标志，并且实现了意识形态学说与唯物史观的有机统一与历史耦合。

《德意志意识形态》之后，在《共产党宣言》《路易·波拿马的5月18日》《1857—1858 年经济学手稿》《1861—1863 年经济学手稿》等经典文献中，马克思进一步丰富和完善了意识形态理论。而在《资本论》中，随着剩余价值学说和唯物史观的系统揭示，意识形态的形式、具体特征及其本质也被愈加完整地概括出来，马克思意识形态获得了完整意义的概念，唯物史观成为马克思意识形态理论与作为主要社会主义国家的意识形态的马克思主义相结合的重要形式与关键环节。

当历史进入 20 世纪，意识形态在列宁那里已经成了一种中性的概念，成为特定阶级的思想体系，因此，不仅资产阶级有意识形态，无产阶级也有自己的意识形态。随后，列宁在其《唯物主义和经验批判主义》一书中又提出了"科学的意识形态"的概念，并指出马克思主义就是"科学的意识形态"②。十月革命的胜利使列宁的意识形态理论成为马克思主义的正统学说，因此，苏联、东欧、中国等社会主义国家都坚持用唯物史观的立场、观点来阐释意识形态。

---

① 马克思恩格斯全集：第 1 卷 [M]. 北京：人民出版社，1995：64.
② 余一凡. 从马克思到列宁："社会主义意识形态"的确立 [D]. 天津：南开大学，2010：43.

国内学术界对于意识形态的定义大同小异。邢贲思认为，意识形态是"系统地、自觉地反映社会经济形态和政治制度的思想体系"①。俞吾金认为，"意识形态是在阶级社会中，适合一定的经济基础以及建立在这一基础之上的法律和政治上层建筑而形成起来的，代表统治阶级根本利益的情感、表象和观念的总和，其根本的特征是自觉地或不自觉地用幻想的联系来取代并掩蔽现实的联系"②。王永贵认为，"意识形态是一定社会历史条件下的统治阶级和社会利益集团（包括国家和国家集团），自觉、全面地反映社会经济形态和政治制度乃至国际关系的系统化了的思想观念、价值体系和理论学说的总称，是社会上层建筑的重要组成部分"③。宋惠昌认为，所谓意识形态是"一定社会或阶级的思想体系。具体一些说，意识形态是社会的思想上层建筑，是一定社会或一定社会阶级、集团基于自身根本利益对现存社会关系自觉反映而形成的理论体系；这种理论体系包括一定的政治、法律、哲学、道德、艺术、宗教等社会学说、观点；意识形态是该阶级、该社会集团政治纲领、行为准则、价值取向、社会理想的思想理论依据"④。纵观国内理论界对于意识形态的定义，一个基本趋势是对意识形态越来越持中性的看法，日益由统治阶级的意识形态推广到一定社会阶级、阶层、集团的思想体系。

综上所述，意识形态有广义和狭义之分。广义的意识形态是"特定阶级的思想体系，是指一定社会的阶级、阶层或社会集团基于自身根本利益对社会关系自觉反映而形成的思想体系"⑤。狭义的意识形态特指"一个社会占统治地位的思想体系，也就是主流意识形态，它是一定社会占统治

---

① 邢贲思. 在思想战线上 [M]. 北京：中共中央党校出版社，1992：351.
② 俞吾金. 意识形态论 [M] 上海：上海人民出版社，1993：129.
③ 王永贵. 马克思恩格斯意识形态理论精髓及其当代启示 [J]. 理论学刊，2009（6）.
④ 宋惠昌. 当代意识形态研究 [M]. 北京：中共中央党校出版社，1993：9-10 .
⑤ 张秀琴. 论意识形态的功能 [J]. 教学与研究，2004（5）.

地位的阶级、阶层或社会集团基于自身根本利益对社会关系自觉反映而形成的思想体系"①。本书所讲的意识形态是指狭义的意识形态也即主流意识形态，当代中国的主流意识形态就是以马克思主义为指导的社会主义意识形态。

（二）马克思主义意识形态理论的主要观点

探究马克思主义意识形态理论的主要观点，明晰马克思主义意识形态理论主要观点的基本因子，是我们理解马克思主义意识形态理论的关键线索。

1. 意识形态是文化发展的重要载体

意识形态作为统治阶级的阶级意识，一般来说同时也是阶级社会的主流文化，也就是说，意识形态既具有阶级性，还具有文化性，社会文化通过意识形态不断得到发展，意识形态是文化发展的重要载体。这就说明"精神生产和文化发展在文明社会中总是有一定的狭隘性和特殊性，在文明社会中不能离开意识形态，意识形态为精神生产提供思想文化的氛围和环境"②。意识形态作为人类文化发展的载体其作用主要体现在三方面：一是意识形态作为既定的环境制约着人类创造文化的视点；二是意识形态作为既定的思维结构制约着人类创造文化的方式；三是意识形态作为既定的社会评价体系制约着人们对文化的创造。也就是说，"文化主要通过意识形态的途径进行生产"③。这是因为在阶级社会里，文化大多是由统治阶级社会的统治集团控制的，意识形态生产和文化生产是一个同体的过程。"意识形态的生产同时也是文化的制造，反之，文化的制造同时也是意识

---

① 张秀琴. 论意识形态的功能 [J]. 教学与研究，2004（5）.
② 周宏. 论意识形态的文化意义 [J]. 江海学刊，2012（12）.
③ 武晟. 意识形态与文化的互动关系探微 [J]. 学术研究，2009（6）.

形态的生产。"① 只不过文化常常用来指认社会精神现象，而意识形态则往往用来指认统治阶级的阶级意识。在文明社会中，"意识形态历来都是文化发展的场所或载体，人们接受文化的过程也是一个接受意识形态的过程"②。当然，我们也应该看到，随着时间的推移和统治阶级的消亡，文化的意识形态性质和功能也就会随之消失而最终演变为客观存在的文化传统、文化遗产或文化环境，后人则会根据自己的需要吸取自己需要的部分或者是对其进行必要的改造。

2. 意识形态是具有阶级性的观念范畴

意识形态作为一种特殊的社会精神现象，在阶级社会中，意识形态不可避免地具有阶级性。换言之，任何作为意识形态的思想观念均是为特定阶级、特定阶层、特定利益集团服务的，没有阶级归属的思想观念根本无法成为意识形态。因为，每一种意识形态都不是凭空产生的，它的产生、变化、发展都与阶级实践活动存在着内在的联系。意识形态并不像某些资产阶级思想家所宣扬的那样是"纯粹的"精神现象，而是属于特定阶级的，为某个特定阶级服务。马克思指出，"哲学把无产阶级当作自己的物质武器，同样，无产阶级也把哲学当作自己的精神武器"③。列宁也曾这样概括意识形态的阶级性本质，即"任何时候也不可能有非阶级的或超阶级的思想体系"④。毛泽东也指出，"在阶级存在的条件之下，有多少阶级就有多少主义，甚至一个阶级的各集团中还各有各的主义"⑤。由此可见，在主张阶级性是意识形态的根本属性这一问题上，马克思主义者是持肯定意见的。

① 武晟.意识形态与文化的互动关系探微 [J].学术研究，2009（6）.
② 张秀琴.论意识形态的功能 [J].教学与研究，2004（5）.
③ 马克思恩格斯全集：第 1 卷 [M].北京：人民出版社，1995：15.
④ 列宁选集：第 1 卷 [M].北京：人民出版社，1995：327.
⑤ 毛泽东选集：第 2 卷 [M].北京：人民出版社，1991：687.

3. 意识形态是统治阶级的思想体系

意识形态的阶级性这一根本属性决定了任何意识形态都是统治阶级的思想体系。马克思指出，所谓阶级不过是生产关系发展到一定阶段的产物，是具有一定利益的经济性集团。统治阶级制造出属于本阶级的意识形态，并把它作为维护本阶级利益和统治的思想武器，所以，意识形态所反映的必然是社会上统治阶级的利益与意志。关于这一点，马克思在《德意志意识形态》中掷地有声地指出，"统治阶级的思想在每一时代都是占统治地位的思想"①。统治阶级基于维护自身利益的需要，总是努力培养属于本阶级的意识形态宣传者和代言人，控制意识形态的思想阵地、传播工具以及人才队伍，不遗余力地将本阶级的道德、宗教、哲学、政治、法律、艺术等意识形态形式灌输给所有社会成员。不仅如此，统治阶级总是假借意识形态的宣传与教育使本阶级的利益合法化和合理化。为了达到这一目标，统治阶级往往把他们的利益披上"全民性"外衣，美化成社会成员普遍的利益。

4. 意识形态是受制于经济关系的"观念的上层建筑"

马克思在《〈政治经济学批判〉序言》中认为"人们在自己生活的社会关系中发生一定的、必然的、不以他们的意志为转移的关系，即同他们的物质生产力的一定发展阶段相适应的生产关系。这些生产关系的总和构成社会的阶级结构，既有法律的和政治的上层建筑树立其上并有一定的社会意识形式与之相适应的现实基础"②。在这里，马克思区分了"政治上层建筑"和"观念上层建筑"，指出政治、法律、道德、宗教、思想、意识等意识形态形式属于"观念上层建筑"，而且以现实的经济关系为基础。意识形态不仅是受现实经济关系制约的"观念的上层建筑"，还是统治阶

① 马克思恩格斯全集：第 1 卷 [M]. 北京：人民出版社，1995：98.
② 马克思恩格斯全集：第 2 卷 [M]. 北京：人民出版社，1995：32.

级的"软国家机器"。意识形态"软国家机器"这一性质是意识形态阶级性的必然延伸。"现代国家,不管它的形式如何,本质上都是资本主义的机器,资本家的国家,理想的总资本家。"①资产阶级的统治不仅需要"靠国家的力量,靠军队、官僚和法庭"②,而且要靠种种意识形态的精神统治。因此,意识形态作为阶级统治的"软国家机器",对统治阶级的统治发挥着维护功能、宣传教化功能与服务功能。

二、马克思主义意识形态理论的基本特征与主要功能

把握好马克思主义意识形态理论的基本特征和主要功能不仅有助于客观、全面地把握马克思主义意识形态理论的全貌,也是加强社会主义主流意识形态建设的现实需要,在客观、全面地把握其基本特征和主要功能的基础上进一步提升主流意识形态建设的质效。

(一)马克思主义意识形态的基本特征

1.实践性

实践性是马克思主义意识形态的本质特征。马克思在《关于费尔巴哈的提纲》中明确指出,"全部社会生活在本质上是实践的。凡是把理论引向神秘主义的神秘东西,都能在人的实践中以及对这个实践的理解中得到合理的解决"③。意识形态来自社会现实并直接指向社会现实,是对社会存在的反映。马克思从不讳言自己的理论为实践、为无产阶级革命事业服务的本质与功能,而革命的理论一旦与革命的实践相结合,必将迸发出巨

---

① 马克思恩格斯全集:第 3 卷 [M]. 北京:人民出版社,1995:753.
② 马克思恩格斯全集:第 2 卷 [M]. 北京:人民出版社,1995:639.
③ 马克思恩格斯全集:第 1 卷 [M]. 北京:人民出版社,1995:56.

大的能量。实践性的本质在马克思主义的经典文献中是一以贯之的，而且作为意识形态的马克思主义在指导各国的社会主义革命与建设的实践中，也彰显出这种意识形态的实践性本质。强调意识形态的实践性，始终是马克思主义意识形态理论的根本要求。

意识形态的实践性包含两方面意思。一方面，意识形态具有意向性，总是指向现实的，并非纯粹空洞的东西。马克思所说的"意识形态没有历史"，强调的也正是意识形态对人类社会生活的意向性和依赖性。社会生活发生了改变，意识形态也会或快或慢地改变自己，根本不存在黑格尔和青年黑格尔主义者所主张的意识的独立发展的历史或精神的自我展开的历史。另一方面，人们正是出于实践的目的才接受意识形态的教化，认同意识形态的。意识形态并非一经掌握就可以束之高阁的东西，而是人们维持自己生存和各种实际活动的实用证书。实践性是意识形态的基本特征和功能，换句话说，意识形态在本质上是实践的。一个试图逃避意识形态教化的人只可能是自然存在物，而不可能是社会存在物。也就是说，对意识形态的认同是人们在任何特定的社会中从事实践活动的前提。在这个意义上，并且仅仅在这个意义上，我们也可以把人理解为意识形态动物或意识形态存在物。

2. 阶级性

马克思在提出意识形态概念之初就已深刻地揭示了它与统治阶级之间的内在联系。马克思指出，"统治阶级的思想在任何时代都是占统治地位的思想。支配着物质生产资料的阶级，同时也支配着精神生产的资料，并调节着自己时代的思想的生产和分配"①。马克思还指出，"随着精神劳动和物质劳动的分工形式出现在统治阶级内部，统治阶级中有一部分人是

---

① 陈国栋.全球化视野下社会主义意识形态的继承和发展[J].吉林师范大学学报,2009(3).

作为该阶级的思想家，尤其是意识形态家而出现的，他们把编造统治阶级关于自身的幻想当作谋生的主要源泉"①。马克思在《1861—1863 年经济学手稿》中明确地把这部分人称为"意识形态阶层"。在此文中，马克思不仅揭示了意识形态的阶级属性，而且揭示了使这一属性成为可能的两个基本条件：一是意识形态的物质载体的问题。机械唯物主义者把意识形态作为纯粹精神的东西与物质的东西相对立，显然是十分幼稚的。诚然，意识形态在内容上是精神的，在形式上却通常是以物质的方式表现出来的。二是从事意识形态生产并分配的"意识形态阶层"。没有这些意识形态家，也就不可能生产出契合统治阶级根本利益的意识形态。

在讨论意识形态的阶级性时，我们必须注意以下几个问题。第一，意识形态所维护的绝不是每一个细小的、具体的利益，而是统治阶级的根本利益。第二，意识形态只能用来指称阶级社会中的意识的总体，不应当超出阶级社会的范围来使用这一概念。第三，在阶级社会里，不存在超越某一或某些阶级的根本利益的意识形态。第四，一般说来，被统治阶级不可能有自己的完整的思想体系，它们总是被同化在统治阶级的意识形态中。

3. 总体性

在《德意志意识形态》写作前，马克思曾从政治、法律、法哲学、宗教、哲学、文学艺术、伦理、经济等不同的角度批判过德国社会及其相应的各种意识形式。尽管这些批判在各自的领域里都是异常深刻的，但它们表明，马克思还没有深入思考这些被批判的不同意识之间的内在联系，还没有从整体上把握德国的思想状况及其实质。《德意志意识形态》的写作、意识形态概念的创制和运用，表明马克思的思想经历了一个重大的飞跃。应该说，这一飞跃和历史唯物主义理论的初步表述是同步进行的。由于马

---

① 陈国栋.全球化视野下社会主义意识形态的继承和发展[J].吉林师范大学学报，2009（3）.

克思发现物质资料的生产过程是人类历史的最基本的过程，这样一来，他就获得了一个考察意识的各种不同的形式之间的内在联系的参照系。我们在这里看到一种交互关系：一方面，对意识的各种不同形式的批判是导致历史唯物主义理论创立的基本契机之一；另一方面，历史唯物主义理论的创立又使马克思的批判理论从局部上升到总体。也就是说，马克思形成了意识形态批判理论，即从总体上批判社会意识（不包括"科学"这样的意识形式）的理论。在马克思看来，意识形态是由各种具体的意识形式如政治思想、社会思想、教育、艺术、哲学、伦理、宗教等构成的有机的思想体系。根据马克思的理解，意识形态作为一个总体大致可以分为三个层次。第一层次是政治思想、法律思想、经济思想这三种意识形式；第二层次是社会思想、伦理、教育、艺术这四种意识形式；第三层次是哲学、宗教这两种意识形式。在意识形态的总体中，这三个层次的各种具体意识形式是紧密联系在一起的，它们共同与经济基础发生作用。

4. 相对独立性

相对独立性这一特征是意识形态相对于经济关系而言的。恩格斯认为意识形态的发展归根结底是围绕经济关系这一中轴线而上下波动的。然而，意识形态是社会生活中的一个能动的组成部分，具有自身相对的独立性，对经济关系有巨大的反作用。意识形态的相对独立性主要表现在五方面：一是滞后性。所谓滞后性是指意识形态在一般情况下总是落后于社会存在，同时还说明旧的意识形态会在赖以存在的经济基础灭亡之后作为"遗迹"在新的意识形态中长期保留下去。二是不平衡性。所谓不平衡性是指意识形态的兴衰并不是与经济基础的发展或瓦解一一对应的。在有的情况下，经济上落后的国家在意识形态上却能演奏第一小提琴；在另外的情况下，经济上衰退的时代又会伴随着意识形态上的繁荣。三是继承性。所谓继承性是指任何意识形态都不是凭空形成的，意识形态在诞生时，总会从传统的意识形态中选择某些和自己的价值取向相一致的观念材料，以便借着已死先辈的服装和口号，来演出世界历史的新场面。四是相关性。所谓相关性是指各种意识形式并不是孤立地向前发展的，它们在发展中既相互渗透、相互融合，又相互排斥、相互冲突。不了解各种意识形式之间的这种相关性，就不可能真正懂得任何一种意识形式。同样地，不同国家的意识形态之间也存在着这种相关性。事实上，正是这种相关为意识形态的发展开辟出广阔的前景。五是先导性。所谓先导性是指在社会历史急剧变化的时期，新的意识形式往往充当革命的先导，给予经济关系、政治关系和社会生活以深刻的影响。

（二）马克思主义意识形态的主要功能

所谓意识形态的功能是指处于经济基础之上的意识形态对国家、社会的发展发挥的巨大反作用。

1. 意识形态具有维护国家政权合法性的作用

意识形态作为一个阶级或者政党的思想理论体、集团根本利益在观念上的反映，是一种自觉理论系统，具有重要的政治性和阶级性，维护国家政权合法性是其"天职"。统治阶级在实施其阶级统治时，不仅使用实体性工具即各种制度和设施来维护自己的阶级利益，而且还要通过观念性工具即意识形态制约人们的思想。列宁认为，"所有一切压迫阶级，为了维持自己的统治，都需要两种社会职能：一种是刽子手的职能，另一种是牧师的职能"[①]。伊格尔顿也认为意识形态的职能是"使社会统治阶级的权力合法化，归根结底，一个社会的统治意识即是那个社会的统治阶级的意

---

① 列宁选集：第 2 卷 [M]. 北京：人民出版社，1995：478.

识"①，任何一个政权，为了维护其政治统治，都必须拥有一定的合法化资源，总是竭力用代表本阶级利益的思想体系来教化人民，巩固本阶级的统治地位，为执政党提供合法性辩护，而意识形态是政权维护的重要合法性工具。作为在特定社会占统治地位的阶级，不仅在物质资料生产、生产关系上占支配地位，也必须在精神生产领域占支配地位，要在意识形态领域占据统治地位，用体现统治阶级的意识形态的合法性去排斥甚至清除妨碍该社会制度正常运行的其他思想理论体系，并设法证明其他社会制度和政权的不合法性。

2. 意识形态对社会发展具有引领的作用

意识形态虽然有重要的政治维护功能，但是，我们不能将意识形态的功能只定位成论证和维护政治统治的工具，意识形态的又一重要作用就是对社会发展起重要的反作用，意识形态影响着社会的发展。马克思主义认为，生产力和生产关系、经济基础和上层建筑的矛盾运动是社会历史发展的根本动力，其中意识形态是一个重要的方面。意识形态作为一种精神力量，具有相对的独立性，有自身演化和发展的逻辑和规律，用自己独特的存在方式成为社会不可或缺的组成部分。意识形态对社会发展的反作用，一般表现为促进或阻碍作用，这种反作用主要取决于它所代表的阶级与社会先进生产力发展是否相一致，与先进势力和广大人民的利益是否相一致。当意识形态所代表的阶级与社会先进生产力发展相一致，意识形态为社会先进势力的利益和广大人民的利益服务时，那么建立在这个阶级利益之上的意识形态对社会发展就起促进作用，意识形态会产生一种积极向上的凝聚和激励的作用；当意识形态所代表的阶级与社会先进生产力发展不相一致，意识形态为社会上颓废、落后或反动势力的利益服务时，意识形态就

---

① 伊格尔顿. 马克思主义与文学批评 [M]. 北京：人民文学出版社，1980：9.

起阻碍作用。从应然状态来看，意识形态应该为社会经济发展或物质文明建设提供精神和智力支持，应该成为社会的精神支柱，也应是社会和谐发展和社会全面进步的重要助力器。

第三节　主流意识形态一般理论概述

意识形态作为国家或统治集团官方的话语表达体系，在统治阶级内部必然存在着主要、次要、辅助等不同的意识形态理论，在统治阶级的话语表达体系中起着第一位的指导思想必然是官方意识形态宣传的主流思想，也即是主流意识形态。而作为官方的主流意识形态，它必然有着特殊的价值定位和话语阐释。

一、主流意识形态的内涵及相关概念辨析

为深入理解主流意识形态的内涵、外延和基本特征，我们有必要对主流意识形态相关概念做进一步的区分。

（一）政党意识形态、国家意识形态与社会意识形态

政党意识形态是政党成员对周围世界以及政党本身的认知体系，是一个政党党员共同具有的认识、思想、信仰、价值等，也是该党政治纲领、行为准则、价值取向的思想理论依据。政党意识形态具有鲜明的阶级性，是对阶级性的集中反映，在阶级冲突、阶级矛盾、阶级斗争激烈的时期尤

为明显。在近代欧洲各国，不同政党之间意识形态的分歧显著，使得意识形态的差异成为划分政党类型的标准。20 世纪中叶以来，尽管西方各政党进行某种程度的改革和各种政策的调整，但是，政党的核心价值观，如人权、平等、私有财产神圣不可侵犯等，却延续多年不变，改变的只是与策略层面相关的内容。

国家意识形态是基于国家意志确立的社会文明规范，一般以宪法加以规定，以法律法规加以维护。"就发展中国家而言，在第二次世界大战之后，他们大都提出了爱国主义、现代化、科学、民主、自由等现代国家验收系统的原则和口号，这是意识形态上的巨大进步。中国系统地提出了国家意识形态的口号是 20 世纪 80 年代，如改革开放、现代化、发展、法治、民主、科学等口号都属于国家意识形态的范围。"① 国家意识形态不同于政党意识形态，国家的管理范围包括了所有具有该国国籍的全体公民，占社会主导地位的意识形态固然是统治阶级的意识形态，但国家政治体系的运作如果要具备合法性，就不得不在意识形态方面兼顾全体公民的价值取向，至少在形式上不能只迎合一个阶级或阶层的价值倾向，必须契合占人口最大多数人的价值取向。国家意识形态关注的是共同利益，它从理论基础、现实基础的角度为意识形态定性，强调社会各个阶层的利益，强调从"阶级利益"走向"共同利益"，强调国家超越于所有阶级之上。因此，国家意识形态是统治阶级的意志的反映，具有更大的包容性。可以看出，政党的意识形态可以是一个国家中占主流地位的意识形态，也可以是占非主流地位的意识形态，而国家意识形态必然是一个国家的主流意识形态。

社会意识形态是指一个社会的意识形态的存在状况，由于社会的多样

---

① 童世骏. 意识形态新论 [M]. 上海：上海人民出版社，2006：116.

性和复杂性，社会意识形态具有巨大的包容性。社会意识形态是对一定社会存在的反映，并随社会存在的变化而变化。社会意识形态作为一个总体性概念，是包容政党意识形态、国家意识形态等各种观念的总和。具体而言，所谓社会意识形态，主要是基于一种民族精神、信仰和心理形成的，直接与现实社会发展相适应的、在人们日常生活中生成的基本价值观、人生关怀和道德理想，往往具有个体的独特性和差异性特征。

对于社会主义中国，林尚立教授认为，"作为思想或观念形态的意识形态，可以划分为三个层面：一是作为领导核心的政党意识形态；二是与国家生活相适应的国家意识形态；三是与社会生活相适应的社会意识形态。社会意识形态是个体生活所形成的意识形态，国家意识形态是公民共享的意识形态，政党意识形态是组织的意识形态。社会主义意识形态应该在政党和国家这两个层面存在与展开，是指导性的。在社会这个层面，基于个体的自由与独立，社会主义意识形态和其他意识形态一样，是被选择的。"① 可见，社会主义意识形态主要是在国家和政党两个层面展开的。一方面，具有高度契合性和统一性的中国共产党的意识形态和国家意识形态都集中于马克思主义意识形态，而中国共产党作为执政党的性质又决定了马克思主义意识形态的领导性；另一方面，基于党性原则的党的意识形态其内涵和外延是确定的，是指马克思主义意识形态。而给予兼顾全体公民的价值取向的国家意识形态，其内涵和外延具有更大的包容性，这种包容性是在马克思主义意识形态领导下的包容性。因此，党的意识形态与马克思主义意识形态具有直接的一致性，而社会主义意识形态与国家意识形态具有直接的一致性。社会主义意识形态、国家意识形态、党的意识形态、主流意识形态等都包容在社会意识形态这一总

---

① 林尚立.社会主义意识形态与当代中国的核心价值观 [N].学习时报，2006-12-18.

体性观念中。正确区分政党的意识形态、国家意识形态和社会意识形态的关系，目的是为主流意识形态建设提供理论自觉，而这种理论自觉会带来实践上的自觉。在此基础上，思考党的意识形态如何引导国家意识形态、社会意识形态，反思"党的主张与人民需要是不是一致，在多大程度上一致"等问题，对于提高中国共产党的执政能力，巩固党的执政地位具有重大的促进作用。

（二）主流意识形态与非主流意识形态

根据意识形态在社会中的地位可以分为主流意识形态与非主流意识形态，要区分二者，要认识一元意识形态与多样意识形态。"元"是指主要的、根本的意思，随着社会主义市场经济的不断深入发展，对我国社会经济生活带来深刻影响，多种社会意识并存是一个不争的事实。然而，在一定社会形态中，多种社会意识之间是有主次之分的。历史唯物主义告诉我们在多种社会意识中只有居统治地位的社会意识才能成为该社会的主流意识形态，一定社会时期，起主导作用的意识形态只能是一个，这就是意识形态的一元化。另一方面，社会意识具有一定的相对独立性，社会意识的发展变化不完全同步于社会存在的发展变化，因而，在任何阶级社会中，既不可能只有单一的社会意识，也不可能存在多样的社会意识，只能是一元的意识形态和多种社会意识，即"多种并存，一元指导"。当代中国我们一元的意识形态就是以马克思主义为指导思想的社会主义意识形态。

意识形态的主流与非主流之分是社会意识形态"多种并存，一元指导"在现实社会中的反映。主流意识形态是本文的核心概念、主概念，是指被多数社会成员实际接受并形成强大舆论氛围和心理倾向的意识形态；它是在意识形态斗争和文化竞争中形成的，是某一国家或社会具有广泛认同的意识形态。所谓主流意识形态的主流，包括两方面的含义：第一，它无论在深度上还是广度上，都对社会公众发生着强烈的影响；第二，它常常依靠政治权威维持自己的影响力。① 任何国家、任何社会的意识形态都有主流意识形态和非主流意识形态之分。但是，不管该国或该社会的经济结构多么复杂多样，其主流意识形态必然是一元的，否则就会思想混乱、社会动荡。一般来说，处于主导地位的意识形态即主导意识形态就是国家的意识形态，统治阶级往往利用手中掌握的资源去传播主导意识形态（国家意识形态）并使其成为主流意识形态，或使主流意识形态上升为主导意识形态（国家意识形态）。所谓非主流意识形态通常包括两方面："其一是指虽处于被统治地位但依附统治阶级，为统治阶级的政治统治服务的阶级意识；其二是虽然主观上与统治阶级相对立，但客观上只能在统治阶级意识形态范围挣扎甚至反而起到维护统治阶级地位的阶级意识。"② 有什么样的经济基础和社会政治制度就有什么样的意识形态与之相适应，经济基础和社会政治制度不同，意识形态也就不同。当代中国社会经济成分的复杂性决定了意识形态的多样性。一方面，以马克思主义为指导的社会主义意识形态是当代中国占统治地位的意识形态，即主导意识形态。这是维护和巩固社会主义基本政治经济制度的精神力量，也是体现当代中国先进文化的前进方向、体现中国最广大人民的根本利益的理论指导和精神支柱。另一方面，当代中国事实上还存在着处于非主导地位的多种社会意识形态，它们有些是非社会主义的甚至反社会主义的意识形态。其中既包括西方资本主义的自由主义、个人主义、拜金主义、民主人权等价值观，也包括我国长期存在的封建迷信、愚昧落后的思想观念和腐朽意识等，还指涉作为当代经济全球化的精神体现的现代西方社会流行的各种学术思潮和一些思

① 季广茂. 意识形态 [M]. 桂林：广西师范大学出版社，2005：23.
② 李英田. 对意识形态几组概念的辨析 [J]. 湖北社会科学，2007（1）.

想观念。对此，要进行辩证的分析，汲取其精华，剔除其糟粕，以开阔我们的视野，启迪我们的思维，促进当代中国主流意识形态的丰富和发展。对于当代中国而言，主流意识形态与非主流意识形态产生的根源均在于我们的经济基础。当代中国以公有制经济为主体、多种所有制经济共同发展为基本经济制度，决定了意识形态领域主流意识形态与非主流意识形态并存的局面。

二、当代中国主流意识形态建设的内涵及本质

主流意识形态作为特定社会占统治地位的意识形态，它的特性决定了它一经形成以后，就有一个如何发展、巩固、完善自身的问题，这样就产生了"主流意识形态建设"这样一个重大的实践课题。所谓"当代中国主流意识形态建设"[①]，也就是作为主流意识形态的马克思主义意识形态建设或者说是以马克思主义为指导思想的社会主义意识形态建设。

当代中国主流意识形态建设的本质，就是对以马克思主义指导的社会主义的价值观进行解释说明和论证，根据实践的需要和时代的要求发展马克思主义的先进意识形态，使其在政治上获得广大群众的认同和可持续的支持，通过思想宣传和政治教育来统领社会意志，凝聚人心，整合社会，减少思想冲突，减轻执政的风险和阻力，以巩固执政党的领导地位。具体是通过制度设计的合理性、贯彻执行的低成本性、宣传上的可接纳性、社会评价的反馈性、群众意识的综合性以及价值选择上的兼容性等环节来体现和完成的。当代中国主流意识形态建设的基本内容就是积极推进马克思主义和社会主义理论的发展和创新，加强马克思主义和社会主义意识形态

---

① "当代中国"是指 1978 年改革开放以后处于社会转型期的中国。

的话语权建设，重视文化自觉、社会公正、民生建设、生态文明以增强主流意识形态的吸引力和凝聚力，不断巩固和完善中国特色的社会主义意识形态。

当代中国主流意识形态建设的核心在于有效发挥主流意识形态的引领作用，即处理好指导思想一元化与意识形态多样化的关系，不断增强以马克思主义为指导思想的主流意识形态的吸引力、凝聚力和说服力，不断巩固马克思主义在意识形态领域的主导地位，最终确立"一元主导，多样共存"的意识形态格局。所谓"一元主导"就是指导思想的一元化，指导思想的一元化与社会意识形态的多样化并不矛盾。我们所说的指导思想一元化，是指当代中国根本的指导思想只能有一个，那就是以马克思主义为指导的社会主义意识形态，即中国特色社会主义理论。马克思主义是与时俱进的不断发展着的学说，作为"科学的意识形态"的马克思主义，必然要随着社会的变迁而不断发展，必然要与世界各个国家的社会主义实践相结合，从而展现出多样化的理论形态。不管是坚持指导思想的"一元性"还是坚持意识形态的多样发展，都是当代中国主流意识形态建设的基本需要和必然趋势。

综上所述，马克思主义的"一元指导"绝不等于马克思主义的"垄断"，而是指马克思主义要尊重差异、包容多样，使马克思主义的一元指导与社会意识形态的多样发展之间保持必要的张力，既不能拒绝承认不合己意的意识形态，也不能放弃自己应有的主导地位。用马克思主义引领我国多样社会意识形态的发展，使马克思主义成为当代中国主流意识形态建设的指导思想，一方面要不断发展创新经典马克思主义，对经典马克思主义做出符合科学性和时代性的新阐释；另一方面要准确界定和处理党的意识形态、国家意识形态和社会意识之间的关系，尊重多样化的社会意识形态现实，协调好、处理好主流文化、精英文化、大众文化之间的关系，使当代我国多种社会意识和谐共存。

三、当代中国主流意识形态建设的经验及不足

加强主流意识形态建设是国家面临的重要课题之一，主流意识形态建设不仅关乎国家的执政基础和执政合法性，也关乎全民的价值取向和未来走向。总结当代中国主流意识形态建设的经验及不足不仅有利于为中国主流意识形态建设提供经验指引，也有利于在反思不足中不断开创中国主流意识形态建设新篇章。

（一）当代中国主流意识形态建设的基本经验

主流意识形态建设的成败关乎中国特色社会主义事业的兴衰成败。改革开放以来，中国共产党始终牢牢掌握着意识形态领域的主导权、话语权，在推进主流意识形态的建设中积累了丰富的历史经验。这些基本经验概括起来就是正确认识我国主流意识形态建设的重要性，这是我国主流意识形态建设的基本前提；不断加强党对意识形态建设的领导，这是我国主流意识形态建设的核心；科学把握我国主流意识形态的发展的正确方向，这是我国主流意识形态建设的根本；不断创新马克思主义意识形态理论，这是我国主流意识形态建设的基本动力；切实改进意识形态教育和灌输的方法，这是我国主流意识形态建设的关键。这些基本经验为当前我国主流意识形态建设的顺利推进奠定了坚实的基础。

1. 正确认识我国主流意识形态建设的重要性

在全面建设小康社会和构建社会主义和谐社会的进程中，在多样文化

的交流与碰撞中我们必须认真吸取我国主流意识形态建设的历史经验和教训，正确认识我国主流意识形态建设的重要地位，防止出现意识形态的"终结论""淡化论"和"削弱论"等，这是我国主流意识形态建设的基本前提。

正确认识主流意识形态建设的重要性，首先必须在实践中树立科学的意识形态建设观，始终把意识形态建设放在"应有的"高度上。马克思主义经典作家指出，"如果从观念上来考察，那么一定的意识形式的解体足以使整个时代覆灭"①。"任何一个社会的思想领域，总是由那个社会的统治阶级的思想占统治地位的。任何一个国家的统治阶级，为了巩固其政治统治，都要竭力维护和发展其占统治地位的意识形态。西方国家从来就不允许马克思主义在他们的意识形态中居于指导地位。西方国家都有一套系统的方法和手段，来对他们的官员、学生、群众、军队灌输资本主义的思想、价值观和政治信条。在这个问题上，他们也是抓得很紧的。"② 这充分说明了加强意识形态建设工作的极端重要性。多样文化的新态势、我国主流意识形态面临的现实情况和战略任务，要求我们更要高度重视意识形态建设，始终紧绷意识形态这根弦。对于社会主义国家来说，意识形态建设直接关系到共产党和社会主义制度的生死存亡。在文化多样性的背景下，意识形态斗争不仅没有消失，而且出现了更为复杂的情况。其实多样文化不是"田园诗"般的牧歌，并不意味着"天下大同"，而是一个充满矛盾的过程，国际意识形态斗争依然存在，西方敌对势力更是加快了"和平演变"社会主义的进程。事实上，西方国家一直非常重视意识形态和思想政治教育问题。一方面，西方国家在国内始终固守资产阶级思想的"一元化"，从来不允许马克思主义对其主流意识形态构成威胁，并极力在他们的公众中灌输资本主义的思想和价值观，宣扬资本主义制度的优越性；

① 马克思恩格斯全集：第 30 卷 [M]. 北京：人民出版社，1995：539.
② 江泽民文选：第 3 卷 [M]. 北京：人民出版社，2006：86.

　　另一方面，在国际上又加紧对社会主义国家特别是中国的意识形态"演变"步伐。随着多样文化进程的加快，西方对我国意识形态的渗透进一步加剧，意识形态的斗争更加复杂。正反两方面的经验表明，我们必须高度重视意识形态建设，巩固马克思主义在我国意识形态领域的主导地位。

　　正确认识社会主义意识形态建设的重要性，必须处理好意识形态建设与经济建设这个中心的关系。马克思、恩格斯在其著作中对经济基础和意识形态的关系进行了深刻阐述。经济基础决定意识形态的产生和发展。马克思在《〈政治经济学批判〉序言》中指出："不是人们的意识决定人们的存在，相反，是人们的社会存在决定人们的意识。"①马克思在《资本论》草稿中指出："在现实中，意识的这个限制是同物质生产力的一定发展程度，因而是同财富的一定发展程度相适应的。"②意识形态会对经济基础的产生和发展施加反作用力。1894年1月，恩格斯在致瓦尔特·博尔吉乌斯的信中进一步指出："政治、法律、哲学、宗教、文学、艺术等的发展是以经济发展为基础的。但是，它们又都互相作用并对经济基础发生作用。"意识形态的产生和发展以经济为基础，也丝毫不排斥意识形态会与经济基础的相互作用。③在强调经济基础决定意识形态的同时，也不淡化甚至否定意识形态对经济基础的反作用。改革开放以来，我们总结了意识形态建设中的经验教训，破除了意识形态的"中心论"，强调意识形态建设不能离开经济建设这个中心，一切任务都要服从这个中心，围绕这个中心，绝不能干扰它，冲击它。同时，我们又充分肯定意识形态的巨大反作用，认为这项工作做好了，才能保证社会主义正确发展方向，对社会、对经济工作起推动作用；出乱子，将会影响整个社会安定团结，干扰经济

---

① 马克思恩格斯选集：第2卷 [M]. 北京：人民出版社，1995:32.
② 马克思恩格斯选集：第46卷 [M]. 北京：人民出版社，1995:35.
③ 马克思恩格斯选集：第10卷 [M]. 北京：人民出版社，1995:668.

建设。胡锦涛在党的十七大报告中强调，"深入贯彻落实科学发展观，要求我们始终坚持'一个中心、两个基本点'的基本路线。党的基本路线是党和国家的生命线，是实现科学发展的政治保证。以经济建设为中心是兴国之要，是我们党、我们国家兴旺发达和长治久安的根本要求；四项基本原则是立国之本，是我们党、我们国家生存发展的政治基石；改革开放是强国之路，是我们党、我们国家发展进步的活力源泉。要坚持把以经济建设为中心同四项基本原则、改革开放这两个基本点统一于发展中国特色社会主义的伟大实践，任何时候都决不能动摇"①。党的十七大进一步明确了意识形态建设工作的方向和目标，所以，意识形态建设工作应该围绕中心，服务大局，要以科学发展观为统领，从社会主义现代化建设的大局出发，处理好意识形态建设与经济建设的关系，始终把经济建设放在各项工作的首位，促进国民经济又好又快发展，使意识形态建设更好地服务于经济社会的和谐发展。党的十九大报告指出，"必须坚持马克思主义，牢固树立共产主义远大理想和中国特色社会主义共同理想，培育和践行社会主义核心价值观，不断增强意识形态领域主导权和话语权"②，同时，在意识形态建设实践中还要处理好理论与实际、继承与发展以及主流和支流的关系，处理好意识形态建设与对外开放、政治文明建设等其他方面的关系。

2. 不断加强党对意识形态建设的领导

意识形态建设是党的一项十分重要的工作，经济建设搞不好要出大问题，意识形态建设搞不好也要出大问题，在集中力量进行经济建设的同时，一刻也不能放松意识形态建设。历史实践已经证明，加强党的领导是我国社会主义事业不断取得胜利的重要保证，也是推进我国主流意识形态建设

---

① 胡锦涛. 高举中国特色社会主义伟大旗帜 为夺取全面建设小康社会新胜利而奋斗——在中国共产党第十七次全国代表大会上的报告 [N]. 人民日报，2007-10-25.
② 习近平. 决胜全面建成小康社会 夺取新时代中国特色社会主义伟大胜利——在中国共产党第十九次全国代表大会上的报告 [N]. 人民日报，2017-10-28.

的核心。加强党对意识形态建设的领导，主要是增强主动性，加强党对意识形态领域的一元化领导，牢牢掌握意识形态建设的主导权。早在1942年毛泽东就指出，"掌握思想领导是掌握一切领导的第一位"①。邓小平也强调，"改善党的领导，其中最主要的，就是加强思想政治工作"②。江泽民则指出，"抓党的建设，首先是抓好党的思想政治建设，因为解决思想政治问题是做好其他工作的前提和基础。党的这个优良传统和重要经验，任何时候都不能丢"③。由此可见，坚持马克思主义在意识形态领域的指导地位，要求我们党必须牢牢把握意识形态建设的主导权，牢牢把握社会主义先进文化的前进方向。胡锦涛同志在党的十七大报告中进一步强调，党要站在时代前列带领人民不断开创事业发展新局面，必须以改革创新精神加强自身建设，始终成为中国特色社会主义事业的坚强领导核心。党的执政能力建设关系党的建设和中国特色社会主义事业的全局，必须把提高领导水平和执政能力作为各级领导班子建设的核心内容抓紧抓好抓实。习近平总书记高度强调，必须"牢牢掌握意识形态工作领导权""加强党对意识形态工作的领导，党的理论创新全面推进，马克思主义在意识形态领域的指导地位更加鲜明"④，这些重要论述，深刻阐明了中国共产党做好意识形态建设的极端重要性。东欧剧变的事实告诉我们，如果一个执政党放弃了对意识形态建设的主导权和主动权，甚至失去了对有害意识形态的鉴别和抵御能力，那后果将是十分严重的。因此，无论是推进科学发展，还是促进社会和谐，都必须高度重视意识形态领域的问题，都必须大力加强宣传思想工作。

---

① 毛泽东文集：第2卷 [M]. 北京：人民出版社，1993：435.
② 邓小平文选：第2卷 [M]. 北京：人民出版社，1994：365.
③ 江泽民文选：第3卷 [M]. 北京：人民出版社，2006：94.
④ 习近平决胜全面建成小康社会　夺取新时代中国特色社会主义伟大胜利——在中国共产党第十九次全国代表大会上的报告 [N]. 人民日报，2017-10-28.

　　加强党对意识形态建设的领导，首先要确保党在意识形态领域的领导权。葛兰西认为，"社会集团可以而且甚至应该在夺取到国家政权之先就以领导者的身份出现（这就是夺取政权本身的最重要的条件之一）"①。革命胜利后社会主义政党更应该掌握领导权尤其是文化和意识形态的领导权。社会主义制度确立后，我们党十分重视对意识形态领域的一元化领导，而党对意识形态领域的一元化领导要通过党的政治领导、思想领导和组织领导来实现。党对意识形态领域的政治领导就是以马克思主义的科学理论和党的路线方针政策指导社会主义意识形态的发展方向；党对意识形态领域的思想领导就是大力宣传社会主义思想，抵制和批判一切错误思想，使社会主义思想逐步占领整个意识形态领域；党对意识形态领域的组织领导就是在各个意识形态部门建立党的组织，以负责党的路线方针政策的贯彻执行。其次，武装和提高各级领导干部的马克思主义理论水平，保证意识形态宣传灌输的科学性至关重要。各级领导干部是我们意识形态建设的主要领导者和主力军，他们的理论水平高低，直接关系到党领导意识形态建设的成功与否。因此，必须加强领导干部的理论修养，把理论学习与现实工作结合起来，不断提高领导意识形态建设的能力。再次，党要适应新形势新任务的要求，不断改善党对意识形态建设的领导，坚持从战略高度重视和抓好意识形态建设，建立健全意识形态建设体制机制，进一步提高党领导意识形态建设的能力，推动意识形态建设迈上新台阶。最后，进一步强化信息网络化条件下党对意识形态建设的掌控能力。国际互联网络的迅猛发展给党的意识形态建设带来便利，但同时也对党的意识形态建设造成挑战，特别是对党掌握和控制意识形态的能力提出了挑战。应开辟专门网络阵地，强化先进文化在网络上的传播，确保马克思主义在意识形态领域

---

① 葛兰西. 狱中札记 [M]. 葆煦，译. 北京：人民出版社，1983：317.

的指导地位，尤其要加强对网络文化市场经营的监管，不断净化网络文化环境。总之，加强党对意识形态领域的领导，能有效防止意识形态的多样化和西方化，从根本上保证我国意识形态安全和社会主义意识形态建设的正确方向。

3. 科学把握我国主流意识形态发展的正确方向

历史实践表明，在当今多样文化的复杂背景下，把握好主流意识形态建设的正确方向是加强主流意识形态建设的根本所在。把握主流意识形态发展的方向首先最根本的是坚持马克思主义的方向，即坚持和巩固马克思主义在我国意识形态领域的指导地位。马克思主义是我们立党立国的根本指导思想，是社会主义意识形态的旗帜和灵魂。实现人民利益，推动国家发展，促进社会和谐，维护社会稳定，都必须坚持和巩固马克思主义在我国意识形态领域的指导地位，不断发展社会主义意识形态。这是保证全党和全国人民加强团结、始终沿着正确方向前进的根本思想基础。只有坚持以马克思主义为指导，才能正确制定和宣传贯彻党的路线方针政策，才能发展先进思想，克服落后思想。如果放弃马克思主义的指导地位，在指导思想上搞多样化，势必导致人心大乱，天下大乱，给党和国家带来灾难，这是绝不允许的。

多样文化态势下，把握社会主义意识形态发展的方向就是用一元化统领多样性，绝不能搞非意识形态化。正是在西方的"多样文化意识形态"的进攻下，一些社会主义国家放弃原有的社会主义价值观念和马克思主义意识形态，最终步入了西方的多样文化陷阱，东欧和苏联剧变就是明证。改革开放四十多年来，随着社会的变迁和我国参与多样文化进程的加快，我国社会生活急速变化，各种思想文化相互渗透和激荡，人们思想活动的差异性、多变性、独立性、选择性进一步增强，马克思主义的主导地位面临严峻挑战。在这样一个大背景下，如何进一步巩固马克思主义意识形态的主导地位是我们必须回答的一个重大课题。尤其值得注意的是，多样文化已经成为当今时代的客观趋势，正在从经济领域日益渗透到政治、思想等领域，从而对我国社会主义意识形态产生了巨大影响，所以必须用一元化的指导思想来统领多样化的文化思潮，确保社会主流思想的健康发展。

把握社会主义意识形态发展的方向还要不断排除各种杂音和噪声。在多样文化背景下，我国意识形态时刻面临着西方各种错误思潮的影响和冲击，必须有效回击敌对势力对中国的西化、分化图谋，排除思想理论领域不时出现的干扰主旋律的杂音，巩固和加强马克思主义在意识形态领域的指导地位，坚持中国特色社会主义道路。"大量事实证明，思想文化阵地，马克思主义、无产阶级的思想不去占领，各种非马克思主义、非无产阶级的思想甚至反马克思主义的思想就会去占领。从上到下的一切思想文化阵地，包括理论、新闻、出版、报刊、小说、诗歌、音乐、绘画、舞蹈、戏剧、电影、电视、广播、网络等，都应该成为我们宣传科学理论、传播先进文化、塑造美好心灵的阵地，决不能给违反四项基本原则、违反改革开放政策、违反党的方针政策的错误观点，以及危害人民特别是青少年身心健康的东西提供传播渠道。"[1] 党的十七大报告进一步强调，我们必须积极探索用社会主义核心价值体系引领文化思潮的有效途径，主动做好意识形态建设，既尊重差异、包容多样，又有力抵制各种错误和腐朽思想的影响。在当代中国，只要我们始终高举中国特色社会主义的伟大旗帜，就能从根本上保证我国社会主流意识形态的正确发展方向。

4. 不断创新以马克思主义为指导的主流意识形态理论

历史实践证明，创新是民族进步的灵魂，也是马克思主义的理论品

---

[1] 江泽民文选：第 3 卷 [M]. 北京：人民出版社，2006：97.

格，更是多样文化条件下加强我国主流意识形态建设的必然之路。面对新情况新问题，意识形态建设不改进就没有活力，不创新就不能发展。因此，把马克思主义意识形态理论作为我国意识形态建设的根本指针，与时俱进地看待马克思主义，不断推进马克思主义意识形态在继承基础上的理论创新，是我国主流意识形态发展的重要动力。社会主义意识形态是一个开放和不断发展的科学体系，这就要求我们要根据变化了的社会环境，提出新理论，解决新问题。事实上，理论创新是实践创新的原动力，实践创新又是理论创新的生长点。改革开放四十多年来，我们党根据时代的新特点和实践的新要求，不断以自身的理论创新来推动我国社会主流意识形态的建设和发展，从而创造性地发展了当代中国马克思主义，即中国特色社会主义理论，促进并维护了经济社会的发展和稳定，扩大了主流意识形态的影响力，从而实现了用发展着的马克思主义指导新实践。尤其值得注意的是，党的十六大以来，党中央不断在理论创新的内容上下功夫，大力实施马克思主义理论研究和建设工程，以全面建设小康社会和构建社会主义和谐社会的伟大实践为基础，科学回答了干部群众关心的重大理论和实际问题，充分发挥了理论武装人、引导人、塑造人、鼓舞人的作用。

不断创新马克思主义意识形态理论，必须正确认识和处理好坚持与发展的辩证关系。我国革命和社会主义建设改革的历史实践充分证明，毫不动摇坚持马克思主义，同时结合新的实践不断丰富和发展马克思主义，是我们党和国家事业不断取得胜利的重要动力和根本保证。因此，在实践中要正确处理坚持与发展的关系，关键是做到"在坚持中发展，在发展中坚持"。"坚持"就是坚持马克思主义的基本原则和基本立场不动摇，但坚持不能照抄照搬和教条化，而是对马克思主义精神实质的准确把握和坚定信仰。"发展"是"坚持"的基本要求与实现方式，发展实际上就是更好地结合我国社会主义建设的新实践，在回答和解决新的矛盾和问题中推进理论创新，用发展着的马克思主义指导新的实践，不断提升马克思主义意识形态理论发展境界。在当代中国，坚持中国特色社会主义道路，就是真正坚持社会主义。实践永无止境，创新也永无止境。我们应倍加珍惜、长期坚持和不断发展党历经艰辛开创的中国特色社会主义道路和中国特色社会主义理论体系。

5. 切实改进主流意识形态教育和灌输的方法

历史实践证明，运用科学方法，注重意识形态建设内容和形式、手段与机制的改进和创新，特别是加强意识形态舆论阵地建设的针对性、有效性和亲和力是搞好社会主义意识形态建设的关键。思路决定出路，出路正确必然带来明显的实践成效。在多样文化背景下，意识形态宣传灌输的时代背景、现实条件、根本任务和主要对象都发生了很大变化，要求解决问题的方法也必然随之调整和创新，应努力把灌输与疏导结合起来，把正面引导与合理批判结合起来，把科学灌输与"自育"结合起来。特别是应在创新形式上下功夫，准确把握人们思想活动的特点和规律，做到生动活泼、深入浅出、通俗易懂，让群众喜闻乐见。还要在创新手段上下功夫，积极运用高新科技成果，推动各种文化传播方式的互相融合，进一步扩大主流意识形态的覆盖面和影响力。

切实改进意识形态教育和灌输的方法，更要在思想政治工作的推进办法上下功夫，因为思想政治工作是意识形态建设的生命线，越是改革开放，越要加强思想政治工作。只有思想政治工作加强了，才能够真正促进改革开放的健康发展。"做好新形势下的宣传思想工作，必须在继承和发扬成功经验和优良传统的基础上，大力推进宣传思想工作的创新。不继承就没有前进的基础，不创新就没有发展的动力。要坚持解放思想、实事求是、与时俱进，科学地认识和把握新形势下宣传思想工作的特点和规律，形成新思路，探索新办法，开辟新途径，取得新成效。要坚持贴近实际、贴近生活、贴近群众，把宣传思想工作做实做深做活，更好地宣传动员群众、引导教育群众、帮助服务群众。"①事实上，思想政治工作说到底是做人的工作，必须坚持以人为本。既要坚持教育人、引导人、鼓舞人、鞭策人，又要做到尊重人、理解人、关心人、帮助人。总之，在多样文化的新形势下，特别要强化"生命线"意识，要把思想政治教育工作摆在突出的位置，不断改进教育方法，注重教育内容的更新，尤其是要根据不同对象和群体，采取不同的教育方式，切实增强思想政治教育的针对性，拓展思想政治教育的载体，探索理想信念教育和思想道德建设的新机制，增强教育工作的实效性。

（二）当代中国主流意识形态建设的不足之处

改革开放以来我国主流意识形态建设过程中仍存在一些不足之处，影响着主流意识形态在人民群众心中的地位和作用。

1. 主流意识形态建设的实效性有待增强

改革开放四十多年以来我国经济建设取得的成就斐然，国家综合实力大增，人民整体生活水平大大提高。然而，也衍生了与社会主义本质要求相背离的一些社会问题，影响了社会主义的名声和威信，不利于我国主流意识形态建设工作的顺利开展。社会阶层分化日益加大，"庸俗、低俗、媚俗"的文化作品仍然占有一定市场份额。种种问题和弊端，与我国主流意识形态所倡导的思想理论和价值观念不相符合，我们必须按照社会主义的本质要求进行纠正，使我国主流意识形态建设实践成果与其所宣扬的内

---

① 胡锦涛.在全国宣传部长会议上的讲话 [M]. 人民日报，2003-12-8.

容和本质保持一致。否则，我国主流意识形态的吸引力、感染力、凝聚力就会被削弱，意识形态建设工作就会难以顺利开展。

2. 国民对意识形态的敏锐性有待提高

在全球范围内，西方发达资本主义国家凭借其强大的综合实力主导着意识形态领域内"全球话语"的形式和内容，社会主义意识形态处于弱势地位。在多样开放的条件下，社会主义意识形态建设显然无法摆脱西方主导的意识形态话语系统的影响，但要巩固社会主义意识形态在我国的主导和主流地位，坚持自己的独特话语形式和内容，这就要求我们对西方资本主义意识形态主导下的话语形式和内容有敏锐性，不被其表象所迷惑。

如上所述，正是因为西方资本主义意识形态的宣传和渗透具有极大的隐蔽性，刻意掩盖了国家之间在思想文化领域内对话和交流过程中的意识形态性，所以一些国民的意识形态思维遭到了消解，国民在意识形态问题上的敏锐性下降。我们应当承认，在以和平和发展为时代特征的国际大环境中，我们不能再让意识形态因素成为影响国家间关系的主要原因。但是处于弱势地位的社会主义意识形态一定要时刻保持清醒，不能因为意识形态领域内不同意识形态主导下的文化间表面的"和平共处"而失去警惕之心，要善于通过对国际分歧和冲突事件的分析和研究揭示其意识形态本质，并对分析和研究得出的观点、理论进行广泛宣传，使民众时刻保持意识形态敏锐性。党和国家的意识形态建设工作对于这一点应引起足够重视。

3. 对西方意识形态渗透的应对能力有待提升

改革开放以前由于国内外多种因素的作用，社会主义意识形态在我国处于绝对的主导地位。改革开放后，我国的思想文化领域逐渐喧闹起来，西方发达资本主义国家的意识形态和文化进入，西方国家乘机将其政治法律制度、价值理念、社会生活方式等介绍和输入中国，社会主义意识形态及其文化的主导地位开始受到冲击。四十多年过去了，社会主义意识形态没有失去在国家和社会中的主导地位，而且在与资本主义意识形态和文化碰撞交流的过程中，吸引了对方的精华成分。但是，应该看到，资本主义意识形态仍在伺机蚕食社会主义意识形态的阵地，在我国思想文化领域拥有了生存空间。这种局面的出现实则凸显出面对外来意识形态的渗透和挑战，我们的社会主义意识形态建设工作的应对能力存在不足。

比如，在如何更加充分地利用现代科学技术在意识形态传播中的作用方面，我们还有很多改进空间；在意识形态研究和宣传工作队伍的培养问题上我们的眼界还比较局限，体制还不健全；对资本主义国家从意识形态出发采取的对外政策，反应不够及时等。因此，我国意识形态建设工作中不能只是看到社会主义意识形态的主导地位在改革开放时代仍然没有变，更要看到"没有变"的背后潜在的暗流涌动，做到居安思危，增强应对意识和能力。

4. 社会主义核心价值体系对媒体的引领有待加强

人类在长期的发展过程中有许多共同的价值理念，但每个民族和国家自己的核心价值体系才是其得以维持生存和发展的基本精神依托。在当前，西方发达资本主义国家及其代言人在思想文化领域将资本主义制度和价值观说成"普世价值"。学者陈先达先生说："我们要揭露西方普世价值论的实质，但应充分肯定人类文明进步的成果和通过国际合作与文化交流在一定范围内和一定问题上达到价值共识的可能性。不能因为人类可能具有的价值共识而陷入普世价值的政治陷阱，当然也不能因为反对西方普世价值论而拒绝人类文明进步的积极成果，否定人类的一定程度和范围的价值共识。"[1] 不同国家之间虽有共同的价值选择，但也不能取代自己特殊的

---

[1] 陈先达. 论普世价值与价值共识 [J]. 哲学研究, 2009(04).

核心价值体系的根本性地位和作用。社会的核心价值体系作用于经济、政治、社会和文化生活的各方面和层次，对人们的世界观、人性观和价值观具有决定性的影响。社会主义核心价值体系建设，是党在思想文化建设上的战略任务。其基本内容包括相互贯通、相互促进、有机统一的四方面：马克思主义指导思想，中国特色社会主义共同理想，以爱国主义为核心的民族精神和以改革创新为核心的时代精神、社会主义荣辱观。由此可见，社会主义核心价值体系是社会主义意识形态本质的集中体现。鉴于媒体在社会主义意识形态建设工作中的强大功能和作用，必须加强社会主义核心价值体系对媒体的引领和主导。

第四节　文化多样性与主流意识形态建设的内在关系

文化的制造是意识形态的生产，同时意识形态的制造也是文化的生产。因而，文化往往具有一定的意识形态性，而意识形态也往往具有一定的文化性。不同之处是文化常常用来指认社会精神现象，而意识形态则往往指认统治阶级的阶级意识。对文化与意识形态辩证关系的研究，尤其是对当代中国多样文化与主流意识形态建设两者的逻辑关系应该从多角度、多层面进行多样化的研究，这是推动文化与意识形态理论创新，强化主流意识形态主导地位的必然路径。

一、文化与意识形态的辩证关系

文化与意识形态相比，边缘更宽泛、外延更开阔，在现实中两者既相互背离、相互冲突又相互作用、相互促进。

（一）文化不同于意识形态

文化与意识形态的关系我们可以把它比作两个"不同半径的同心圆"。这个"圆心"是实践，它体现了文化与意识形态的共性；"不同半径"体现了文化与意识形态的差异。文化与意识形态的差异主要体现在以下三方面：

其一，阶级性是意识形态的根本属性，文化则不一定具有阶级性。文化并不天然地具有鲜明的阶级性，并不意味着文化没有阶级性，只是说明文化与阶级性的关系是复杂、多样和变化的。无阶级社会或者说是阶级消亡的社会中的文化，失去了阶级的意识，文化当然不可能存在阶级性。同时，我们也不能说在阶级社会中所有的文化都具有阶级性，如阶级社会中的各个阶级阶层所共有、共享、共信的那部分文化，像部分宗教信仰、部分道德规范就不具有阶级性。意识形态的阶级性主要源于阶级利益的差异，不同的阶级有不同的利益诉求，反映在思想观念上就导致了思想观念的分歧和冲突。马克思指出，"统治阶级的思想在每一时代都是占统治地位的思想。这就是说，一个阶级是社会上占统治地位的物质力量，同时也是社会上占统治地位的精神力量"[①]。列宁也指出，"任何时候也不可能有非阶级的或超阶级的思想体系"[②]。可见，阶级性是意识形态的根本属性，意识形态总是试图将一定阶级、阶层的利益、思想、要求等通过理论上的

① 马克思恩格斯全集：第1卷 [M]. 北京：人民出版社，1995：98.
② 列宁选集：第1卷 [M]. 北京：人民出版社，1995：327.

逻辑推演，有目的、有意识地泛化成全体成员的目标追求，把统治阶级的意志美化成全民的意志，从而使其合法化、合理化并上升为国家意志。

其二，文化具有多样化趋势而意识形态具有一元化倾向。从文化的内涵及其发展变迁来看，文化是一个发展的概念，是一个动态的过程，也是一个内部充满着多样与差异的范畴。作为多维性的文化，在不断的调适、冲突、对立、统一的关系中发展。另外，从文化的表现形式来看，文化是人类实践经验的总结，文化类型、文化模式、文化符号、文化信息、文化交流等都是其表现形式。所以，文化的大发展大繁荣总是表现出百花齐放、百家争鸣的特征。而意识形态反映的是一定社会中统治阶级的文化意识、一定社会经济形态以及由经济形态所决定的政治制度。统治阶级在一个国家中往往是一个相对统一的阶级或集团，如果有多个政治主体存在而不能统一，就会出现多个意识形态，那么这个社会是不可能实现和谐稳定。所以说，在一个相对稳定的阶级社会中意识形态总是一元化的，只有那么一种意识形态在整个文化体系中居于核心地位、发挥主导作用。

其三，意识形态具有虚设性而文化具有普世性。在许多经典思想家看来，统治阶级总是依照自己阶级的利益和价值取向有意无意地遮蔽真相，使意识形态具有"虚设"功能，因此，虚设性是意识形态的主体特征。意识形态的虚设性作为意识形态的基本特征，根源于阶级社会中统治阶级利益的特殊性、普遍利益的虚幻性、人民生活条件与其需要的对立性。根据意识形态对社会影响的深度、广度和强度，意识形态可分为"主流意识形态"和"非主流意识形态"。在一个开放的社会中，主流意识形态的存在是必要的，没有核心价值和意识形态，国家将没有灵魂，社会将没有脊梁。需要主流的社会意识形态革除意识形态给人们思想观念和行为取向带来的虚假性的成分和映像，也需要依靠主流的意识形态对社会中多样、开放的思维进行汇集、融合与疏导。哲学意义上的普世价值是指一些人类共同认同的价值观念，普世价值与文化多样化并不排斥，而是相辅相成。普世价值无不来自多样文化，同样，多样文化也有赖于普世价值的存在而存在，因为普世价值为多样文化的发展提供了必要的前提。普世价值的存在，从历史与逻辑统一的角度看是一个不争的事实。纵观古今中外人类历史可以发现，不同人类群体存在着跨文化的共通性、相似性，即使从来没有发生过文化接触的国家、民族、地域，也会存在某种相似的准则。不同群体之间只有有了共性，才能有相互学习、相互合作的基础。否定了共同的价值取向存在，也就否认了走向世界大同、实现人的自由全面充分发展阶段的可能性。

（二）文化与意识形态的内在联系

意识形态从产生之日起就同一定的文化相联系并成为一定文化的重要组成部分。从这个意义上讲，意识形态具有文化性。同时，由于任何社会占统治地位的思想必然是统治阶级的思想，文化尤其是主流文化又具有鲜明的意识形态性。

1. 文化的意识形态性

文化的意识形态属性主要表现在：文化和意识形态都是一定经济基础的产物，存在着内在的联系。从文化产生的历史进程来看，不同时期的文化总是由一定的经济、政治决定的。小农经济条件下，自给自足的生产方式产生了以宗法关系为核心的道德规范和以等级制度为基础的政治文化；在工业社会，机器化大生产产生了利益关系主导下的经济关系和以个人主义为核心的价值观念。同时，当新的经济关系产生之后，必然出现新的文化类型。任何时代对传统文化的继承和吸收都不是原封不动的，甚至充满着激烈的斗争，特别是社会变革的时期，反映在文化领域的冲突就更加尖锐。在西方，新兴资产阶级出现后，与之相伴的是文艺复兴与启蒙运动。在中国，随着新的经济力量的产生，文化上也必然发生新变化，"而在观念形态上作为这种新的经济力量和新的政治力量之反映并为它们服务的东西，就是新文化。没有资本主义经济，没有资产阶级、小资产阶级和无产阶级，没有这些阶级的政治力量，所谓新的观念形态，所谓新文化，是无从发生的"[①]。

文化具有价值性，价值性的形成必然受到一定意识形态的影响。文化是人类智慧的产物，不能简单地等同于意识形态。但是，文化的价值属性与意识形态存在着必然的联系。从这个意义上讲，文化受到意识形态的影响。在精神文化、行为文化和物质文化三个层次中，精神文化是文化的内核和灵魂。精神文化在本质上又是价值观念的问题，本身就是意识形态，具有鲜明的阶级性。在文化的所有层面中，最具有内在性，最能体现文化的超越性和创造性本质特征的是精神文化。换言之，人与动物和其他存在物的最本质的差别之一便在于人具有一个精神世界。正如著名思想家帕斯卡尔所断言的那样，"思想形成人的伟大"。帕斯卡尔道出了人的一个本质特性，也正是在这种意义上，古希腊思想家曾把人定义为"理性的存在"[②]。人的思想性，决定了文化的属人特征。人的需要又是在一定的生产关系基础上产生并受之决定的。由此，文化的价值性与意识形态之间形成了必然联系。

主流文化本身就是意识形态的产物，与意识形态具有相同性。"一般说来，在任何一个社会，从社会的主要阶层的构成和存在状况的角度来看，

① 毛泽东选集：第2卷 [M]. 北京：人民出版社，1991：695.
② 衣俊卿. 文化哲学理论理性和实践理性交汇的文化批判 [M]. 昆明：云南人民出版社，2005：79.

我们都可以把文化的基本存在形态区分为官方文化、精英文化和大众文化。这三种文化之间在不同的社会和不同的时期会呈现出不同的关系，可以是统一的，也可以是相互游离和彼此漠视的。具体说来，官方文化也称作正统文化，往往是一个社会占统治地位的、为官方所认可或所颁布的统治思想或意识形态；精英文化主要是社会的知识分子，特别是人文知识分子所代表的自觉的文化精神；而大众文化主要是指一般民众的自在的文化模式或社会文化心理。"[①] 官方文化直接与一定统治阶级的物质利益有关，并服务于该利益。因此，官方文化具有现实的抽象性。总之，在阶级社会，任何文化形态都程度不同地受到意识形态的影响。主流文化本身就具有意识形态性，即使是非主流文化也间接地受到意识形态的影响。当代中国的先进文化是在马克思主义指导下的文化，马克思主义中国化的理论成果既是马克思主义指导思想与时俱进的产物，也是中国先进文化的内容构成。

2. 意识形态的文化性

意识形态是人类文化的重要组成部分。马克思、恩格斯认为，意识形态不是从来就有的，也不是永远存在的，它是人类社会的物质生产和分工发展到一定阶段的产物。意识形态从一产生就形成了与文化同构的特征，成为文化的重要组成部分。意识形态是对本阶级根本利益的认识，意识形态渗透到文化系统中，形成了主流文化。马尔库塞提出，意识形态"既表现为同对现实生活的沉思相异，又表现为把取得支配地位的强有力的物质关系转换成思想的王国"[②]。在阶级社会中，统治阶级为了维护自身的物质利益，必然需要从精神上寻求对统治合理性的理论论证，形成对现实世界的判断与评价，对本阶级和其他阶级、阶层利益关系的价值判断，等等。

---

① 衣俊卿. 文化哲学理论理性和实践理性交汇的文化批判 [M]. 昆明：云南人民出版社，2005：74.
② 马尔库塞. 马克思意识形态概念的三种含义 [J]. 闵家胤，译，国外社会科学，1984（1）.

这些观念渗透到宗教、哲学、道德、文学、艺术等文化系统，成为一定社会主流文化的内容。因此，意识形态的阶级性也就产生了文化的阶级性。

意识形态在内容上的更替，形成了不同社会性质的文化特征。意识形态是阶级社会里统治阶级的思想体系，是集中反映统治阶级根本利益的理论形式。捍卫统治阶级的根本利益是意识形态与生俱来的"天职"。一旦统治阶级从上升时期走向衰落时期，进步阶级就会通过不同的方式批判统治阶级思想体系，创立新的思想体系。这个过程既是思想体系更替的过程，也是不同性质的文化形成的过程。

二、文化多样性为主流意识形态提供动力和创造条件

我国的社会主义意识形态是中国共产党在马克思主义指导下，总结中国革命和建设的经验教训并吸收中国传统思想文化资源的基础上建立起来的。我国的主流意识形态建设在对世界优秀文化资源的吸取在新中国成立初期较为不足。改革开放以后，邓小平号召要吸收包括资本主义在内的一切人类文明，但更多地体现在学习和借鉴资本主义先进的技术和管理经验上，在意识形态方面则坚持社会主义制度的优越性，对资本主义的意识形态建设的重要经验和方式方法依然采取坚决批判的态度。对马克思主义思想资源挖掘不够，对带有资本主义色彩的思想资源敬而远之，因此缺乏一些具有现代意义的合理性的思想资源。

西方自从在"自由""平等""博爱"的口号下取得资产阶级革命的胜利以及建立政权之后，在诸多思想家的共同努力下，经过几个世纪的调整和实践，其主流意识形态日趋成熟和完善。伴随着经济社会的长期繁荣发展和人民生活水平的日益提高，资本主义意识形态不仅顺应了广大人民

追求共识性价值的心理，而且不断营造着消费主义的氛围引领着人们的需求。我们的主流意识形态宣传对资本主义意识形态中具有共识性价值的思想资源缺乏应有的批判借鉴，不知道资本主义意识形态的全貌。各种意识形态的相互比较和碰撞，反过来促使主流意识形态将这些思想资源进行整合。因而多样文化共融、共存、共鉴也就为我国的主流意识形态建设提供了十分丰富的思想资源。

多样文化拓展了当代我国主流意识形态的发展空间

马克思主义作为无产阶级的根本指导思想，不论是在政治、经济还是文化建设上都具有核心的主导地位，这是社会主义主流意识形态建设的根本价值遵循。在文化多样性全球化的时代背景下，正确认识马克思主义主流意识形态与外来多样文化的关系是当代中国主流意识形态建设面临的重大任务。

多样文化并存对我国主流意识形态的冲击是不言而喻的，如果我们用片面的眼光去看，难免会得出天下大乱的悲观结论，但如果我们用辩证的眼光去看这个问题，就会发现，多样文化在挤压我国主流意识形态发展空间的同时，也为我国主流意识形态的发展提供了更为广阔的空间。过去，西方资本主义国家不仅对我国进行经济封锁，而且对社会主义意识形态进行歪曲、丑化和诋毁，在世界范围内公开封杀社会主义意识形态，损坏社会主义的形象。冷战结束后，西方发达资本主义国家不仅凭借其强大的科技、经济实力，推行文化帝国主义，加强资本主义意识形态的渗透，而且继续对我国文化和主流意识形态的传播设置障碍，进行歧视和挑衅，如大力宣扬"意识形态终结论""马克思主义失败论""中国威胁论""中国失败论"等，使国家及主流意识形态的形象受到了严重扭曲和损害。多样文化的共存虽然不能从根本上改变这一状况，但还是提供了一种转机。由于多种意识形态的正面交锋，主流意识形态可以在相互比较中取长补短，通过学习、借鉴异质意识形态中具有普世性价值的思想资源及其成功的经验，为我所用，不断丰富和发展自身，并在对异质的、反主流的意识形态观念的坚决抵制和批判中，增强自身的抗体和免疫能力；同时，多样文化冲突还有利于我们通过由电脑、电视和互联网技术集成的信息和通信系统，将主流意识形态的思想传输到世界各国，与其他意识形态进行交流和碰撞，向世界各国清晰地阐述中国话语和中国方案，不断拓展我国主流意识形态的国际领域和国际影响力。

三、主流意识形态与文化多样性的会通与融合

要有效应对当代中国社会思想纷繁复杂的现状，当代中国主流意识形态建设必须充分认识到文化多样性全球化进程对我国意识形态建设的影响以及中国传统文化对我国意识形态建设所具有的合理因子的客观价值。

（一）主流意识形态对西方文化的沟通与借鉴

当代中国主流意识形态从文化意义上讲，就是当今具有中国特色的主流文化，它产生、形成于改革开放和社会主义市场经济的历史性实践。它与多样文化之间存在着既相一致、和谐、共生的一面，也有差异、矛盾、冲突的表现。各民族文化的差异、渗透、互补是文化发展的必由之路。英国著名哲学家罗素在《中西文化比较》一文中指出，"不同文明之间的交流过去已经多次证明是人类文明发展的里程碑。希腊学习埃及，罗马借鉴希腊，阿拉

伯参照罗马帝国"①。世界文化和中国文化发展的历史经验都说明了这一点。当代中国主流意识形态虽然代表先进的文化理念，但并不代表其拒绝现代文明，它也必须随着时代的发展不断借鉴其他文明充实自己的外在形式和内在的理念。从本质上说，与时俱进就是马克思主义意识形态的品质。

全球化过程中文化的传播必然引发文化的冲突与对抗。文化的对抗是采取斗争的方式，还是坚持沟通与对话，这是任何一个民族国家都要面临解决的问题。全球化语境下中国与西方文化沟通的过程中需注意以下几个问题：首先，我们必须调适自己的文化心态。以大西洋为中心的世界舞台正在向着太平洋方向转移，世界文化中心也在由西方向东方转移，现在已经到了一个重要的转折时期。作为东方人，听到这样的议论自然会十分高兴，但是怎样理解全球化下文化的民族性呢？虽然我们不提倡取消民族文化的界限，但过分张扬狭隘的民族主义也未必合理。其次，我们必须会通中西产生适合当代社会发展的意识形态。"会通"原为佛教用语，是会合疏通之意。这里借用会通不是一般意义上的理解，而是在深层次上认识和了解对方，在精神世界深处探寻相通和互补之处。这种会通是在精神层面的相互理解与包容。西方文化中过分看重个人价值，在当代有符合人性的一面。我们的文化过于强调集体意识，我们应该很好地把两者有机地结合起来。

我们在会通的过程中要时刻警醒：一是提高民族文化的自觉。所谓文化自觉是指"生活在一定文化中的人对其文化有自知之明，明白它的来历、形成过程、特色和发展趋向，不带任何文化回归的意思，不是要复旧，也不主张全盘西化"②。文化自觉是为了加强文化转型的自主能力，取得文化选择的自主地位。文化自觉是一个非常艰巨而漫长的过程，首先要认识

---

① 成中英. 中国文化的现代化与世界化 [M]. 北京：中国和平出版社，1988：245.
② 沙健孙. 坚持马克思主义的指导地位反对西式教条主义 [J]. 马克思主义研究，2004（10）.

我们自己的文化，理解我们所能接触到的多样文化，才有可能在这个多样文化世界里确立自己的位置，进而与其他文化一起取长补短。二是要认清西方文化的霸权性与殖民性。不能为了经济利益而牺牲文化建设，实现民族文化的复兴要求我们站在历史的高度，尊重和认可他种文化，借鉴、吸收他种文化的精华，为民族文化注入新的活力。

（二）主流意识形态对中国传统文化的吸收与创新

当代中国特色社会主义文化植根于华夏沃土，反映着时代的变迁。它既具有民族性也具有开放性。中国特色社会主义文化是与社会大生产相适应的先进文化，具有现代性，它与以儒学为主的传统文化具有本质上的不同。当代中国主流意识形态是以马克思主义为指导的，马克思主义是现代社会大生产和全球化的产物，具有时代性。马克思主义是在资本主义高度发达的基础上产生的无产阶级的意识形态，是一种科学的理论和学说，马克思主义在中国文化建设中的指导地位是在与五四以来传到中国的各种思想斗争的实践中逐步树立起来，近代的中国历史已经充分证明，只有马克思主义才能救中国，在任何时候都不能削弱、偏离了马克思主义的指导，否则，中国文化事业的发展就会受到破坏。以马克思主义为指导的社会主义意识形态必须对多样文化起着主导作用。

当代中国主流意识形态的主导作用是由中国传统文化的内在局限性决定的。中国传统文化以道德文化为显著特征。宏观治国以道德为先，个人品格修养以"内圣外王"为坐标。传统文化把道德要求置于一切价值之上。但这种抽象的道德观与社会主义意识形态以生产力作为最高标准产生冲突，把人生意义归结为成君子、成圣人的内省，必然不能引导人们把眼光向外在世界探求，影响了国人探求真理的热情。

第二章

文化多样性语境下主流意识形态建设
面临的新挑战和新要求

文化之间的交流总是伴随着文化的冲突，正是在文化的碰撞与冲突中，才有了不同文化之间的渗透、吸收、融合与同化。文化总是承载着一定的意识形态，多样文化就意味着多种意识形态，对当代中国而言，多样文化的冲突与融合，对我国主流意识形态的建设带来了新挑战也提出了新要求。

第一节　影响主流意识形态建设的几种主要文化思潮

所谓文化思潮是指在某一特定时期和背景下，对社会产生广泛影响，为多数人所赞同和奉行的某种文化观念及与之相关的文化现象。改革开放和我国社会主义市场经济向纵深发展，从而使一些文化思潮的产生成为必然，这些文化思潮的产生对我国主流意识形态建设带来巨大的挑战，只有认真分析这些文化思潮带来的危害，才能找出解决问题的对策。2020 年《人民论坛》对当代中国社会思潮进行的调查研究显示，2020 年人们最关注的国内社会思潮分别为：民族主义、生态主义、网络民粹主义、泛娱乐主义、消费主义、文化保守主义、个人主义、实用主义、科技本位主义、国家主义等。其中，民族主义再次跃升年度重大思潮榜首，关注指数和影响指数都比较高；生态主义、网络民粹主义、泛娱乐主义、消费主义等延续之前发展态势，并呈现新特征、新动向。[1] 从社会思潮的内容来看，当代中国社会思潮呈现出多样发展的格局。这与我国进入新的发展阶段、贯彻新发展理念、构建新发展格局是分不开的，社会思潮的多样发展也集中体现了人民群众对美好生活的追求与向往。

一、民族主义

民族主义是世界上最强烈、最富有情感力量的思想意识，它如同家庭对于家庭成员的天然亲和力一样，对人们产生最直接、最自愿、诉诸亲缘本能的感召力。

（一）民族主义及其发展阶段

只要世界上存在着民族、国家以及外部世界对民族利益的挑战、压力或威胁，民族主义就会激发起人们为维护民族利益的热情、责任与使命感。对于统治者来说，民族主义本身就是一种可以运用的天然的政治资源，尤其是改革以前的意识形态对民众的感召力逐渐淡出以后，民族主义作为政治凝聚力资源对当政者来说也就更为可贵。但民族主义是一把"双刃剑"，它是一种夹杂着强烈非理性的情感力量，是一种情绪大于理性的、能把非理性冲动甚至自私的动机掩饰在崇高理由之下的一种煽情力，是一种崇高与人性的幽暗面交织在一起的，甚至使被动员者自己也无法理解的复杂激情。在激进的民族主义成为话语霸权的情况下，一旦务实的政府出于民族的长远利益而主张温和、让步、理性妥协，民族主义就会挟道德主义的话

---

[1] 贾立政，孙墨笛. 历史交汇点上的国内社会思潮观察 [J]. 人民论坛，2021（3）.

语优势，居高临下地挑战政府的权威，斥责政府的"卖国投降"。尤其在群体性聚结的环境中，民族主义的气氛会形成一种广场效应的心理暗示，让不相识的人们，突然地产生同仇敌忾的、法不责众的破坏性行动倾向。

民族主义是一种起源于西方的政治思潮。大体而言，我们可以把当代中国民族主义思潮的发展分为三个阶段：第一个阶段是民族主义复兴阶段；第二个阶段是在 20 世纪 90 年代中期，民族主义开始出现激进化的趋势；第三个阶段，从现在以后数十年,中国民族主义将进入一个相对稳定的时期，并有可能逐渐走向温和化，走向漫长的"去激进化"时期。虽然总体上说，民族主义已经进入一个去激进化的时期，但也不能对这一过程过分乐观。

从国际环境方面来看，改革开放以来，中国的综合国力得到显著增强，超越日本成为世界第二大经济体。与此同时，中国与日本外交摩擦也屡屡发生。从国内环境方面来看，随着互联网技术的不断发展，网络的高度普及在方便网民表达观点的同时，也为社会上不良思潮的传播提供了场所。2020 年，新冠肺炎疫情推高了全球范围内的民族主义情绪，极大地推动了民族主义这一思潮的发展。严峻复杂的外部环境，使得国家民族利益引起了我国民众的高度关注，在这种特殊背景下的民族主义进而有了相较于以往不同的内涵。一方面，中国积极、高效应对新冠肺炎疫情极大地增强了我国民众的民族自豪感以及人们对于中国特色社会主义制度的认同感，为国内民族主义注入了"抗疫精神"这一新的内涵；另一方面，随着国际社会种族主义、单边主义、民粹主义等思潮势力的持续扩大，在客观上也对国内民族主义思潮产生重大影响。在国际、国内多重因素的影响下，当代中国民族主义不断发生变化，呈现出一系列新的特征。

首先，在当代中国的民族主义中，存在着民族主义与民粹主义相结合的现象。"民粹主义"又称"平民主义"，极端强调平民群众的价值和理想。这种带有民粹性质的民族主义通常打着爱国主义的旗号散布极端言论，使人们陷入盲目排斥西方的陷阱中。在这种思潮的影响下，一些人认为，只要是爱国的，无论采取什么措施都是不重要的，从而导致了更多极端行为的产生。

其次，网络民族主义成为中国民族主义的新形式。随着近些年科技的发展以及互联网的普及，互联网成为宣传民族主义精神的一个新平台，亦成为进行民族主义斗争的新战场。网络民族主义是一种基于互联网传播的民族主义言论、情绪和思潮，也是一种表达、鼓动民族主义情绪，制造、扩散民族主义舆论，并在某些情况下推动现实行动以达到预期目的的网络传播行为。网络是一把"双刃剑"，网络民族主义也是如此。一方面，网络民族主义有助于激发民族精神、提升民族自信心和国家认同感。"中国网络民族主义所蕴含的爱国意识和责任意识，其悲情的民族文化氛围能够成为民族不断发展进步的巨大精神支柱。"① 另一方面，非理性的网络民族主义也会带来一系列的不良后果。据官方统计，截至2020年12月，我国网民规模达9.89亿，在这样一个庞大网民数量的基础上，网络民族主义能够在短时间内形成强大的社会力量，并且由于网络空间的交互性，这种社会力量难以控制。尤其是在一些敏感事件当中，非理性的网络民族主义容易煽动民众情绪，从而致使民众在现实生活中做出非理性的行为。

最后，技术民族主义思潮逐步兴起。2018年中美贸易争端的爆发，使得中国与美国之间的博弈逐步从传统的贸易领域转向科技领域。面对来自美国的步步紧逼，以及中国的科技企业屡遭不公正待遇，国内民众激起了支持民族企业、反对美国欺凌压制的爱国之情，再次兴起了以追求技术自强、反对西方技术霸权主义为主要内容的技术民族主义思潮。自1840

---

① 卜建华. 中国网络民族主义思潮的功能与影响研究 [D]. 兰州：兰州大学，2012.

年鸦片战争以后，中国民众深感"技不如人""落后就要挨打"的历史创伤感一直挥之不去。而近年来美国的技术霸权主义对中国的压制，让国民再一次感受到了"技不如人"，进而将民众再次带入"落后就要挨打"的历史情境当中。但当中国在核心技术上取得突飞猛进时，往往又会掀起一波爱国主义狂欢，从而将技术民族主义推向高潮。新一波的技术民族主义思潮给当代中国带来的影响需要一分为二地去看待。一方面，技术民族主义思潮的勃兴，能够汇聚民众的爱国热情，激励民众奋发自强，助推科技创新；另一方面，技术民族主义思潮如果不加以有效控制，其极端化、情绪化倾向极易造成恶劣的社会影响。

总之，极端、狭隘、非理性的民族主义都不利于中国社会的发展，在新的历史时期，我们必须坚持马克思主义的民族观，建构理性的民族主义。把坚持民族主义与爱国主义相结合，让民族主义在新的历史时期为中国的现代化事业和人类社会的进步服务。要充分发挥民族主义的积极作用，为实现祖国的统一和维护国家安全服务。民族主义可以聚合民族力量，有助于争取与维护民族独立，号召人民维护国家主权、统一和领土完整。要特别注意发挥民族主义在统一祖国方面的重要作用，凝聚海峡两岸人民的民族感情，增强中华民族特别是台湾同胞的民族认同感，以尽快实现祖国的统一。我们要以习近平新时代中国特色社会主义思想为指导，团结各民族为振兴中华共同奋斗，实现中华民族的振兴。但是我们前进道路上还存在着很多困难和问题，我们要用民族主义的凝聚力，团结一切可以团结的力量，为实现中华民族的伟大复兴努力奋斗。

二、网络民粹主义

自 19 世纪俄美开创了民粹主义的实践先例以来，民粹主义就像"一个幽灵在世界徘徊"。"在不同时期和不同地方，民粹主义一直是变革的力量、反对变革的力量，是左翼进步政治的创造物，是对现状进行慎重辩护的庇护所，是极右派的同伙人。"① 随着现代社会的日益发展，以及国内国际政治经济格局的不断变化，世界各地都先后出现过不同程度的民粹主义运动或民粹主义思潮。近年来，西方发达国家的民粹主义愈演愈烈，无论是美国的"占领华尔街"运动，还是法国的"黄马甲"暴动，无一不表明了民粹主义不仅仅是一种政治思潮，还是一种政治运动。但在我国，民粹主义并没有作为一种全国性的政治实践而出现，而是随着网络的普及，与互联网相结合，以一种"网络民粹主义"的形式出现在大众视野中，进而成为一种影响社会舆论，甚至影响政府决策的话语力量。网络民粹主义借助互联网这一载体，具有放大负面情绪、激发社会矛盾、威胁社会秩序等消极作用。因此，系统分析网络民粹主义的实质及其发展特点，明晰网络民粹主义在当代中国的发展动因，对推动民粹主义思潮的研究以及加强主流意识形态建设具有重要意义。

（一）网络民粹主义的实质及其特点

随着网络科技的发展进步，人们通过互联网展开密切的交往行为。网络为民粹主义思潮的发展提供了更加便捷、快速的信息传播平台，为民粹主义找到了一个更加隐蔽的藏身之所，而互联网也逐渐成为民粹主义的重

---

① 塔格特.民粹主义 [M]. 袁明旭，译. 长春：吉林人民出版社，2005：13.

灾区。网络民粹主义作为一种全新的话语形式，是民粹主义借助互联网这一平台的异化和拓展，其实质就是"一种底层民众依附网络场域，挤占异质话语、抢占舆论空间，与主流话语竞相博弈的力量"①。网络空间内存在的这种民粹主义力量，传承了民粹主义的"草根性、批判性和非理性"，在互联网技术的支撑下，具备如下特征：话语逻辑的"二元对立"性、话语体系的非理性以及受众群体的低龄化倾向。

第一，话语逻辑的"二元对立"性。所谓"二元对立"就是一种零和博弈的思维，这种"非黑即白"的策略是民粹主义的典型套路，即将社会矛盾问题的根源简单归为"精英"与"大众"、"强者"与"弱者"之间的矛盾。"精英"是社会中少数人的代表，也是既得利益者的总称，是"强者"；"大众"作为社会中的多数人，代表着社会中的公平与正义，是"弱者"。民粹主义在道德上坚持平等主义、理想主义，在情感上声讨强者、同情弱者，有的甚至认为道德位于法律之上。一般情况下，网络民粹主义者在进行事件描述的时候，善于刻意凸显事件双方的对立属性，营造出一种"非黑即白"的假象，这就与现实环境发生了断裂。在"集体潜意识"机制的作用之下，民粹主义拥有为数众多的社会群体，他们批判和否定一切，对社会发展并无益处，实则是一群"乌合之众"。网络民粹主义者为争夺网络话语权，通过互联网散播一些标新立异和极端的言论。为了维护自身话语霸权，攻击对手，网络民粹主义者通常会对不同的意见进行打压、谩骂，有的甚至是人格侮辱，这其实是一种典型的话语专制的行为。后来人们逐渐接受了"精英"是颠倒黑白、为富不仁，是弃大众利益而不顾的群体，是"大众"的仇敌，有的甚至将弱势群体标榜成为英雄。这种对社会群体简单划分的背后，实则是网络民粹主义者抢占社会话语权，将社会上的负面事件牵强

① 巩瑞贤，王天民. 网络民粹主义：反话语表征与治理路径 [J]. 理论导刊，2020（12）.

地描述为"精英"与"大众"的敌对，并将个别行为放大为普遍现象，进而借助舆论将矛头指向现行的政治体制。

第二，话语体系的非理性。网络民粹主义利用互联网将非理性和极端化发挥得淋漓尽致。"与传统民粹主义相比，网络民粹主义更容易通过娱乐戏谑、悲情渲染、情感动员的方式呈现，尤其是网络的隐蔽性、解构性特点，更容易导致群体的非理性狂欢。"[1] 当前，我国网民的数量十分庞大，阶层复杂，具有十分明显的个性化特征。随着社会的发展，许多人面对收入差距悬殊、社会两极分化的问题产生了一些负面情绪，但这些负面情绪在现实生活中由于各种原因无法得到有效释放，于是，网络空间的自由化特点就为这些负面情绪提供了一个发泄口。加之新媒体技术的不断成熟，形成了一种山寨恶搞、夸张虚构、暴力颜色等网络话语体系。这种与主流话语不同的话语体系，迎合了个体性的心理需求，给主流话语体系带来了巨大挑战。此外，由于普通群众很难通过传统媒介来表达自己的意见和看法，一旦遇到一些问题，都希望通过制造一些极端的网络舆论来引起社会的关注。不仅如此，网络媒体为了自身的点击率也经常成为民众发泄极端言论的平台。

（二）网络民粹主义在当代中国的发展动因

从我国网络民粹主义思潮的发展现状来看，网络民粹主义给我国主流意识形态建设带来了极大的阻力，它不仅仅是民众集中发泄负面情感的一种方式，而且还带有明确的政治意图，企图去影响社会公共政策的制定与实施，这是极其危险的。纵观时下，网络民粹主义思潮已经在中国扎根，给社会舆论引导、政府管理和社会稳定带来危害，这种现状是多重因素共

---

[1] 郭小安，朱梦莹. 网络民粹主义的话语特征及动员逻辑 [J]. 天津行政学院学报，2015（2）.

同作用的结果，需要对其进行全方位的剖析，探寻其根源，具体来看主要有以下几个原因。

首先，新旧思想观念的碰撞为网络民粹主义的产生提供了土壤。大同社会、天人合一、君舟民水的传统观念在中国人的心目中根深蒂固、不可动摇，如果不加以正确把握，很容易被民粹主义钻了空子，为民粹主义所利用。新中国成立以后，我国建立了社会主义制度，马克思主义成为我国的主流意识形态。但在新旧思想的碰撞之下，人们对于社会主义的本质存在一些认知上的偏差，认为社会主义就是"平均主义"。改革开放以后，建立了社会主义市场经济体制，"以人民为中心""按劳分配"的观念深入人心。然而在社会主义市场经济的实践探索过程中，不可避免地会出现一些收入分配不均、社会两极分化的现象，尤其是在教育、医疗、养老、住房等与民生息息相关的领域，存在着不平衡、不充分的发展问题。进入新时代以后，我国社会的主要矛盾已经转化为"人民日益增长的美好生活需要和不平衡不充分的发展之间的矛盾"，社会发展面临更多的困难与挑战。因此，中国社会的发展注定了新旧文化观念之间的巨大差异，加剧了传统文化观念与现实社会发展理念之间的矛盾和冲突。

其次，网络空间监管不到位促使网络民粹主义的蔓延。"技术既赋予了每个网民自由表达的权力，又与之相对地放大了分歧和矛盾，其匿名性、隐蔽性的特征为民粹主义的进一步蔓延提供了土壤。"[1] 我国的网络技术相较于西方发达国家来说开发较晚，但同时又是互联网发展速度最快的国家。短短几十年，我国的互联网行业发生了翻天覆地的变化，各种新媒体及社交软件如雨后春笋般涌现，互联网上充斥着各种声音。然而与互联网相关的管理技术、管理制度都存在相对滞后的问题，出现的许多网络事件

---

[1] 黄楚新. 网络民粹思潮的动态、趋势及对策[J]. 人民论坛，2021（3）.

都或多或少地与互联网管控不到位有着密切关系。"互联网与生俱来就带有民粹主义倾向"①，而媒体"从本质上说就不是一种中立的、懂常识的或者理性的社会事件的协调者，而是帮助重构预先制定的意识形态"②。因此，随着近些年新媒体的迅速发展，人们在网络上传递思想的自由度被大幅提升，为了获取更多的利益，尽快抢占网络话语权，存在不少媒体在进行公共事件的筛选过程中，主动选择那些主观臆造的虚假新闻，或者夸大现实的新闻以获取社会较高的关注度，通过对精英、富人、公众人物的诋毁，以及对底层民众美好品质的歌颂来博人眼球，在这个过程中，营造了一种与社会现实偏离甚至完全不符的氛围。因为网络监管的不到位，互联网上存在大量的虚假、低俗信息，聚集了大量畸形化情绪，从而助推了网络民粹主义思潮。

最后，民众权利意识的增强以及诉求表达不畅成为网络民粹主义的导火索。在中国共产党的领导下，我国进入了新时代，公民权利也有了更多的保障，一方面增强了个体的社会责任感和使命感，另一方面，公民个体对自身利益的关注也日益增强，以及对相应的现实诉求随之增多。其中最容易引人关注的就是民生问题，教育、医疗、住房等民生问题成为影响人们美好生活的头等大事，无时无刻不牵动着广大民众的情绪。民众对民生问题的关注以及对社会公正的诉求，会增强其参与政治生活的意愿。因此，政府要有效回应民意，只有这样才能保证政治稳定。

三、泛娱乐主义

四十多年前，尼尔·波兹曼在其著作《娱乐至死》中曾做出这样一段

① 陶文昭.互联网上的民粹主义思潮[J].探索与争鸣，2009（5）.
② 谢静.民粹主义：中国新闻场域的一种话语策略[J].国际新闻界，2008（3）.

预言："在这里，一切公众话语都以日渐娱乐的方式出现，并成为一种文化精神。我们的政治、宗教、新闻、体育、教育和商业都心甘情愿地成为娱乐的附庸，毫无怨言，甚至无声无息，其结果是我们成了一个娱乐至死的物种。"① 这段话即使放在今天来看，依旧是不过时的。回顾尼尔·波兹曼所生活的那个时代，电视作为主要的电子媒介占据了人们生活的中心，如果说，电视传播时代所代表的是"娱乐时代"，那么，在当下这种迅速发展的网络传播时代则是一种"泛娱乐时代"。泛娱乐主义作为当今具有一定影响力的社会思潮，其对社会风气的负面影响不容小觑，因此，对泛娱乐主义思潮的现状及成因分析是十分有必要的。

根据史料记载，在《史记·廉颇蔺相如列传》中最早出现"娱乐"一词，其中这样写道："赵王窃闻秦王善为秦声，请奏盆缶秦王，以相娱乐。"② 在《说文解字》中，许慎对"娱"这一词的解释是"娱，乐也。"③ 现如今，"娱乐"在当下依然是一个对人的生理和心理起着积极作用的词，是一个快乐、有趣的活动。但是"泛娱乐"意义上的"娱乐"并不是一个正向词，所谓"泛娱乐"是指"本不该娱乐的事情被娱乐了"④。它实质上是对"娱乐"的一种异化，是一种无原则、无底线的娱乐，是一种负面能量影响着人们的道德观和价值观。"泛娱乐主义思潮，是以娱乐为最高宗旨，以电视、广播、网络等为传播载体，以利益为直接导向，采用嬉笑怒骂、夸张搞怪的方式解释社会生活，无限放大娱乐功能，甚至向科学研究等严肃领域蔓延的一种思想观念。"⑤ "泛娱乐主义"在当下具有娱乐内容低俗化、信息结构碎片化以及价值传播去中心化等特点。

① 波兹曼. 娱乐至死 [M]. 章艳，译. 北京：中信出版社，2015：4.
② 司马迁. 史记·廉颇蔺相如列传（卷81）[M]. 北京：中华书局，2011：2150.
③ 许慎. 说文解字 [M]. 北京：中华书局，2013：262.
④ 贾文山. 泛娱乐主义使娱乐成为愚乐 [J]. 人民论坛，2018（5）.
⑤ 王玉鹏，李鑫. 网络泛娱乐主义思潮：危害及其破解路径 [J]. 中国矿业大学学报（社会科学版），2021（1）.

首先，娱乐内容低俗化。在泛娱乐主义的视角之下，一切事物都可以拿来娱乐。小到个人的吃喝玩乐，大到国家的发展状况，泛娱乐主义者以一种反叛者的姿态对理性思维进行质疑和批判，他们对社会的主流话语进行反抗，并带有一种大众狂欢的特性。恶搞式、调侃式、炒作式娱乐成为泛娱乐主义最主要的表现形式。恶搞式娱乐主要是将一些具有正面价值属性的人、事、物进行篡改。具体体现在对经典作品的篡改和对英雄人物的抹黑。调侃式娱乐是以一种漫不经心的网络调侃方式来对待社会现象或者社会问题。炒作式娱乐是一种带有强烈商业功利性指向的文化现象。炒作现象并不是泛娱乐主义的特定产物，却在泛娱乐主义的影响下呈现出以娱乐为标杆的审丑化、猎奇化、低俗化发展趋势。[①] 但无论是恶搞式、调侃式还是炒作式娱乐，都是对文化内容的低俗化，对主流意识形态的发展是极其有害的。

其次，信息结构碎片化。网络信息技术的发展为泛娱乐主义的传播提供了全新的互动方式。短视频、表情包、流行语以其强大的感染力和传播力在微信、微博、QQ、抖音、快手等众多社交媒体上大范围传播。这些碎片化的娱乐信息能够在短时间内给人带来一种高频的刺激和快乐体验，但更多的是一种情感的宣泄，极易引发网民言语及行为失范。

最后，价值传播去中心化。低俗化的娱乐内容以及碎片化的信息结构，必然会带来民众价值立场的混乱和一种无价值的狂欢。在互联网上，我们可以观察到，泛娱乐主义的价值是杂乱、多样的，各种文化理念及价值判断纵横交错，长此以往，那种具有中心性的价值观念就会被逐渐分化。不同的价值观念相应地形成了不同的娱乐化圈子，各自不同的理念在各自的圈子中得到肆意生长。但与其他社会思潮相比，泛娱乐主义是一种缺乏坚

---

① 王娟，刘文雅. 泛娱乐主义的审视与超越 [J]. 思想教育研究，2020（11）：62-66.

实思想内核的"空心化"思想潮流，这表现在泛娱乐主义既没有系统的指导学说以及相应的理论观点，也不具有代表性的倡导者和追随者，而是以一种影响甚广的娱乐心态和情绪于社会之中存在。泛娱乐主义在观念建构上追求娱乐至上，在价值取向上着重关注事物所具有的娱乐价值，在思维方式上惯于采取从娱乐的视角来看待事物。

泛娱乐主义在当代中国的盛行，是多种因素综合作用的结果，具体来看主要包括网络技术的发展、市场经济的发展以及受众需求的变化。

首先，网络技术的发展为泛娱乐主义提供了栖息之地。美国学者威尔伯·施拉姆在其《传播学概论》中提出过传播的四种功能，分别是：社会雷达功能、资讯操作与决策管理功能、传授知识功能以及娱乐功能。[①] 由于受到传播手段的限制，传播的娱乐功能表现得并不那么明显。但随着网络技术的不断进步，传播功能中的娱乐功能逐渐显现出来。互联网助推了娱乐主义的发展，与此同时，也为泛娱乐主义提供了栖息之地。首先，互联网拓宽了泛娱乐主义的信息来源。新媒体技术的快速发展，使民众获取信息的来源不仅仅是官方媒体，更多的是来自 QQ、微信、微博、抖音、快手等社交软件。人天生就具有猎奇心理，在这些能够给网民带来高频刺激的网络媒体中，网民的猎奇心理能够被各种娱乐八卦充分满足，能够在短时间内获得愉快、刺激的感官体验。也就是这些杂乱、烦琐、不成体系的娱乐新闻包围在人们身边，占据了人们大量的时间，有人不禁调侃这些社交软件为"时间黑洞"。其次，互联网增强了泛娱乐主义的社会影响力度。由于网络空间的双向互动性，网民在接收信息的同时，还能在网络上充分表达意见，从而更容易加速泛娱乐主义的传播速度，增强其影响力。人们沉浸在互联网世界带给人的那种在现实生活中所无法获得的快感之中，在

---

① 施拉姆，波特. 传播学概论 [M]. 第 2 版. 何道宽，译，北京：中国人民大学出版社，2010：32.

这种快感的麻痹之下逐渐丧失了自身独特的理性思维的能力。非常值得一提的就是当下流行的"饭圈文化"。在泛娱乐大潮的影响之下，一些网络平台及营销号的纵容和引导，使得在众多青少年中出现了一种"饭圈文化"。无底线地疯狂追星，耗费了大量的时间、金钱和精力，甚至还伴随着网络暴力。

其次，经济的发展为泛娱乐主义提供了物质基础。在商业力量的裹挟之下，泛娱乐主义成为市场的一种特殊产物。随着商业经济的推进，平民百姓的主体地位在整个社会中得到承认，也激发了整个社会的创造活力。在商业规则的作用之下，生产者及经营活动以及相关文化产品的创造活动均以追求利润的最大化为目标。为了获取更多的利润，以及在市场竞争中取得有利的地位。产品生产者坚持以市场为导向，取悦大众的娱乐产品迅速崛起。"泛娱乐化现象的出现，是商品经济原则的集中体现，也是大众文化中的娱乐趣味向不同领域迅速扩张的结果，是批量化的文化生产场战胜有限的文化生产场的过程。"[1] 最后，受众需求的变化为泛娱乐主义提供了社会基础。根据马斯洛的需求层次理论，人们在基本的生理需要得到满足之后，还会有更高层次的心理需要。随着社会的发展以及现代社会生活节奏的加快，学习、工作、生活给人带来的压力越来越大，与压力相伴随的，是一系列焦虑、压抑、抑郁等心理问题的产生。因此，那种采取轻松、愉快的内容和形式的娱乐文化就恰好对接了民众的这种心理需求，为舒缓压力、释放情绪的娱乐文化活动应运而生。在进行娱乐的过程中，人们的注意力逐渐从那些会使人产生焦虑的事物转移到具有趣味性的事物身上。而这种娱乐的体验，在某种程度上也会刺激泛娱乐现象的产生。众多网络媒介在网络空间大肆渲染娱乐因素，并将文化产品裹上一层娱乐的外衣。

---

① 张爱凤. "泛娱乐化"批判的多维背景 [J]. 前沿，2009（3）：169-173.

总之，技术、市场以及大众需求的进一步融合，使得泛娱乐主义对社会生活以及人们的文化观念的影响越来越大。"泛娱乐化"的趋势逐渐渗透到政治、经济、文化以及社会的方方面面，由此所带来的许多深层负面效应值得警惕。

四、消费主义

消费主义思潮始于 19 世纪末期，是工业文明时代形成的一种消费观念和消费文化现象，二战后逐步成为欧美社会的主要意识形态和重要的价值取向。消费主义是一种价值观念和生活方式，追求时尚和炫耀，过度消费甚至挥霍是消费主义的基本特征。20 世纪 80 年代以来，发达国家借助经济全球化将消费主义的意识形态推向了世界各国尤其是广大发展中国家，引起各国的重视与担忧。随着我国对外开放和市场经济的不断发展，消费主义在一定程度上消解甚至危及我国社会主义主流意识形态的健康发展。因此，我们绝不能把消费主义思潮仅仅看成一种消费观念本身的变化和消费伦理及价值取向问题。我们应该从多学科综合的视角来认识消费主义思潮，特别是在当今多样文化背景下，只有从政治社会学的视野解读消费主义才能揭示西方消费主义思潮的真实目的和严重危害。

所谓消费主义主要是指以过度消费和高消费为特点，以追求享乐主义为目的的价值观念、生活方式和意识形态。马克思、恩格斯早就指出，反动统治阶级"为了达到自己的目的而不得不把自己的利益说成社会全体成员的共同利益，抽象地讲，就是赋予自己的思想以普遍性的形式，把它们描绘成唯一合理的、有普遍意义的思想"[①]。美国等西方国家就是把"消

---

① 马克思恩格斯全集：第 3 卷 [M]. 北京：人民出版社，1960：54.

费主义"说成全人类的普遍价值观，以此来掩盖自己的真正企图。值得注意的是，西方强势媒体大肆鼓噪"消费是生活的主要目的"，一味地宣传个人主义，过分地崇尚消费和享乐，把发达国家的消费生活作为"美好天堂的图画"向广大发展中国家兜售，把美国的可口可乐、德国的奔驰和宝马、法国的葡萄酒和香水作为所谓"上等人"的消费符号推向世界，把西方消费社会的生活方式和价值观念变成统治世界的生活方式和价值观念。西方学者比尔·麦克基本曾明确指出："消费主义是到目前为止最强大的意识形态——现在，地球上已经没有任何一个地方能够逃脱我们的良好生活愿望的魔法。"① 古巴共产党领导人菲德尔·卡斯特罗针对"美国大片"、各种"休闲文化"等西方消费主义现象一针见血地指出："电视的所有宣传，加上从这里到那里的汽车，再加上所有人种的漂亮极了的女人，同汽车一起做广告，还有在一些休闲和消费杂志上看到的商业宣传，这些都会诱惑我们的同胞。"② 毫无疑问，这种带有西方色彩的消费主义意识形态使社会主义同西方的意识形态斗争趋向复杂化。

事实表明，消费主义意识形态不仅造成了严重的资源危机、生态危机和国际消费不公，还造成了人们的价值观和信仰危机，使得一些人一味追求拜金主义、享乐主义、极端个人主义，崇尚及时行乐，造成人生观和价值观严重扭曲。由于市场经济着眼于消费的运作机制和西方社会消费主义思潮的影响，也使当前我国一些新闻传媒和经济金融领域呈现出一定的消费主义倾向。正如一些学者所强调的，我们应以全球化的眼光正视新闻传媒的消费主义倾向，同时我们也要警惕商业化造成的文化物化现象以及对人的精神与意义的销蚀。③ 随着我国经济发展、社会进步和人们生活水平

① 麦克基本.自然的终结 [M].孙晓春，马树林，译.长春：吉林人民出版社，2000：15.
② 卡斯特罗.全球化与现代资本主义 [M].王枚，等，译.北京：社会科学文献出版社，2000：39-40.
③ 秦志希，刘敏.新闻传媒的消费主义倾向 [J].现代传播，2002（1）.

的不断提高，我们不反对必要和适度的消费，但我们对过分消费和奢侈消费必须加以纠正和引导，坚决回击甚嚣尘上、瘟疫般蔓延的西方消费主义，使人们树立起正确的和适度的消费观。只有理性和科学的消费才是符合中国国情的消费观。

五、文化保守主义

文化保守主义，又称文化守成主义（culture conservative），最早产生于西方启蒙运动，是伴随西方现代化运动的产生而最早在西方出现的一种文化思潮。这种文化保守主义是对工业化结果的反思，而生发出来的对西方现代化运动的批判思潮。其基本特征是力图以价值理性来批判以工业化为主导的现代化进程中，工具理性的过度膨胀，并进而解决由之带来的人性疏离、道德沦丧、意义迷失等一系列问题。

20世纪90年代中期，中国的文化保守主义逐渐在一片弘扬传统文化的呼声中形成了漫及社会各个层面的广泛的文化思潮。当前，文化保守主义成为思想文化领域的重要倾向，他们一系列复兴传统文化的主张，代表了当代中国文化保守主义的基本原则和基本立场。概言之，基本主张有以下几方面：

一、文化保守主义主张回归传统中国文化，表现出浓厚的民族主义色彩。认为"国学"可有效地克服现代性带来的弊端。二、"中体西用"的二元对立思维方式。文化保守主义不分派别，基本形成了中西文化二元对立的思想。他们要为"中体西用"正名，认为，中体西用语义明确，非逻辑所能驳倒。三、宣传唯心主义历史观，试图以儒学取代马克思主义的地位。有人认为"儒学理应取代马列主义，恢复其历史上固有的崇高地位，成为当今中国大陆代表中华民族民族生命、民族精神的传统思想"①。

一般来说，文化保守主义往往片面夸大本民族某些特质的优越性，并以这样的优越性来拒斥其他民族文化中的有益的东西，其结果会使这个民族的现代化走向歧途，甚至会走向现代化的反面。实际上，文化本身是动态的，我们既不能固守传统文化，也不能完全甩掉民族文化，它需要我们努力做到不同文化共融、共生。由此可以看到，如何使社会主义意识形态与中国传统文化交融，对当代中国来说，是一个必须解决的重大问题。

第二节 文化多样性语境下主流意识形态建设面临的新挑战

文化是意识形态的基础和前提，意识形态则是存在于各种文化现象之中的本质，并且通过各种文化形式表现出来。意识形态作为文化的核心，制约和规范着文化表现形式。但文化发展与意识形态发展并不是完全同步的。文化的形式具有多样性、多维性的特点，由于文化要受到意识形态的制约与筛选，有的文化形式往往对意识形态具有冲击、消解或背离作用。在全球化、现代化、市场化进程中，我国多样文化冲突问题比较突出，对我国社会主义意识形态建设构成了不同程度的冲击和影响，主要表现在以下几方面。

---

① 叶启绩. 当代中国社会主义意识形态与文化和谐发展研究 [M]. 北京：人民出版社，2010：255.

一、西方文化对主流意识形态的影响

全球化给我国主流意识形态与中国特色社会主义文化的发展繁荣带来了新的机遇，有其积极合理的一面。因此，我们不仅不能拒斥全球化，相反我们要以更积极的态度参与并融入全球化，积极开展同各个国家、民族的文化交流与合作，努力借鉴和汲取世界各民族的优秀文化成果，并把自己的优秀文化传播出去，扩大中华民族文化的国际影响，为世界文化的繁荣做出自己的贡献。但是，在世界文化领域，我国仍然处于相对弱势地位。全球化尤其是西方强势文化的文化霸权主义、文化帝国主义和文化殖民主义，对我国社会主义意识形态与中国特色社会主义文化安全带来了冲击和威胁。

以美国为代表的西方国家作为全球化进程的主要推动者和主导力量也是"文化帝国主义"的推动者，它们为了达到各自经济和政治上的目的，从未放弃按照自己的意愿和价值取向去建构、掌控世界的企图。美国前总统国家安全事务顾问布热津斯基在《失去控制》一书中就赤裸裸地声称，削弱民族国家主权，增强美国的文化作为世界各国的"榜样"的文化和意识形态力量，是美国维持其霸权地位所必须实施的战略。美国外交学者弗兰克·A. 宁柯维奇也强调指出："文化手段和政治、经济、军事手段一样，不但都是美国外交政策的重要组成部分，在大国间军事作用有限的条件下特别是现代战争无法严密保护本国不受报复的情况下，文化手段成为美国超越障碍的一种更加重要的强大渗透工具。"[1]在这种思想的支配下，美国作为资本主义的"急先锋"和全球化的最大主导者，利用其资本、技术和市场优势对其他弱势国

---

① 方立. 美国全球战略中的文化扩张与渗透 [J]. 理论动态，1998（6）.

家大力进行文化的渗透、控制和强行"市场准入",宣扬美国的意识形态、生活方式和价值观念,试图实现西方(美国)文化的全球化。我国作为发展中的社会主义国家,由于在思想文化、意识形态、社会制度、国家利益等诸多方面与西方国家存在着明显的分歧,自然而然地成为美国进行文化渗透和文化颠覆的主要目标之一。一方面,美国大肆宣扬"中国威胁论"和"文明冲突论",为西方文化扩张寻求理论依据,恶化中国本土文化安全的外部环境;另一方面,美国凭借强大的政治、经济和军事等方面的力量,运用各种手段向中国推销美国的意识形态、价值观念和生活方式,妄图通过打"一场没有硝烟的战争",最终达到对中国的"和平演变"。

总之,西方文化的扩张和渗透,对我国主流意识形态与中国特色社会主义文化安全造成了一定的冲击和威胁。一些人把拜金主义、享乐主义、极端个人主义作为自己的价值追求和人生目标,甚至崇拜西方国家的意识形态和社会制度。这种价值观念的扭曲错位将会化解中华民族的内在凝聚力,造成中国的"文化危机",从而削弱中国的综合国力。同时,西方生活方式、价值观的渗透和意识形态上的话语霸权,将使中国主流意识形态和主流文化的主导地位受到影响。如果一个国家失去了这种共同的、稳定的基本价值观念,或者是分裂为许多不同的相互冲突的价值观念,或者是遭到外来文化的入侵而失去了自己的主导地位,那么社会中具有不同基本价值需要、运用不同的话语体系的各利益集团就必然沿着不同价值观念的边界进一步发生深刻的乃至不可弥合的分裂,并进而引发整个社会的大分裂、大动荡。①

---

① 于炳贵. 中国国家文化安全研究 [M]. 济南:山东人民出版社,2007:21-48.

二、传统文化及后现代文化对主流意识形态的侵蚀

在我国现代化进程中，主流意识形态正面临着传统文化与后现代文化的双重夹击，一方面传统文化中的落后因素对社会主义主流意识形态建设产生阻滞作用；另一方面西方后现代主义文化思潮在我国的传播，对我国社会主义理想信仰、思想道德建设也造成了一定的消极影响。

（一）传统文化对主流意识形态的消极影响

在中国的现代化进程中，文化保守主义一直占据重要地位。20 世纪90 年代，新儒学思潮开始在中国大陆复兴，一批新儒学代表人物从原来的以科学、民主为宗旨的文化启蒙立场撤退，回到以"天人合一"观念和伦理中心主义为特征的中国传统文化的立场上。这种儒学复归论思潮的理论观点主要有：第一，将儒学重塑为现代宗教，即"把儒学重塑为与现代社会生活相适应的、遍及全球的现代宗教"。第二，使儒家理论成为中国政治的合法性理论，甚至主张建立"政教合一"体制。第三，将儒学发扬光大，惠及全世界，建立超越民族国家界限的"文化中国"。这种观点认为，复兴中华文化的核心是复兴儒家文化，复兴儒家文化的捷径就是把儒教确立为国教。认为在这个全球化时代，复兴儒教不仅能够成为中国政治建立神圣合法性和文化合法性基础，甚至能够为人类提供启示。早期严格意义上的新儒家如牟宗三等人，尚且关注中国传统文化同现代化或现代工业文明的总体适应问题，然而目前文化保守主义者的主要关注点则不在于中国传统文化如何适应现代化，而是如何用中国传统文化医治现代工业文明本身的弊端或现代化的负面效果，如道德体系的崩溃、社会结构的解体、

生态环境的破坏、心理平衡的打破等问题。甚至一些人更是得出中国传统文化将在 21 世纪复兴的结论。尤其当萨义德提出的"东方主义"理论，及稍后出现的"后殖民主义"理论，亨廷顿所提出的"文明冲突论"等理论传入中国后，更是引起一些人的共鸣，他们批判和拒斥西方"帝国霸权主义"打着现代化的旗号对中国文化所进行的"后殖民文化统治"，从而要求坚持中国文化自身的话语。

（二）后现代文化思潮对主流意识形态的消极影响

从西方涌入的后现代文化思潮在我国产生了正反两方面的影响，后现代主义对世界和未来持悲观消极态度，主张后现代时代是一个整体解体、焦虑不安、丧失意义、缺乏道德准则、社会秩序紊乱的时代，这必然对我国社会主义主流意识形态造成消极影响。

1. 影响社会成员树立正确的世界观、人生观和价值观。后现代主义批判传统的世界观，它极力反对由本质主义引起的二元对立和不平等，反对一切人为框定的规律、原则和模式。后现代主义也反对人本主义传统，主张消解主体。后现代主义还反对意义确定性和统一价值标准，认为一切处于动荡和怀疑之中，一切中心、秩序都被解构和摧毁，在一片分崩离析、支离破碎中，没有了任何绝对的合法性和绝对的权威，一切都已失去终极意义。它倡导多样价值、意义不确定性，主张多标准、多规则和相对主义。这样，后现代主义就以彻底的否定精神，全面颠覆和解构了世界观、人生观和价值观的确立，虽然对反对传统和拓展人们的思维与视角有一定的积极意义，但它隐含着怀疑主义、相对主义和虚无主义的危险，易使人们丧失赖以生存的精神支柱和价值支撑，置人们处于茫然不知所向、不知所选和不知所措的境地，从而放弃对生存意义和价值目标的思考与追求而无聊地活着。后现代主义这种颠覆和解构传统的文化思潮无疑会影响人们树立正确的世界观、人生观和价值观。

2.影响社会成员树立崇高而坚定的理想信念。后现代主义以消解一切传统、权威、经典、神圣、中心、等级、秩序和信仰为己任，反对用单一的、固定不变的、普适的逻辑、规律、理论和原则来说明和统治世界，崇尚非同一、非固定、意义不确定性、历史偶然性、世俗化和语言游戏，并尊重各种关于社会理想、生活方式和文化形态的选择。正如伊格尔顿所说，后现代"认为世界充满偶然性、没有一个坚实的基础，是多样化、不稳定的"①。后现代主义企图摧毁和否定一切崇高的理想和神圣的信仰包括共产主义这一崇高而远大的理想信念。然而，理想信念是人生与社会发展的价值支撑和精神动力。没有理想信念，就没有事业的成功和人生的辉煌。后现代主义以其全面摧毁、完全颠覆的彻底否定精神和戏弄经典、嘲弄崇高的游戏化理论表征，不可避免地会给人们崇高的理想信念的确立带来消极影响。

三、大众文化对主流意识形态的影响

大众文化具有商业性、世俗性、娱乐性、消费性等特征，在带来文化多样化、民主化、大众化的同时，还隐含着另外一种值得我们注意的价值导向和文化诱导，这就是消解崇高、解构理想、弱化信念。大众文化的这种负面影响当然和社会主义先进文化的理想追求、精神教化目的相矛盾，对我国主流意识形态和主导文化势必造成一定冲击。

其一，大众文化基本宗旨与主导文化存在差异。当代中国的主导文化是以马克思主义为指导的中国特色社会主义文化，其基本宗旨就是以远大

---

① 伊格尔顿.后现代主义的幻象 [M].华明，译.北京：商务印书馆，2000（1）.

理想为追求指向，弘扬积极向上的高尚精神，号召人们树立正确的世界观、人生观和价值观，在全社会形成一种奋发进取的良好氛围，激励社会大众为共同理想而努力奋斗。主导文化的这种价值取向和大众文化的世俗化取向之间显然存在着差异。大众文化是工业化和市场化的文化追求，它是取悦于大众的"媚俗"文化，它以实际的、世俗的、物质的、享乐的精神为主旨，倡导人们以关注当下的感受状态为目的，直接面向现存的生活境遇，不必过多关注价值的恒常性和超越性，从而在一定程度上忽视远大理想和崇高精神。当代中国大众文化在基本精神上和社会主义意识形态之间有着可通约性，然而这也无法掩蔽二者之间在基本宗旨上的差异性。[1]

其二，大众文化在话语、内容上对社会主义主流意识形态造成冲击。如果说大众文化和主导文化在价值取向上的差异还是一种潜在的观念差异的话，那么大众文化在话语、内容上对社会主义主流意识形态的忽视与冲击就把这种差异公开化了。当代中国大众文化中存在着一些作品，为了迎合社会文化转型时期一些社会大众不稳定、不成型的价值态度、文化品位、审美趣味，漠视社会主义主流意识形态和主导文化，甚至嘲弄和戏谑历史英雄、楷模榜样和先进人物。这就影响了一些人对社会主义主流意识形态和主导文化的认识。当然，这些大众文化作品和那些内含特殊政治动机的作品有着质的差别，在主观目的上它们并不是有意构成对社会主义意识形态的挑衅，但是其客观上还是造成了对主导文化的冲击，在大众观念中造成了弱化社会主义主流意识形态认同的后果。

其三，大众文化在市场上不断挤占和争夺主流意识形态的时空。大众文化的巨大数量不仅挤占着主流意识形态和主导文化的市场，而且和主流意识形态、主导文化争取着文化受众。大众文化基本上是一种商业化的运

① 金民卿.大众文化论：当代中国大众文化分析 [M].北京：中共中央党校出版社，2002：144-149.

作，它借助于来自社会资金的大力支持，获得了强大的资本动力，又借助于无所不在的大众传媒获得了广泛的传播空间，现代化的复制、炒作手段又强化了大众文化的影响力。而以意识形态为其意义负载的主导文化在创作上的政治要求、艺术上的高标准要求、传播上的官方渠道，使得它在文化市场上和大众文化相比较难免有局限。纵观当前中国的文化市场，到处充斥着大众文化产品，弥漫着大众文化的影响，而主导文化产品、意识形态声音则显得相对不及。可见，大众文化的巨大市场占有量本身就构成了与主导文化作用的不平衡。

总之，当代中国大众文化的兴起，难免会冲击社会主义主流意识形态与主导文化的影响力，这种冲击和弱化借助于社会大众在文化活动中的受动性而得到了强烈的回应，日益侵蚀、消解和冲淡广大民众的政治追求、理想信念及其对社会主义主流意识形态的认同。

四、网络文化对主流意识形态的消解

计算机和互联网技术飞速发展，使人类迅速走向网络时代。网络以其独特的方式影响着社会各个领域，整个人类正在被一场前所未有的巨大的文化风暴所席卷，这就是网络文化。网络文化是技术与文化相结合的产物，属于科学与文艺之外的"第三文化"的范畴。它外在地体现了大众文化的特征，其诸多文化形式如网络游戏、网络音乐、网络论坛、网络博客、网络视频、网络聊天等已经成为网络世界的普遍生活方式；同时又内在地蕴含着精英文化的意义，其深层文化意蕴以价值和精神的力量，无知无觉地在网络中流动、延伸、扩展，影响着人们的思想、情绪和心理。

在我国，网络成为真正意义上的网络文化始于 2000 年。网民有了自己的网络语言和声音。"你的 QQ 号是多少？"成为继固定电话、手机、电子信箱联系方式之外又一便捷的联络方式。与此同时，愈来愈多的"网络流行语"像"斑竹""马甲""菜鸟""纯净水""潜水""抓狂""路过""俯卧撑""打酱油""给力""正能量""羡慕妒忌恨""咆哮体""淘宝体"等每年不断地涌现。网民在娱乐、调侃、讽刺中表达心声，彰显个性的自由。

第 47 次《中国互联网络发展状况统计报告》于 2021 年 2 月 3 日在北京发布。报告称， 截至 2020 年 12 月，我国网民规模达 9.89 亿，较 2020 年 3 月增长 8540 万，互联网普及率达 70.4%。[1]互联网在我们的生活中扮演着越来越重要的角色，人们通过网络获取信息、表达诉求。在大数据时代，每个人都是自己生活和工作的"主持人"，都享有接收信息和发布信息的权利。但互联网是一把"双刃剑"，一方面，网络为宣传主流意识形态提供了新的载体，对主流意识形态的宣传具有积极作用；另一方面，由于互联网的自由性、开放性等特点，很容易导致网络信息的多样化。民族主义、网络民粹主义、泛娱乐主义、消费主义、文化保守主义及各种极端社会思潮充斥着网络空间，为我国主流意识形态建设带来了巨大挑战。

网络文化和传统传播媒介比较起来具有以下特点：第一，技术性与非技术性并存。网络文化是以计算机技术为传播媒介，没有现代信息技术的发展，就没有网络文化。但与此同时，网络文化的参与者并不需要高技术水准，简单掌握上网技巧的大众即可成为参与者。这使得网络文化具有越来越普及性的特点。第二，虚拟性与真实性并存。网络文化由于可以任意名字注册成为会员，借助文字与其他会员互动，在虚拟网络中，人们可以随心所欲、畅所欲言，但也同时带来现实生活中人们人际关系之间的冷漠和疏远。此外，由于网络的匿名性解除了人们思想上的羁绊，人们可以更

① 第 47 次《中国互联网络发展状况统计报告》， http：//www.cac.gov.cn/2021-02/03/c_1613923423079314htm。

加真实地表达自己的意见。而事件真实性越高，得到关注程度就越大。如果事件失去了其真实性，网民就会有被欺骗感和被愚弄感。第三，包容性、开放性与隐蔽性同在。互联网诞生后成为全人类共享精神财富。每个人都可以选择自己喜欢的文化，点击自己想要的文化信息。由于网络实现了开放性，人性得到了彰显。当然网络文化不仅仅彰显人性之善，网络本身的隐蔽性也会带来负面效应，网络犯罪是在虚拟的世界，借助高新技术手段实施的一种犯罪行为，是与当今信息时代发展联系在一起的，是一种新型的高智能的犯罪，其产生和发展的原因是多方面的，有着不同于一般犯罪的特点。网络犯罪除了具有行为的隐蔽性以外，还具有极大的社会危害性。

网络文化迅猛的发展态势，带来了现代人的交往方式、生存方式的深刻变革。一方面，网络作为手段和载体，依托它传播思想、文化、风俗民情，表达看法观点，宣泄情绪意识等，共同垒筑起一种崭新的思想与文化的表达方式，也使主流意识形态面临着广阔的发展平台与空间；另一方面，宽松的网络环境使得一些非主流或反主流的网络文化渐渐汇聚成流。它们为各种集团或势力所利用，表达情绪、传播观点，一点一滴地改变着网络意识，推动网络舆论压力向现实社会压力的转化。这就在某种意义上行使了意识形态的功能，施行着自网络社会向现实社会的全面操纵，形成对主流意识形态的强劲冲击。

首先，我国主流意识形态安全受到挑战。网络文化的特点给西方国家利用网络对我国进行意识形态渗透提供了新的载体和手段，意识形态冲突在网络空间中找到新的战场。以美国为首的西方国家利用先进的传媒技术在网络上强力传播以美国文化为主体的西方价值体系，竭力鼓吹其政治制度的合理性和完善性，否定马克思主义意识形态的领导地位。正如亨廷顿指出："对一个传统社会的稳定来说，构成主要威胁的，并非来自外国军队和坦克的进攻，而是来自外国观念的侵入。"^①这种外来文化观念的侵入，一方面，造成传统文化的失落、人文精神的困惑与迷茫；另一方面，导致个人主义、物欲主义泛滥成灾甚至网络犯罪的日益猖獗。

其次，人们道德意识和责任意识受到挑战。网络文化空间是一个与物理空间相对的虚拟空间，在这一空间里，人们可以摆脱现实社会诸多伦理道德的束缚和控制，没有"他人在场"的压力，在虚拟符号的保护下，日常生活中被压抑的人性中恶的一面会在这种无约束的状态下得到宣泄，往往造成一种"特别自由""释放自己"的错：似乎在网上发表任何越轨的言论，散布谣言很少受到惩罚；似乎上网任意浏览淫秽色情、凶杀暴力和封建迷信等有害信息可以逃避舆论的讨伐；似乎通过网上交流使用卑鄙手段窃取他人隐私和钱财难以受到法律的制裁。网民表现出的这种道德意识和责任意识弱化行为，为道德虚无主义和道德相对主义的滋生和蔓延提供了条件。

最后，国家舆论导向的控制力受到挑战。网络传播媒体的发展，打破了原本将传统媒体舆论导向牢牢掌握在政府手中的舆论控制局面。网络传播媒体大大增强了个人的自主性，既给每个人以匿名方式自由地发表意见的权利，又提高了个人和组织发布、交流和接收信息的能力。目前，由于网络传播媒体具有结构的开放性、信息资源的多样性、网络管理的分散性和交流方式的多样性等特点，使得网络信息交换和共享显出很大的复杂性和不确定性，这必然给网络舆论导向的控制带来前所未有的困难，造成舆论导向出现一定程度的失控。

---

① 亨廷顿. 变化社会中的政治秩序 [M]. 王冠华，等，译，北京：三联书店，1988：141.

第三节　文化多样性对主流意识形态建设的新要求

多样文化的激荡与共存，是当代中国文化发展变化的主要特征和基本趋势。多种文化并存的格局给当代我国主流意识形态建设提出了新要求。概括来说，文化多样性对主流意识形态的理论创新、吸引力、凝聚力、目标定位、主导方式和动员能力都提出了新的要求。

一、文化多样性对主流意识形态的理论创新提出新要求

作为思想上层建筑的意识形态从来都是经济基础的反映，并且对经济基础产生反作用。改革开放以来，我国生产力的迅猛发展，促进了经济体制和政治体制的改革，与此相适应，我们党在意识形态建设理论上进行了多次创新，意识形态内容也发生了深刻变化。我国现代化进程中，主流意识形态建设理论的创新至关重要。在当前的意识形态领域，一方面人们的思想空前活跃，主体意识大大增强，在社会交往中表现出较强的理性思维能力。但另一方面也出现了诸如唯上唯权、本本主义以及轻视理论学习、讲求实用主义等消极与不和谐因素，它禁锢了人们的思想，束缚着人们的手脚，不利于主流意识形态建设。所以，我们务必用创新的精神来实现社会主义主流意识形态建设的理论创新，充分汲取中外意识形态建设理论中有益的经验，探索和总结文化多样背景下主流意识形态建设的新规律及其发展趋势，把主流意识形态打造成具有理论创新和

自我超越能力的开放体系，给人们的自由创造留下宽广的空间，使它在应对和回答时代与实践提出的挑战中，焕发出强大的生命力，成为社会发展的强大精神动力，对建设社会主义主流意识形态的实践发挥现实指导作用。我们必须立足于面向现代化、面向世界、面向未来的宽广视野，牢牢把握物质文明、政治文明、精神文明的现代化目标，研究新情况，解决新问题，开辟新境界，为社会主义主流意识形态建设的理论创新注入新的活力。

二、文化多样性对主流意识形态的吸引力和凝聚力提出新要求

社会主义主流意识形态建设是一个长期渐进的过程。在这样一个过程中，要想使主流意识形态深入人心，真正成为主导意识形态，既需要坚实的政治保障、雄厚的物质基础，又需要通过增强社会主义意识形态的吸引力和凝聚力来提高人们对社会主义认可、支持和拥护的程度。党的十七大报告明确指出要"增强社会主义意识形态的吸引力和凝聚力"[1]。这在党的正式文件中是一个崭新的提法，标志着党在意识形态建设思维方式上的重大变化，它也是对新时期新阶段我国意识形态建设的新要求。

所谓社会主义意识形态吸引力和凝聚力，就是广大人民群众对社会主义意识形态所倡导的政治法律思想、思想道德、文学艺术等能够发自内心地认可、赞同、拥护和支持并自觉地遵循和实践，社会主义意识形态凝聚人心、鼓舞斗志的功能能够得到充分发挥。在过去很长一段时间我们通常对我国意识形态认识的逻辑是：社会主义意识形态是科学意识形态，是代

---

[1] 胡锦涛.高举中国特色社会主义伟大旗帜　为夺取全面建设小康社会新胜利而奋斗——在中国共产党第十七次全国代表大会上的讲话 [M]. 北京：人民出版社，2007：34.

表最广大人民根本利益的思想理论体系，所以理所当然社会主义意识形态一定是有吸引力和凝聚力的意识形态。然而，代表最广大人民群众的根本利益，不仅是理论问题，还是实践问题。也就是说我们通常的思维是将社会主义意识形态的这一根本属性应然状态与实然状态完全画等号，在我们思想深处潜在的认识就是，社会主义意识形态一定能够代表最广大人民根本利益，即使是社会主义意识形态发展过程中存在问题，那通常也是因为来自封建主义、资本主义错误思想的侵袭。正是这一思维模式的影响，我们以前总是把外来思想的侵袭作为意识形态领域存在复杂状况或者说面临严峻挑战的最根本原因，因此总是把抵制外来错误和反动思想意识的侵袭作为解决问题的根本途径，而对于我们自己的理论是否得到彻底、全面和准确落实，如何通过各种方法充分吸引和凝聚群众等问题却很少去考虑。这事实上是一种不恰当的思维方式。

在社会转型过程中，反映不同社会阶层利益诉求和多层次文化需求的多种意识形态的存在已是不争的事实，它反映了社会开放和进步的程度。社会主义主流意识形态与其他各种意识形态应保持什么样的关系，是不是对话、交流与竞争的关系，能不能用平实、平易的语言通俗表达自己，事关中国特色社会主义事业的大局。这些都对我国社会主义主流意识形态的吸引力和凝聚力提出了全新要求，我们必须认真研究解决。

三、文化多样性对主流意识形态的目标定位提出新要求

意识形态作为社会上层建筑的组成部分，具有特殊的激励和引导作用。新中国成立后，我们党坚持马克思主义在意识形态领域的指导地位，团结各族人民为社会主义理想而奋斗，完成了生产资料私有制的社会主

义改造，建立了社会主义基本经济制度，社会面貌呈现出意气风发的崭新局面。十一届三中全会后，我们党拨乱反正，果断否定以阶级斗争为纲的意识形态，坚持"一个中心、两个基本点"，把全国人民动员到社会主义现代化建设的目标上来，促进了社会生产力以前所未有的速度迅猛发展。多样文化并存互竞的今天，同样离不开核心价值目标的确立，但这种价值目标能否得到人们的普遍认同，在全社会形成一种共同的理想信念，并成为人们的行动指南，则取决于意识形态功能和作用发挥得如何。社会主义社会是民主法治、公平正义、诚信友爱、充满活力、安定有序、人与自然和谐相处的社会。社会主义建设必须以解决人民群众最关心、最现实、最直接的利益问题为重点，着力完善社会管理、发展社会事业、建设和谐文化、增强社会活力、促进社会公平，走共同富裕道路，推动经济、政治、文化和社会建设协调发展。在庆祝中国共产党成立95周年大会上，习近平总书记首次提出了坚持中国特色社会主义的四个自信，即道路自信、理论自信、制度自信和文化自信。这不仅是向全党发出的一种认同呼吁，更是作为建立主流意识形态认同的四大目标。党的十九大报告进一步指出："没有高度的文化自信，没有文化的繁荣兴盛，就没有中华民族伟大复兴。"[1] 因此，意识形态建设工作应紧跟时代发展潮流，找准新的目标定位，关注民生建设、社会公正、生态文明，为促进社会和谐和经济发展提供思想保证。

四、文化多样性对主流意识形态的主导方式提出新要求

所谓主流意识形态的主导方式，就是主流意识形态巩固主导地位，发

---

[1] 习近平谈治国理政：第3卷 [M]. 北京：外文出版社，2020：32.

挥主导作用的方式。作为一种理论性思想体系的主流意识形态，必须通过有效的途径才能让民众了解和接受，内化为行为准则和价值观念，从而发挥激励和凝聚作用，这就涉及主流意识形态的主导方式问题。新中国成立特别是改革开放以来，我们党确立了社会主义意识形态的主导地位，社会主义观念深入人心，激发了人民群众建设社会主义的热情。当前，我国进入了"增速度换挡、结构调整阵痛、前期刺激政策消化"[①]三期叠加的阶段，在意识形态领域，人们的社会意识更加多样化，思想观念、价值情感、思维方式的差异化也在进一步发展，对主流意识形态的主导方式提出了更新的要求。

当前，必须进一步优化主流意识形态的主导方式，以使广大人民群众深刻理解和认同社会主义意识形态。社会主义和谐社会的本质是以人为本，促进人的全面发展。因此，社会主义和谐社会主流意识形态的主导方式必须在尊重人的主体性的基础上增强说服力，使主流意识形态的理念成为全社会共识的价值观念和精神支柱。这一重任不是过去主流意识形态主导方式稍加改进就能轻易实现的，这就对意识形态的主导方式提出了新的更高的要求。

五、文化多样性对主流意识形态的动员能力提出新要求

文化及其发展是由一定的经济基础决定的。改革开放后我国社会生活经历了计划经济向市场经济、封闭社会向开放社会、同质社会向异质社会、人治社会向法治社会的转变，经济市场化、政治民主化、观念多样化推动了文化多样化。我国社会文化多样化的历史事实从纵向来

---

① 陈飞.资本逻辑批判与科学社会主义 [M].兰州学刊，2016（6）.

看，既有封建主义文化存在，又有社会主义文化和代表人类未来文化发展方向的共产主义文化存在；既有传统文化存在，又有现代文化存在。从横向来看，我国更是形成了多样文化百花齐放的文化现象，文化领域的人为控制被打破，各种文化相互比较、碰撞、交融、借鉴，相互促进和发展，不同民族、不同地区各有文化特色。多样文化的存在使社会更具活力，它为个人提供了更多的选择机会和价值取向，赋予了个人更多的自由和更丰富的精神世界，以及更有力的行为表现和更有意义的生命存在。

文化多样化作为现代社会的一个主要特征，在现代化的进程中，文化多样化开辟了意识形态建设的新局面，但同时，对意识形态建设也构成了影响。文化的核心是价值观念，文化多样化最根本的是价值观念、思想意识的多样化。在文化多样化格局下，人们价值观念、思想意识多样化，造成社会成员对理想信念、价值取向、道德观念等的选择产生困惑、迷茫和混乱，传统的国家至上、集体主义价值观趋于弱化。随着政治民主化特别是公民社会的兴起，个人主体性、独立性日益彰显，公众意识日趋多样化，部分人不再盲目追随主流意识形态，社会整合和社会动员已从以政治为中心转变为以物质利益为中心，政治动员的范围、力度、能力逐步缩小和降低，削弱了主流意识形态的影响。

从另一角度分析，在多样文化的交汇中，大众传媒在社会中的普及和影响日益深入，随着文化的市场化、产业化，媒体不再单纯是意识形态机构，而是逐渐转化为相对独立的经济实体。文化发展利益最大化的逐利性使得少数传媒为了迎合多样文化的需要而难以避免文化的世俗性、媚俗性，将越来越多的人裹挟于世俗化的文化浪潮，常以包装华美的外表代替朴实、深邃的内容，以哗众取宠迎合受众的猎奇心理，甚至以低级趣味去满足部分人不健康的文化消费心理，以致误导人们思想的现象时有发生。社会文化多样化态势下大众传媒的这一偏差一定程度上也影响了主流意识形态建设中的政治动员能力。总之，如何适应文化多样性对主流意识形态建设提出的新要求，已成为时代提出的重要课题。

第三章

文化多样性语境下我国主流
意识形态建设的价值取向

回溯党的百年历程，中国共产党始终将人民放在心中最高的位置，形成了"以人民为中心"的价值取向。总结党"以人民为中心"价值取向的百年历史经验启示，需要在理论逻辑和历史进程两方面进行把握。"以人民为中心"的价值取向在理论逻辑上体现了继承马克思主义唯物史观和扬弃中国传统民本思想的统一；在历史进程中经历了萌芽与形成、调试与探索、修复与发展、强化与创新四个各具特色又一脉相承的发展阶段，彰显了历代中国共产党人为民服务的根本宗旨。党要带领人民取得更多的伟大成就，就要自始至终坚持"以人民为中心"的价值取向。其中，党的领导是实现"以人民为中心"价值取向的根本保障，制度治理是夯实"以人民为中心"价值取向的制度基础，为民造福是践行"以人民为中心"价值取向的出发点和落脚点，群众满意度是"以人民为中心"价值取向的检验标准。

价值取向是一个涵盖社会各个领域及各个层面，涉及各个学科的价值哲学范畴，"指的是一定主体基于自己的价值观在面对或处理各种矛盾、冲突、关系时所持的基本价值立场、价值态度以及所表现出来的基本价值倾向和特定的价值方向"①。其功能在于帮助人们做出价值判断和价值选择，对人们的价值活动起到引导、规范及建构的作用。一种价值取向能否在社会上发挥其应有的功能，关键要看这种价值取向所体现的价值追求能否被社会上绝大多数人所认可。回顾中国共产党的百年发展历程，我们不

---

① 徐贵权. 价值世界的哲学追问与沉思 [M]. 北京：中国社会科学出版社，2012：86.

难发现，党在各项工作中始终坚持"以人民为中心"的价值取向。因为，"以人民为中心"的价值取向不仅符合马克思、恩格斯"为绝大多数人谋利益"的价值观，符合党在不同历史场域中治国理政的普遍逻辑，更与人民群众的根本利益紧密相连。对中国共产党百年来"以人民为中心"价值取向的理论渊源、历史进程进行系统分析，以及其百年发展经验启示进行总结，有利于在"以人民为中心"价值取向的历史发展脉络中汲取历史智慧，有利于从中国共产党发展进程中总结经验启示，更有利于为党当前和今后执政的价值取向增强定力和明确发展方向。

第一节 "以人民为中心"价值取向的理论逻辑

纵观人类思想史，自从有了人的自我意识以后，在"认识你自己"和"自我致思"的过程中，人的问题便成为思想家们智慧的指向。从苏格拉底开始，哲学的目标就不再停留于对外部自然世界的玄思苦想，而转向对社会与人生的关注和思考。在认识自我中探索人生的意义、人的价值、人的幸福等问题是传统西方哲学的理论旨趣，其根本目的在于提供一种对于人类生存境界的终极性的理解与阐释。人类一切认识与实践活动的出发点均应立足于人，围绕着人自身展开。人类对自然、对自身的认识就是为了更好地发展自身。人类的一切实践活动的目的也最终归结为实现人的发展和完善。马克思、恩格斯以"现实的人"的生活实践为逻辑起点，审度了人的本质及其历史形成，在批判考察个人的现实生活过程中，揭示了个人从现实的生存条件下不断发展和解放的历史过程。关注人的生存境遇是马克思、恩格斯创立历史唯物主义的基本立场。不仅如此，中华传统文化中蕴含着丰富的民本思想，早在商周之际，就已经出现了民本思想的萌芽，后经过不断发展演变，逐步成为中华传统文化的一部分，民本思想对中国社会的发展变革有重要的影响。"以人民为中心"的价值取向，就是在继承马克思主义唯物史观和扬弃中国传统民本思想的基础之上，立足于新时代的历史新方位而提出来的。

一、马克思主义唯物史观是"以人民为中心" 价值取向的哲学基础

唯物史观是马克思的伟大发现，与过去的唯心史观有着本质的不同。唯心史观宣扬少数英雄人物是历史的创造者，不承认广大人民群众在社会历史发展中的重要作用。唯物史观则认为物质资料的生产方式是社会发展的决定力量，人类历史是由社会基本矛盾的推动才由低级向高级发展，认为人民群众才是社会历史的真正创造者。因此，"是否承认人民群众是历史的创造者，是历史唯物主义和历史唯心主义的根本分歧之一"[1]。马克思主义唯物史观是中国共产党坚持"以人民为中心"的价值取向的哲学基础。

马克思主义政党的政治立场是人民至上。马克思主义政党之所以坚持人民立场，一切努力奋斗都为实现最广大人民的根本利益而展开，其根本原因就在于人民群众是历史的创造者，是社会主义事业必不可少的依靠力量。马克思、恩格斯在《神圣家族》中曾断言："历史的活动和思想就是'群众'的思想和活动。"[2]"历史活动是群众的活动，随着历史活动的深入，

---

① 韩树英. 马克思主义哲学纲要（修订本）[M]. 北京：人民出版社，2004：449.
② 马克思恩格斯文集：第1卷 [M]. 北京：人民出版社，2009：286.

必将是群众队伍的扩大。"①人民群众创造历史的活动体现在社会生活的方方面面。

首先，人民群众是社会物质财富的创造者。人类要想在社会上生存下去，就要解决吃、穿、住、用、行等基本生活资料。物质资料的生产方式是人类社会赖以存在和发展的基础。马克思、恩格斯曾深刻指出："一切人类生存的第一个前提，也就是一切历史的第一个前提，这个前提是人们为了能够'创造历史'必须能够生活。但是为了生活，首先就需要吃喝住穿以及其他一些东西。因此第一个历史活动就是生产满足这些需要的资料，即生产物质生活本身，而且，这是人们从几千年前直到今天单是为了维持生活就必须每日每时从事的历史活动，是一切历史的基本条件。"②"任何一个民族，如果停止劳动，不用说一年，就是几个星期，也要灭亡。"③而那些人类赖以生存的物质生活资料，都是由劳动人民的双手创造出来的。如果没有劳动人民提供物质生活资料，任何社会活动都无法顺利进行。恩格斯曾指出："无论不从事生产的社会上层发生什么变化，没有一个生产者阶级，社会就不能生存。可见，这个阶级在任何情况下都是必要的，虽然定会有一天它将不再是一个阶级，而是包括整个社会。"④在创造社会物质财富的劳动群众中，除了体力劳动者，还包括与生产活动直接联系的脑力劳动者。在当代，随着科学技术在生产发展中的作用越来越重要，知识分子在推动社会发展、创造社会物质财富中的作用也更加突出。

其次，人民群众是社会精神财富的创造者。人民群众既是物质生产活动的主体，也是精神生产活动的主体。一方面，人民群众的生活实践活动是社会精神财富创造的源泉，为社会精神财富的创造提供了物质基础和设

① 马克思恩格斯文集：第1卷 [M]. 北京：人民出版社，2009：287.
② 马克思恩格斯文集：第1卷 [M]. 北京：人民出版社，2009：531.
③ 马克思恩格斯文集：第10卷 [M]. 北京：人民出版社，2009：289.
④ 马克思恩格斯全集：第25卷 [M]. 北京：人民出版社，2001：534.

施。毛泽东曾在《湖南农民运动考察报告》中指出："中国历来只是地主有文化，农民没有文化。可是地主的文化是由农民创造的，因为造成地主文化的东西，不是别的，正是从农民身上掠夺的血汗。"①1942 年的延安文艺座谈会上毛泽东进一步指出，文艺作品"都是一定的社会生活在人类头脑中的反映的产物"②。人民生活中"存在着文学艺术原料的矿藏……是一切文学艺术的取之不尽、用之不竭的唯一的源泉"③。另一方面，人民群众还直接参与了社会精神财富的创造活动，尤其是人民群众中的知识分子，许多科学家、思想家和艺术家，这些精神文化产品的直接创造者为人类社会科学文化的发展做出了重大贡献。

再次，人民群众是社会变革的决定性力量。在马克思主义看来，生产力和生产关系的矛盾运动推动了社会形态的更替，但生产关系的变革、社会制度的更替都必须借助人民群众的力量才能够实现和完成。在阶级社会中，每一次社会形态的变革归根结底都是人民群众所决定的。恩格斯在分析资产阶级反对封建制度的三次大决战时指出，"在资产阶级的这三次大起义中，农民提供了战斗大军……如果没有这些自耕农和城市平民，资产阶级绝不会单独把斗争进行到底，绝不会把查理一世送上断头台"④。历史充分证明，"奴隶阶级、农民阶级的斗争，最终动摇了奴隶制、封建制的基础，而无产阶级则是摧毁腐朽的资本主义制度、创造新社会的决定力量"⑤。人民群众是社会革命的主力军。历史不过是全部追求着自己的目的的人的活动的总和，"整个所谓世界历史不外是人通过人的劳动而诞生的过程"，历史过程中的合目的性只是人的历史活动的合目的性。正如毛

① 毛泽东选集：第 1 卷 [M]. 北京：人民出版社，1991：39.
② 毛泽东选集：第 3 卷 [M]. 北京：人民出版社，1991：860.
③ 毛泽东选集：第 3 卷 [M]. 北京：人民出版社，1991：860.
④ 马克思恩格斯文集：第 3 卷 [M]. 北京：人民出版社，2009：511.
⑤ 韩树英. 马克思主义哲学纲要（修订本）[M]. 北京：人民出版社，2004：454.

泽东在《论联合政府》中指出的那样："人民，只有人民，才是创造世界历史的动力。"① 最后，一切为了人民是唯物史观的一项基本原则。马克思主义从其阶级属性上来讲，是关于无产阶级争取自身解放和全人类解放的学说，是关于无产阶级斗争的性质、目的和解放条件的学说，马克思、恩格斯在《共产党宣言》中指出："过去的一切运动都是少数人的，或者为少数人谋利益的运动。无产阶级的运动是绝大多数人的，为绝大多数人谋利益的独立的运动。"② 人是社会发展的最终目的。马克思指出："建立在个人全面发展和他们共同的、社会的生产能力成为从属于他们的社会财富这一基础上的自由个性。"③ "在共产主义社会里，已经积累起来的劳动只是扩大、丰富和提高工人的生活的一种手段"④，"共产党人……没有任何同整个无产阶级的利益不同的利益"⑤，"共产党人强调和坚持整个无产阶级共同的不分民族的利益"⑥。由此可见，一切为了人民是历史唯物主义的基本观点。

二、"以人民为中心"的价值取向是对中国传统民本思想的创造性转化和创新性发展

中国传统民本思想内涵丰富，如"民为邦本，本固邦宁""水能载舟，亦能覆舟""民为贵，社稷次之，君为轻""得天下有道，得其民，斯得天下矣。得其民有道，得其心，斯得民矣"等。唐朝初年，魏徵在上唐太宗书中说："鱼失水则死，水失鱼犹为水也。"这比"君舟民水"

① 毛泽东选集：第 3 卷 [M]. 北京：人民出版社，1991：1031.
② 马克思恩格斯文集：第 2 卷 [M]. 北京：人民出版社，2009：42.
③ 马克思恩格斯文集：第 8 卷 [M]. 北京：人民出版社，2009：52.
④ 马克思恩格斯文集：第 2 卷 [M]. 北京：人民出版社，2009：46.
⑤ 马克思恩格斯文集：第 2 卷 [M]. 北京：人民出版社，2009：44.
⑥ 马克思恩格斯文集：第 2 卷 [M]. 北京：人民出版社，2009：44.

的比喻更加深刻。离开百姓的君王是亡国之君，而王朝无论怎样更替，百姓依然是百姓。中国传统民本思想作为中国文化的一个重要组成部分，是传统政治思想和执政理念的最进步体现。它体现了封建统治阶级对政治生活中民众力量的一种认知，这种认知在封建社会中是一种进步的有价值的思想。从本质上讲，中国传统民本思想是以"君"而不是以"民"为出发点、落脚点是把人民当作统治阶级成就霸业和维护统治的手段，是维护封建统治的"资本"，是一种"驭民""治民"之术。民只是手段，君才是目的；价值主体是君，民是被当作价值客体而予以占有和利用。在当代中国，以人民为中心是对古代"民本"思想的继承与超越，它比以民为本具有更为丰富的特殊内涵。

第一，以人民为中心中的"人"不仅仅包括政治意义上的人民，还包括生物意义和社会意义上的个人。它强调人人平等的普遍性概念，指抽去社会身份、等级和"官""民"区别的所有的人；"民"则是一个具有社会身份差别的特殊性概念，它是整个社会中的一部分。因而，以人民为中心比以民为本的外延宽泛，更具包容性。

第二，以人民为中心不仅强调人的自然性和社会性，而且还强调人性和个性差异，包含对个人权利、尊严和价值的承认和尊重，而以民为本则强调人民或民众这种群体价值。因而以人民为中心更有利于每个人创造性和积极性的发挥，更有利于独立人格的形成，更有利于每个人自由而全面发展。

第三，"人"是一个哲学范畴，以人民为中心意味着人与人之间在社会地位和法律地位上是平等的，互相尊重的。"民"是一个政治学范畴，在中国现代社会中，"民"与"官"是相对应的。在官与民的范畴中，"民"意味着服从与依附。因而，以人民为中心比以民为本更具平等博爱精神。

第四，以人民为中心是从全人类、全球性角度来看问题的。当今人类面临日益增多的全球性、全人类的问题，如环境污染，气候变暖等自然灾害，需要我们超越阶级、超越国界来思考和解决。因而，以人民为中心蕴含着国际主义、人道主义精神，更有利于国际交流和国际合作。

第二节　中国共产党"以人民为中心"价值取向的历史进程

中国共产党成立伊始就将全心全意为人民服务作为自身发展的宗旨。党在百年历程中经历了革命、建设与改革的多重困难和考验，在复杂的国内国际环境中团结带领中华民族创造了举世瞩目的成就。党之所以会取得一次又一次的成功，一个很重要的原因就在于党始终把人民放在心中最高的位置，将"以人民为中心"作为自身一切工作和行动的价值取向和工作指南，始终坚持人民立场。回顾百年中共"以人民为中心"的价值取向的历史进程，我们不难发现，中国共产党历代主要领导人毛泽东、邓小平、江泽民、胡锦涛、习近平，在坚持"以人民为中心"的价值取向上，进行了一系列的内涵深化和实践探索，"以人民为中心"的价值取向经历了萌芽与形成、曲折与探索、修复与发展、强化与创新四个发展阶段。

一、萌芽与形成：新民主主义革命时期中国共产党的价值取向

鸦片战争以后，面临内忧外患的中华民族陷入水深火热之中。封建地主阶级改革、农民运动、资产阶级的改良及革命运动，都无法改变当时人

民饥寒交迫的窘境。因此，时代和人民迫切需要一个强大的领导核心带领人民走出困境。中国共产党的出场就是历史和人民的选择。早在中国共产党成立初期，"以人民为中心"的价值取向就在党章中体现得淋漓尽致："革命军队必须与无产阶级一起推翻资本家阶级的政权；承认无产阶级专政，直到阶级斗争结束，即直到消灭社会的阶级区分；消灭资本家所有制，没收机器、土地、厂房和半成品等生产资料，归社会共有。"① 消灭阶级、坚持人民立场、坚持以人民为中心、满足最广大人民群众的利益，既是中国共产党给广大人民的承诺，也是党自身的行动指南。

毛泽东作为新中国的伟大开拓者，将马克思主义运用于全党的工作之中。无论是土地革命时期党紧紧依靠农民，领导农民进行土地制度的革命，还是抗日战争时期在革命根据地动员广大人民群众及部队官兵自己动手、开展生产来满足需要，或是在解放战争时期引导和支持广大农民群众，采取各种方法，使地主阶级剥削农民而占有的土地转移到农民的手中，推行"耕者有其田"的土地政策。历史充分证明了，中国的发展必须紧紧依靠人民，"以人民为中心"是中国共产党的价值追求，也是党取得执政地位的最大政治优势的集中体现。在新民主主义革命时期，毛泽东还创造性地提出了著名的"群众观点"和"群众路线"。在1949年6月15日的新政治协商会议筹备会的讲话中，毛泽东讲道："中国的命运一经操控在人民自己的手里，中国就将如太阳升起在东方那样，以自己的辉煌的光焰普照大地，迅速地荡涤反动政府留下来的污泥浊水，治好战争的创伤，建设起一个崭新的强盛的名副其实的人民共和国。"② 这段话，既是中国共产党团结带领全国各族人民取得一系列战争胜利的证言，也是对中国发展的

---

① 中共中央党史研究室. 中国共产党历史：第1卷（上）[M]. 北京：中共党史出版社，2011：68.
② 毛泽东选集：第4卷 [M]. 北京：人民出版社，1991：1467.

预言。"人民群众是共产党的根基、血脉和力量源泉"①，只有坚持以人民为中心，中国才能如初升的太阳，将阳光普照大地。

二、探索与曲折：社会主义革命和建设时期中国共产党的价值取向

新中国成立以后，山河重整，百废待兴，中国共产党的角色、地位和任务都发生了重大改变。在由一个带领人民夺取政权的党向一个长期执政的党的转换过程中，保持党为人民服务的本性以及带领人民治疗战争带来的创伤和恢复发展国民经济的任务摆在了党的面前。因此，新的历史境遇以及时代特征赋予了中国共产党价值取向新的话语表征。首先，党在 1954 年《中华人民共和国宪法》中明确规定了我国人民民主专政的国体和人民代表大会的政体，为人民当家做主提供根本保障。其次，针对积贫积弱的局面，党适时提出了"一化三改"的过渡时期总路线，并坚持社会主义改造与社会主义建设并举，以及一整套"两条腿走路"的工业化发展思路，为人民的幸福生活积累了厚实的物质基础。最后，针对新中国成立初期党内滋生的贪污、浪费以及官僚主义现象，党在全国范围内开展"三反""五反"运动，巩固了工人阶级和国营经济的领导地位。但由于在推进社会主义建设的过程中，党和人民对于迅速改变落后局面的愿望过于强烈，出现了急于求成、急躁冒进的倾向。这是党在寻求人民幸福的道路上出现的失误和偏差，也是中国共产党价值取向历史演进中的经验教训。

---

① 曲青山. 人民群众：共产党的根基、血脉和力量源泉 [J]. 马克思主义与现实，2019（2）.

三、修复与发展：改革开放以来中国共产党的价值取向

改革开放以来，我国的工作中心转移到了经济建设上来。作为改革开放的总设计师，邓小平将"人民拥护不拥护、赞成不赞成、高兴不高兴、答应不答应"作为思考问题、开展工作的出发点和落脚点，将包含"是否有利于提高人民的生活水平"在内的"三个有利于"作为人民判断工作是非得失的根本标准。这一系列论断，赋予了"以人民为中心"价值取向的新的时代内涵。在谈及社会主义革命和建设的几个问题时，邓小平指出，"我们国家的政权是工人阶级领导的、以工农联盟为基础的人民民主政权，一切权力属于人民。我们的国家机构绝不是封建地主或资本家用来统治压迫人民的官僚机关，而是为人民服务，并用来保卫人民自己的工具"[1]。他号召全党同志要做"人民的勤务员"，牢记全心全意为人民服务的宗旨，始终践行群众路线。他还曾在 1981 年为英文版《邓小平文集》撰写序言时写道："我是中国人民的儿子，我深情地爱着我的祖国和人民。"彰显了中国共产党人深厚的人民情怀。

在世纪之交，以江泽民为总书记的党中央，准确把握时代特征，创造性提出了"三个代表"重要思想，丰富和发展了"以人民为中心"的价值取向。把"始终代表最广大人民的根本利益"作为"三个代表"重要思想的核心，是开展党的建设以及开展各项工作的出发点和落脚点。随着改革开放的持续推进和社会主义市场经济的不断发展，我国经济社会生活呈现出多样化的趋势，党内党外都面临着前所未有的新情况、新问题和新挑战。中国共产党如何守得住为人民服务的初心，一如既往代表最广大人民群众

---

① 邓小平文集（1949—1974）：中卷 [M]. 北京：人民出版社，2014：225.

的根本利益，永葆共产党的先进性，这既是一个重大的理论问题，也是一个重大的实践问题。为此，江泽民强调要把党的先进性"放到推动当代中国先进生产力和先进文化的发展中去考察，放到维护和实现最广大人民根本利益的奋斗中去考察"①。实践充分证明，始终代表最广大人民群众的利益，是我们党取得胜利的力量和源泉。中国共产党只有正确把握先进生产力的发展要求，始终代表先进文化的前进方向，正确把握中国共产党与人民的血肉联系，全心全意为人民服务，才能始终走在时代的前列，才能永葆共产党的先进性，将社会主义事业推向前进。因此，对于中国共产党来说，始终代表最广大人民的根本利益，是中国共产党执政的根本价值取向的集中体现，也是"三个代表"重要思想的价值归宿。

进入 21 世纪，以胡锦涛同志为代表的中国共产党人，结合新形势、新问题，提出了"以人为本"的重要思想，并将其作为科学发展观的核心理念贯穿于全面、协调、可持续发展的各个环节和全部过程之中。"发展为了谁、发展依靠谁以及发展成果由谁享有"，是一个能够反映一个政党的性质、宗旨以及价值取向的重大问题。在执政立场方面，他指出"相信谁、依靠谁、为了谁，是否始终站在最广大人民的立场上，是区分唯物史观和唯心史观的分水岭，也是判断马克思主义政党的试金石"②。在党的十六届六中全会通过的《中共中央关于构建社会主义和谐社会若干重大问题的决定》中，他将以人为本的内涵界定为："始终把最广大人民的根本利益作为党和国家一切工作的出发点和落脚点，实现好、维护好、发展好最广大人民的根本利益，不断满足人民日益增长的物质文化需要，做到发展为了人民、发展依靠人民、发展成果由人民共享，促进人的全

---

① 中国共产党第十六次全国代表大会文件汇编 [M]. 北京：人民出版社，2002：13.
② 胡锦涛. 在"三个代表"重要思想理论研讨会上的讲话 [M]. 北京：人民出版社，2003：16.

面发展。"① 这既是对中国古代民本思想的扬弃，也突出体现了中国共产党始终不变的执政理念与初心使命，同时也是以胡锦涛为总书记的党中央立足社会主义初级阶段的基本国情，运用科学思维对如何正确认识和把握我国当时社会发展形势所面临的新问题、新挑战做出的明确回答。在 2008 年的抗震救灾先进基层党组织和优秀共产党员代表座谈会上，胡锦涛从党的建设的核心价值的角度进一步指出，"必须坚持立党为公、执政为民，始终把实现好、维护好、发展好最广大人民的根本利益作为党的建设的核心价值。全心全意为人民服务是党的根本宗旨，是党的全部价值所在"②，并强调我们党的历史，就是一部"全心全意为人民服务的奋斗史"③。

四、强化与创新：党的十八大以来中国共产党的价值取向

党的十八大以来，以习近平同志为核心的党中央，立足国内国外的新形势、新变化，对党的宗旨以及贯彻落实党的群众路线提出了新的要求。2012 年 11 月 15 日，在十八届中央政治局常委同中外记者见面时，习近平就强调"人民对美好生活的向往，就是我们的奋斗目标"④。2015 年10 月 29 日，在党的十八届五中全会上，习近平首次明确提出了坚持以人民为中心的发展思想。"必须坚持以人民为中心的发展思想，把增进人民福祉、促进人的全面发展作为发展的出发点和落脚点。"⑤ 他指出，以人

① 中国共产党第十六届中央委员会第六次全体会议文件汇编 [M]. 北京：人民出版社，2006：6.
② 在抗震救灾先进基层党组织和优秀共产党员代表座谈会上的讲话 [M]. 北京：人民出版社，2008：12.
③ 同上。
④ 十八大以来重要文献选编（上）[M]. 北京：中央文献出版社，2014：70.
⑤ 十八大以来重要文献选编（中）[M]. 北京：中央文献出版社，2016：789.

民为中心"不能只停留在口头上，止步于思想环节，而要体现在经济社会发展各个环节"①。党的十九大报告中，把"坚持以人民为中心"作为新时代中国特色社会主义的十四个基本方略之一，并将其排在第二位，足见中国共产党对人民的重视。

党中央站在发展全局的高度，对以人民为中心的发展做出全面部署，其中涉及政治、经济、文化、社会、生态以及党的建设的方方面面。在政治方面，中国共产党始终坚持人民立场，执政为民。在庆祝中国共产党成立 95 周年的大会上，习近平着重强调了中国共产党的执政立场："人民立场是中国共产党的根本政治立场，是马克思主义政党区别于其他政党的显著标志。"② 以人民为中心的执政立场和执政理念，为中国共产党的建设以及治国理政注入了灵魂，也为以人民为中心的价值取向提供了政治保证。在经济方面，"以人民为中心超越了见物不见人、有增长而无发展的传统经济发展模式，体现了物的尺度和人的尺度的辩证统一"③。和以往只注重物质财富增加的传统经济发展模式相比，以人民为中心更注重人的发展，"既把人的发展提升为经济发展的目的，又把经济发展作为人的发展的基础，为人的发展创造条件"④。习近平总书记更是鲜明指出，"要坚持以人民为中心的发展思想，这是马克思主义政治经济学的根本立场。要坚持把增进人民福祉、促进人的全面发展、朝着共同富裕方向稳步前进作为经济发展的出发点和落脚点，部署经济工作、制定经济政策、推动经济发展都要牢牢坚持这个根本立场"⑤。在文化方面，建设社会主义文化

---

① 在省部级主要领导干部学习贯彻党的十八届五中全会精神专题研讨班上的讲话 [M]. 北京：人民出版社，2016：24.
② 习近平. 在庆祝中国共产党成立 95 周年大会上的讲话 [M]. 北京：人民出版社，2016：18.
③ 张富文. 马克思主义人本思想中国化研究 [M]. 北京：人民出版社，2019：297.
④ 张富文. 马克思主义人本思想中国化研究 [M]. 北京：人民出版社，2019：297.
⑤ 习近平. 立足我国国情和我国发展实践 发展当代中国马克思主义政治经济学 [N]. 人民日报，2015-11-25.

强国、构建现代公共文化服务体系、做好党的新闻舆论工作、开展中国特色社会主义宣传教育，要牢固树立以人民为中心的工作导向。发展社会主义文艺事业，要坚持以人民为中心的创作导向。因为人民"既是历史的'剧中人'，也是历史的'剧作者'"①。构建中国特色哲学社会科学，要坚持以人民为中心的研究导向。因为"脱离了人民，哲学社会科学就不会有吸引力、感染力、影响力、生命力"②。在社会民生方面，党中央深入开展脱贫攻坚工作，实施"精准扶贫""精准脱贫"战略。习近平总书记考察调研所到之处必然包括各个地方的贫困地区，贫困地区人民的生活水平始终是习近平总书记心头的一件大事。在全国脱贫攻坚总结表彰大会上，习近平指出，"只要我们始终坚持以人民为中心的发展思想，一件事情接着一件事情办，一年接着一年干，就一定能够不断推动全体人民共同富裕取得更为明显的实质性进展"③。在生态文明方面，党始终践行绿水青山就是金山银山的理念，走生态优先、绿色发展之路。2018 年 4 月 2 日，习近平在参加首都义务植树活动时强调，"绿化祖国要坚持以人民为中心的发展思想，广泛开展国土绿化行动，人人出力，日积月累，让祖国大地不断绿起来美起来"④。人与自然是相互联系、相互依存、相互渗透的统一体。去年 12 月的中央经济工作会议中，党中央首次提出"我国二氧化碳排放力争 2030 年前达到峰值，力争 2060 年前实现碳中和"⑤，并在今年 3 月的中央财经委员会第九次会议中强调把碳达峰、碳中和纳入生态文明建设整体布局。这是为中华民族的永续发展以及人类命运共同体的构建

① 习近平. 在文艺工作座谈会上的讲话 [M]. 北京：人民出版社，2015：13.
② 习近平. 在哲学社会科学工作座谈会上的讲话 [M]. 北京：人民出版社，2016：12-13.
③ 习近平. 在全国脱贫攻坚总结表彰大会上的讲话 [M]. 北京：人民出版社，2021：14.
④ 习近平. 像对待生命一样对待生态环境 让祖国大地不断绿起来美起来 [N]. 人民日报，2018-04-03.
⑤ 中央经济工作会议在北京举行 习近平李克强作重要讲话 栗战书汪洋王沪宁赵乐际韩正出席会议 [EB/OL]，2020-12-18，http：//www.xinhuanet.com/politics/2020-12/18/c_1126879325.htm。

所做出的重大决策，也是中国共产党秉承"以人民为中心"价值取向的生动体现。在党的建设方面，中国共产党始终坚持人民立场，践行全心全意为人民服务的宗旨，坚持党性与人民性的统一。习近平曾明确指出，"党性和人民性从来都是一致的、统一的"[①]。中国共产党之所以能够由最初成立时的几十人，发展成如今拥有 9000 多万党员的大党，得到人民群众的拥护与支持，一个很重要的原因就是始终坚持人民立场，将人民放在心中最高的位置，在人民群众中汲取"动力源"。正如《中国共产党章程》中指出的那样："我们党的最大政治优势是密切联系群众，党执政后的最大危险是脱离群众。党风问题、党同人民群众联系问题是关系党生死存亡的问题。"[②]

从毛泽东群众观点、群众路线的提出，再到邓小平的"有利于提高人民的生活水平"，江泽民的"始终代表最广大人民的根本利益"，胡锦涛的科学发展观，以及习近平以人民为中心的发展思想，不难发现，以人民为中心、为人民服务始终是中国共产党不变的根本宗旨，它就像一条连接中国共产党与人民群众命运的红线，指引着时代的前进和社会的进步。

第三节　中国共产党"以人民为中心"价值取向的经验启示

回首百年奋斗历程，中国共产党在不同的历史发展阶段慎始敬终地坚

---

① 习近平. 胸怀大局把握大势着眼大事努力把宣传思想工作做得更好 [N]. 人民日报，2013-8-21.
② 中国共产党章程 [M]. 北京：人民出版社，2017：10.

持"以人民为中心"的价值取向。因此，系统总结党在百年历程中价值取向的历史经验，既有利于明确思路，为党的建设以及长期执政指明方向，也有利于构建新时代社会主义意识形态理论体系，开创意识形态建设新局面，更有利于为实现中华民族伟大复兴的中国梦提供根本遵循。

一、坚持党的全面统一领导，固牢"以人民为中心" 价值取向的根本保障

习近平曾深刻指出，办好中国的事情，关键在党。党的领导是中国特色社会主义制度的最大优势，也是实现以人民为中心的根本保证。只有始终坚持党的领导，坚持从严治党，确保党性与人民性的统一，才能真正将"以人民为中心"的价值取向落到实处。

回顾党的百年历程，始终坚持党的领导是党领导人民取得革命、建设和改革，创造历史伟业的成功经验和基本共识。在革命战争时期，极度贫弱的旧中国迫切需要一个坚强的领导核心来带领人民摆脱困境。但无论是旧式的农民战争，还是资产阶级的改良运动，甚至是资产阶级革命派领导的民主主义革命，都不能带领人民实现救亡图存、反帝反封建的历史任务。自中国共产党成立之后并经过 28 年艰苦卓绝的斗争，建立了新中国和社会主义制度，才实现了真正意义上的人民当家做主。在改革开放时期，中国共产党突出强调坚持党的领导不动摇，"中国的社会主义现代化建设事业由共产党领导，这个原则是不能动摇的"[①]。改革开放的成功也充分证明了党的领导的关键性和重要性。党的十八大以来，基于对共产党执政规律以及社会主义建设规律的认识，以习近平同志为核心的党中央继续坚持党对一切工作的领导，

---

① 邓小平文选：第 2 卷 [M]. 北京：人民出版社，1994：267.

认为"党的领导是做好党和国家各项工作的根本保证，是战胜一切困难和风险的'定海神针'"①"坚持党对一切工作的领导，是党和国家的根本所在、命脉所在，是全国各族人民的利益所在、幸福所在"②。

中国共产党在百年发展历程当中，对怎样加强党的建设方面进行了艰辛的探索。毛泽东建党思想中的一个突出特点就是着重从思想上建党。思想建党，就是要求共产党员不仅要在组织上入党，更主要的是在思想上入党。因此，除了要对党员加强马克思主义理论教育之外，还要加强为人民服务的党性教育，使"共产党人的一切言论行动，必须以合乎最广大人民群众的最大利益，为最广大人民群众所拥护为最高标准"③。邓小平通过对党的历史经验教训的总结，强调健全和完善党的各方面的制度，并保证这些制度不受改变。"我们过去发生的各种错误，固然与某些领导人的思想、作风有关，但是组织制度、工作制度方面的问题更重要。"④党的十八大以来，着力突出政治建设在党的建设中的统领地位，全面推进党的政治建设、思想建设、组织建设、作风建设、纪律建设，把制度建设贯穿其中，全面从严治党。而全面从严治党的核心问题"始终是党同人民群众的血肉联系，始终保持党的先进性和纯洁性"⑤。

马克思指出，无产阶级只有解放全人类才能最终解放自己。因此，党从成立之日起就认识到党同人民群众之间的血肉联系，在不同历史场域的发展过程中，逐渐形成了党性与人民性相统一的理念。"共产党是为民族、为人民谋利益的政党……它的党员应该站在民众之中，而绝不应该站在民众之上"⑥。党的十八大以来，党中央突出强调党性与人民性的统一。党

① 习近平新时代中国特色社会主义思想学习纲要 [M]. 北京：人民出版社，2019：68.
② 同上。
③ 毛泽东选集：第3卷 [M]. 北京：人民出版社，1991：1096.
④ 邓小平文选：第2卷 [M]. 北京：人民出版社，1994：333.
⑤ 人民日报评论员. 从严治党锻造坚强领导核心 [N]. 人民日报，2015-3-1.
⑥ 毛泽东选集：第3卷 [M]. 北京：人民出版社，1991：809.

性与人民性的一致性具体体现在党必须相信并依靠人民群众，在人民群众中汲取营养，还要用马克思主义思想教育、引导人民群众两方面。唯有如此，"以人民为中心"的价值取向才能落地生根。

二、完善制度治理，夯实"以人民为中心"价值取向的制度基础

中国特色社会主义制度是在人民立场的基础上制定的，其制定和实施、发展和完善都是充分体现了"以人民为中心"价值取向的内在逻辑。党的十九届四中全会中提出要抓紧制定"满足人民对美好生活新期待必备的制度"[①]，这是党在制度层面贯彻"以人民为中心"价值取向的生动体现，也是党在新的历史时期，结合新的时代特点和人民对美好生活的向往而做出的重大判断。新时代夯实"以人民为中心"价值取向的制度基础，体现在制度治理与"五位一体"总体布局的完美结合。"以人民为中心"价值取向在政治层面的突出体现是我国社会主义民主政治的发展和完善，以及长期坚持党的领导、人民当家做主与依法治国的有机统一。经济方面在坚持公有制为主体、多种所有制经济共同发展的基本经济制度的基础上，实施乡村振兴战略，以实现农业农村的现代化。在坚持按劳分配为主体、多种分配方式并存的基本分配制度的基础上，"重视发挥第三次分配作用，发展慈善等社会公益事业。鼓励勤劳致富，保护合法收入，增加低收入者收入，扩大中等收入群体，调节过高收入，清理规范隐性收入，取缔非法收入"[②]。为保障人民的文化权益，满足人民日益增长的精神文化需求，党中央明确提出要完善城乡公共文化服务体系，

---

① 中国共产党第十九届中央委员会第四次全体会议文件汇编 [M]. 北京：人民出版社，2019：67.

② 中国共产党第十九届中央委员会第四次全体会议文件汇编 [M]. 北京：人民出版社，2019：39-40.

同时树立以人民为中心的工作导向和创作导向，丰富人民的精神文化生活。在保障和改善民生方面，党中央提出，"坚持和完善统筹城乡的民生保障制度，满足人民日益增长的美好生活需要"①。在就业、教育、医疗、养老等与社会民生息息相关的各方面为人民的美好生活需要提供保障。为保障人民享有良好的生态环境，党中央提出"坚持和完善生态文明制度体系，促进人与自然和谐共生"②。通过实行最严格的生态环境保护制度、建立资源高效利用制度、健全生态保护和修护制度、严明生态环境保护责任制度，为建设美丽中国保驾护航。

三、践行为民造福，凸显"以人民为中心"价值取向的出发点和落脚点

为什么人的问题实质上是一个根本立场问题，是进行谋篇布局首先要考虑的问题。立场错了，很容易走上歪路、邪路。中国共产党始终是致力于为广大人民群众谋幸福的党，始终坚持人民立场。践行"以人民为中心"的价值取向，就要致力于实现好、维护好、发展好最广大人民群众的根本利益，始终做到为人民服务。

回望来时路，中国共产党人一贯将人民放在心中最高的位置。硝烟四起的革命战争时期，即使是在极其艰苦的条件下，党依旧将人民的根本利益放在第一位。谈到为什么革命时，毛泽东指出，"为了使中华民族得到解放，为了实现人民的统治，为了使人民得到经济的幸福"③。谈

① 中国共产党第十九届中央委员会第四次全体会议文件汇编 [M]. 北京：人民出版社，2019：46.
② 中国共产党第十九届中央委员会第四次全体会议文件汇编 [M]. 北京：人民出版社，2019：52.
③ 毛泽东文集：第1卷 [M]. 北京：人民出版社，1993：21.

及革命军队时，毛泽东强调，"我们的军队是真正人民的军队，我们的每一个指战员以至每一个炊事员、饲养员，都是为人民服务的"①。1978年十一届三中全会是中国共产党历史上具有深远意义的伟大转折，开启了中国人民由站起来到富起来的伟大征程。当被问及共产党员的含义时，邓小平指出，"中国共产党党员的含义或任务，如果用概括的语言来说，只有两句话：全心全意为人民服务，一切以人民利益作为每一个党员的最高准绳"②。邓小平还指出，"社会主义的目的就是要全国人民共同富裕"③，并且中华民族的子孙要共同奋斗，以实现民族振兴。江泽民同志强调，"立党为公，执政为民"是中国共产党执政的执政理念，中国共产党除了中国最广大人民群众的根本利益之外，没有任何私利可言。胡锦涛同志也强调群众利益无小事，要始终坚持权为民所用，情为民所系，利为民所谋。进入新时代以来，以习近平同志为核心的党中央提出了坚持以人民为中心的发展思想，明确指出为人民谋幸福，就是中国共产党人的初心。为实现全面建成小康社会的奋斗目标，十八大以来，党中央将脱贫攻坚摆在治国理政的突出位置，2021年2月，习近平总书记在全国脱贫攻坚总结表彰大会上的讲话中指出："我国脱贫攻坚战取得了全面胜利，现行标准下9899万农村贫困人口全部脱贫，832个贫困县全部摘帽，12.8万个贫困村全部出列，区域性整体贫困得到解决，完成了消除绝对贫困的艰巨任务。"④ 这是全党全国人民团结奋斗的结果，更是党中央坚持"以人民为中心"的生动体现。

---

① 毛泽东选集：第3卷 [M]. 北京：人民出版社，1996：210.
② 邓小平文选：第1卷 [M]. 北京：人民出版社，1994：257.
③ 邓小平文选：第3卷 [M]. 北京：人民出版社，1993：111.
④ 习近平. 在全国脱贫攻坚总结表彰大会上的讲话 [M]. 北京：人民出版社，2021：1.

四、力求群众满意，衡量"以人民为中心"价值取向的检验标准

中国共产党是中国最广大人民群众的忠实代表者，因此，衡量党的一切工作好坏的根本标准就是人民群众的意愿，人民群众是否满意。革命战争时期的中国共产党打土豪、分田地，与老百姓同吃、同住、发展生产，"不拿群众一个红薯"。毛泽东在与英国记者斯坦因的谈话中谈道："问我们是在为我们的党工作，还是为人民工作？去问我们的人民吧，去哪儿问都行。他们很清楚，中国共产党是为他们服务的，他们有在最艰难的时期同我们共患难的经验。"[1]为将领导干部的主要精力运用到社会主义建设上来，江泽民指出："我们想事情，做工作，想得对不对，做得好不好，要有一个根本的衡量尺度，这就是人民拥护不拥护，人民赞成不赞成，人民高兴不高兴，人民答应不答应。"[2]为明确党的奋斗目标，习近平同志指出："我们的人民热爱生活，期盼有更好的教育、更稳定的工作、更满意的收入、更可靠的社会保障、更高水平的医疗卫生服务、更舒适的居住条件、更优美的环境，期盼着孩子们能成长得更好、工作得更好、生活得更好。人民对美好生活的向往，就是我们的奋斗目标。"[3]将群众是否满意作为检验"以人民为中心"价值取向的标准，就是要求党始终坚持群众路线，深入基层群众中去，"把人民群众的需要作为第一选择，把群众的呼声作为第一信号，把人民群众的满意作为第一标准"[4]。唯有如此，方能在长期执政的历史长河中永远保持青春活力，进而实现马克思主义政党的终极使命。

---

① 毛泽东选集：第 3 卷 [M]. 北京：人民出版社，1996：191.
② 江泽民. 论党的建设 [M]. 北京：中央文献出版社，2001：193-194.
③ 习近平在十八届中共中央政治局常委同中外记者见面时强调 人民对美好生活的向往就是我们的奋斗目标 [N]. 人民日报，2012-11-16.
④ 杨邦荣. 马克思主义群众观点学习读本 [M]. 北京：人民日报出版社，2013：9.

第四章

文化多样性语境下主流意识形态建设的主要内容

　　文化多样性语境下主流意识形态建设是一个不断发展、复杂的系统工程。明确当前主流意识形态建设的主要内容，既是对主流意识形态建设价值取向的呼应，也是新形势下进一步深入探索主流意识形态建设原则、路径的前提。

第一节　民生建设：主流意识形态建设的物质基础

　　重视解决民生问题是我国主流意识形态建设坚持不懈的优良传统。改革开放以来，民生问题受到普遍关注，从某种意义上说，四十多年来改革开放的进程就是不断改善民生的过程。党的十八大报告中指出，"深入贯彻以人民为中心的发展思想，一大批惠民举措落地实施，人民获得感显著增强"。"必须多谋民生之利、多解民生之忧，在发展中补齐民生短板、促进社会公平正义，在幼有所育、学有所教、劳有所得、病有所医、老有所养、住有所居、弱有所扶上不断取得新进展，深入开展脱贫攻坚，保证全体人民在共建共享发展中有更多获得感，不断促进人的全面发展、全体人民共同富裕。"[1] 我国在"十三五"取得辉煌成就的基础上，"十四五"

---

① 习近平.决胜全面建成小康社会　夺取新时代中国特色社会主义伟大胜利——在中国共产党第十八次代表大会上的报告 [N]. 人民日报，2017-10-19.

规划把"改善人民生活品质、提高社会建设水平"放在更加突出的位置。因此，进一步加强民生建设，谋民生之利，解民生之忧，不断增进民生福祉是全面落实习近平新时代中国特色社会主义思想的重要内容，也是构建社会主义和谐社会的关键环节。在文化多样性的时代背景下，人们的利益分化日益严重，价值观念多变，主流意识形态能否具有强大的吸引力、凝聚力，关键在于能否解决人民群众普遍关心的民生问题，让人民的物质生活与精神生活都富起来，从而过上美好生活。因此，民生建设是主流意识形态建设的物质基础。

一、重视民生是主流意识形态建设的内在要求

"民生"一词最早出现在《左传·宣公十二年》，所谓"民生在勤，勤则不匮"，此时民生的意思是百姓勤劳，人民生活才能衣食无忧，这里的"民生"主要是指百姓和人民的生活。到了现代，"民生"在《辞海》中的概念解释就是"人民的生计"[①]，也就是和人民生计有关的包括个人、集体和国家在内的各种相关内容，都是民生的重要内容。孙中山在《三民主义·民生主义》中对民生的概念进行了详细定义，指出"人民的生活即是民生，包括社会的生存、国民的生计、群众的生命三方面内容"[②]。古今中外关于"民生"基本概念的论述内容颇丰，"民生"本身也是一个动态、发展的概念，不是一成不变的内容，从不同的角度划分，会有不同的民生内容；在不同时间和空间领域，民生的内容也会不断变化。在当前的语境下，民生问题主要是指国家在一定时期内所呈现出来的，与百姓生活密切相关的，关于人的生存状态、生活质量和发展状况等方面的突出矛盾。

① 辞海 [M]. 上海：上海辞书出版社，2000：2177.
② 孙中山全集：第 9 卷 [M]. 北京：中华书局，1986：355.

主要涉及政治建设、社会进步、制度安排、公平正义、公共服务等领域。

中国自古以来就高度重视"民生"与"国计"的关系，民生问题一直与国家发展存在着不可分割的关系。儒家治国理政思想的核心是"民惟邦本，本固邦宁"，《管子·霸业》中指出："以人为本，本治则国固，本乱则国危。"《老子》中强调："甘美食，美其服，安其居，乐其俗。"《礼记·大同》主张在物质丰富的基础上，"使老有所终，壮有所用，幼有所长，鳏寡孤独废疾者，皆有所养"。《孟子·尽天下》主张"民为贵，社稷次之，君为轻"，《左传》强调"政之所兴，在顺民心"等，都客观地反映了古代先贤对民生问题的重视。纵览我国的传统诗词曲赋也多与民生有关，如《诗经》之《伐檀》《硕鼠》，杜甫之《三吏》《三别》，都是抒发民生困苦的杰作；"民生"也是文人墨客们关注的焦点，屈原《离骚》中"长太息以掩涕兮，哀民生之多艰"体现的是诗人忧国忧民的襟怀，范仲淹的名句"先天下之忧而忧，后天下之乐而乐"流传千古，成为仁人志士所追求的最高境界。在现代社会中，民生和民主、民权相互倚重，而民生之本，也由原来的生产、生活资料，上升为生活形态、文化模式、市民精神等既有物质需求也有精神特征的整体样态。总的来说，中国历史上大多数统治者都比较重视国计民生，关心民众疾苦。在当时的历史条件下，仍不失为一种优秀的文化传统。然而，古代重视民生，本质上是为统治者服务，是为了统治者更好地"驭民"，核心是为民做主而非由民做主。表现为政府对民众的"恩赐"，所谓的"爱民""重民"只是维护封建统治的手段，而不是真正为老百姓谋福利。

新中国的建立，揭开了中华民族崭新的一页，使广大民众翻身做了主人，政治上的解放开启了改善民生的新纪元。面对"一穷二白"的国情，以毛泽东为代表的中国共产党人领导人民全力恢复国民经济，实行土地改革，大力恢复生产，改善人民生活，开展对个体农业、手工业和资本主义工商业的社会主义三大改造，提出了全国人民的主要任务是集中力量发展社会生产力等一系列积极保障民生的措施，彻底改变了旧中国的面貌。他站在历史的高度提出了群众路线。群众路线是党的生命线和根本工作路线，党的诞生、成长和发展都是在与人民群众保持血脉联系中形成的，党和人民群众相辅相成，党离不开人民群众，人民群众也离不开党，人民群众与中国共产党是紧密相连的整体。中共七大将"全心全意为人民服务"写入党章，将毛泽东思想确定为全党的指导思想；改革开放后，党领导全体人民以发展生产力为手段，解决民生问题。邓小平强调社会主义的本质是"解放生产力，发展生产力，消灭剥削，消除两极分化，最终达到共同富裕"。邓小平明确提出要把"三个有利于"作为判断是非得失的重要标准，强调一切政策的出发点和归宿始终要看人民"拥护不拥护、赞成不赞成、高兴不高兴、答应不答应"为原则，形成了建设有中国特色社会主义的基本理论、基本路线和基本纲领，给广大人民群众带来了实实在在的利益。江泽民强调把不断提高人民生活水平作为党一切工作的根本出发点，共产党要"代表最广大人民群众的根本利益"；以胡锦涛为总书记的新一代领导集体更是明确提出"以人为本"的科学发展观，从实现全面建设小康社会的目标出发，以改善民生为重点，积极践行"立党为公、执政为民"的理念，把民生提升到执政兴国的崭新高度。党的十八大提出以保障和改善民生为重点加强社会建设，要多谋民生之利，多解民生之忧，解决好人民最关心最直接最现实的利益问题，努力让人民过上更好的生活。

民生的历史变迁充分证明，民生与国家、社会的发展紧密相连，密不可分。随着时代的发展，人的生存和发展需求会不断增加，民生内涵也会不断地丰富和发展。历史无论发展到任何时代，关注人的生存和发展问题都是一个神圣而又艰巨的任务。作为反映社会存在的意识形态需着眼于发展变化中的民生现实，为民生问题的存在做"社会发展和转型代价"的合理性说明，同时，立足民生，改善民生、构建以民生为生长点的主流意识形态，在多样化的思潮中确立主导地位，寻求最大共识，凝聚新的力量，构架起科学理论与人民大众的桥梁，引领当代社会发展，是主流意识形态建设始终不渝的追求。

（一）民生问题是对习近平新时代中国特色社会主义思想的贯彻落实

习近平新时代中国特色社会主义思想坚持以人民为中心作为保障和改善民生的根本立场，坚持共享发展作为新时代民生的发展理念，通过实现经济社会发展使全社会实现发展成果由全民共享、全面共享、共建共享、渐进共享，逐步满足人民的生活需求。关注民生是习近平新时代中国特色社会主义思想的基本要求和重要保证。进入新时代，随着经济的发展，人民对美好的需求的范畴不断扩大，党的十九大报告中，习近平关于民生重要论述的范畴也由基础层次的"五有"提升到了"七有"，在满足人民基础层次需求基础上的发展需求的范畴也在不断扩展，新时代民生建设的实践路径是发展，只有通过发展才能为保障和改善民生提供经济基础，也只有在国家发展的前提下才能更好地保障和改善民生。这些重要论述回应和解决了保障和改善民生中的各种问题，以钉钉子的精神在继承我党民生建设的规划和目标的基础上持续发力民生建设，以我国经济实力为基础尽力而为，又要量力而行地保障和改善民生，满足新时代人民美好生活的需求。

（二）民生问题是检验党一切工作成效的根本标准

党的十八大以来，我国比以往任何一个时期都更接近民族复兴，人民也比历史上任何一个时期都更接近共同富裕和全面发展，在党中央重视民生工作的情况下，我国在保障和改善民生中也取得了历史性成就，习近平明确指出"检验我们一切工作的成效，最终都要看人民是否真正得到了实惠，人民生活是否真正得到了改善，人民权益是否真正得到了保障"[①]。所以民生是否得到保障和改善是检验我们一切工作的成效的根本标准。党中央在各项事业发展中也始终坚持以人民为中心，把人民的需求作为各项工作的中心工作，急人民之所急，想人民之所想，在制定各种政策和制度中总是从人民的承受能力和群众的利益角度进行考量，一直在制定和完善有利于人民生活的及满足人民需要的各项制度，使人民的需求得到满足，民生得到保障和完善。中国共产党之所以成为执政党，说到底是历史的选择，人民的选择。但党的执政地位既不是与生俱来的，也不是一劳永逸的。在新的历史时期，只有继续践行民生为先的执政理念，把发展的成效真正体现到改善民生造福民生上来，切实搞好民生建设，才能使党的执政地位稳如磐石。历史和现实的经验都充分证明，民生问题是关乎一个政党、政权兴衰存亡的根本问题，谁能够解决好民生问题，谁就能够得到广大民众的支持和拥护；反之，就可能失去政权。民生问题是检验党一切工作成效的根本标准，良好的民生状况是执政党获得民众支持和拥护的重要依据。

（三）民生问题解决可缓解社会结构过度分化的矛盾

改革开放以来，我国城乡居民的收入水平在显著提高的同时，收入差距出现了明显扩大的趋势。在总体财富增长的过程中，如果贫富差距悬殊，

---

① 习近平关于社会主义社会建设论述摘编 [M]. 北京：中央文献出版社，2017：7.

使得庞大的弱势群体被排除在发展之外，社会很可能会孕育危机，经济也往往无法持续、稳定地发展。民生建设通过对广大人民群众基本生存权和发展权的保障，通过必要的政策和法律制度，为社会各阶层之间的良性互动开辟绿色通道，特别是为弱势群体的发展和创业提供更多的政策支持和法律保障，逐步扩大中等收入者比重，从而有利于促进"橄榄型"社会结构的形成。而且，改善民生有利于缓解社会分化带来的人与人、人与社会的紧张关系。民生建设通过给予弱势群体以基本生存权和发展权的保障，使他们在保证基本生存的基础上，能拥有进一步发展的机会和可能，从而能够有效协调人民内部的各种利益矛盾和冲突，缓解人与人、人与社会的紧张关系。

二、当代中国社会面临的民生问题

民生问题一直以来都是党和国家高度关注的热点问题。习近平总书记曾经强调："当前，影响实现全面建成小康社会目标的突出因素，主要集中在民生领域，发展不全面的问题很大程度上也表现在不同社会群体的民生保障方面。"[1] 中国特色社会主义事业现在已全面建成小康社会，为巩固这一成果，党和国家必须高度重视，巩固经济、社会及生态领域面临的突出问题。关于民生问题学界讨论很多，在此，仅仅举例一二。

（一）公共服务供给不足，公共资源配置差异化

公共服务是人民群众民生水平的一个重要体现。公共服务可以分为基础性公共服务、安全性公共服务、经济性公共服务和社会性公共服务四大

---

① 习近平总书记系列重要讲话读本 [M]. 北京：学习出版社、人民出版社，2016：60.

类，当前民众反映比较强烈的是教育、医疗、就业、社会保障等方面的公共服务供给不足，公共资源配置差异化。一是教育发展进入关键期。近年来，城乡教育资源分配不均、天价学区房问题引起社会普遍关注。二是医疗改革进入攻坚战。医疗供需规模不平衡，看病难看病贵的问题仍然存在。三是公共就业服务不完善，就业形势严峻。在疫情的影响下，众多企业裁员，就业成为最大的民生问题。四是社会保障水平不高，社保基金管理有待规范。

（二）收入分配不公平，贫富差距过大

在改革的过程中，随着人民生活水平的普遍提高，收入差距也不断扩大。而从地区来看，东部和西部之间，东部地理位置优越，产业结构合理，反观西部则是交通闭塞，自然条件较差，东西部之间的差距越来越大。收入差距的扩大，已成为产生诸多社会问题的深层原因之一。为了让广大社会成员共同分享改革和发展的成果，为了达成各社会阶层之间的和谐，为了全面实现共同富裕，应从构建和谐社会的目标出发，建立和完善一系列的根本性机制，以减少和消除导致社会贫富差距的收入分配与财产占有的不公正状况。而在发展原则上，"效率优先，兼顾公平"应该让位于"效率与公平并重"，甚至有必要把社会公平放在更突出的位置上。

三、大力推进当代中国社会的民生建设

（一）优先发展教育事业

教育是民生的基石，教育与人民的未来息息相关。教育是一个国家的基础工程，建设教育强国是实现中国梦的必要条件。习近平指出："教育

决定着人类的今天，也决定着人类的未来。"① 因此，要优先发展教育事业，加强教育改革，推动教育的现代化。将教育事业放在优先发展位置。注重教育的公平性，办好人民满意的教育。教育地域差异问题是教育不平衡不充分的原因之一，农村学校教师流失，贫困地区教育基础与发达地区相比存在差距。推进义务教育的均衡发展，需要进一步加大对教育的投入，促进城市和乡村地区教育的一体化，注重对困难地区的教育投入。对于贫困地区和乡村地区进行专项招生，给予政策倾斜，发展特殊教育，开展特色民族文化教育等，不断提升农村地区教育质量，缩小城乡教学差距，降低农村学生辍学率，补齐教育短板，留住生源，消除城镇"大班额"。

（二）实施健康中国战略

习近平顺应时代发展要求，用马克思主义民生思想解决我国卫生健康问题，提出了"健康中国战略"②。把人民群众的健康水平作为衡量国家发展质量的标尺，强化健康中国制度保障，建立和完善健康政策，不断优化我国卫生健康政策。建立健全医疗卫生管理制度，完善医疗保障，推动实现全民参保，解决看病难、看病贵等难题，医疗资源配置进一步优化，让每一个人都能够享受医疗服务，建成牢固的公共卫生防护网。

（三）提高群众就业质量

习近平高度重视就业工作，并将解决就业问题作为衡量国家治理水平的标准，他指出"要坚持就业优先战略"③，就业与我国的社会稳定发展存在很大的关系，就业关乎人民的饭碗问题，是改善民生的重要一环，就

---

① 习近平关于社会主义社会建设论述摘编 [M]. 北京：中央文献出版社，2017：47.
② 十九大以来重要文献选编（上）[M]. 北京：中央文献出版社，2019：328.
③ 习近平谈治国理政：第 3 卷 [M]. 北京：外文出版社，2020：305.

业问题解决得好不好直接影响民生状态。确保充分就业才能保证人民群众获得稳定的收入，进而改善民生。在就业方面，为实现更加充分、质量更好的就业，中央政府出台了一系列就业扶持力度，通过增设公益性岗位让低收入群体实现就业，让各个群体都能稳定就业、放心就业。为切实帮助群众解决实际困难，大力完善就业优先政策体系，采取了一系列积极的政策推动就业。对于农民工和城镇地区的困难人员，建立灵活高效的就业公共服务体系和保障制度。对于就业困难的群体及时为其提供合适的就业指导，持续加大对残疾人等就业困难群体救助力度，确保能有足够的生活保障，鼓励发展灵活就业和新就业形态。大力发展乡村产业，完善适应就业创业需要的职业技能培训制度，让老百姓实现在家门口就业。

（四）加强保障体系建设

在民生建设中，社保制度是重要制度，社保体系建设是在发展中保障和改善民生的基础工程，完善社保制度和体系为切实改善民生提供基础保障，为经济和社会发展提供支持。中央政府针对社会发展的情况制定了科学的发展策略，谋划社会保障事业的发展方向。重视特殊群体，健全了儿童福利制度，加强对农村留守儿童的关注，并建立社保兜底制度，为丧失劳动力的人、老弱病残等贫困人群提供社会救助。为老年人营造良好生活环境，完善老年人生活保障制度，鼓励老年人继续发光发热。加强社保体系建设，提升社保、转移支付等调节力度，实现社保体系的全覆盖和兜底线。推动全民养老参保的计划，实行城乡统一的医疗保险制度，实现城乡统筹，建立科学的、合理的和可持续的社保体系。

（五）解决群众住房问题

住房问题关乎民生福祉，注重主体供给提供多渠道的保障，推行租购并举的租房方式，坚持房是用来住而不是用来炒的定位，有效控制房价，进一步完善各项住房制度，不断满足人民群众多层次的住房需求，持续深化住房制度改革，完善住房保障体系，增加供给主体数量，实施租购并举的政策，加大对公租房的保障力度，针对住房层次的多样化因城施策加快渠道建设，针对低收入群体应保尽保，保持住房的正常供应，满足人民群众的住房需求，使人民群众的住房安全得到有效保障。

（六）转变经济发展方式，为改善民生提供物质保障

做大蛋糕才能更好地共享蛋糕，缩小贫富差距，改善民生首先要把社会财富这个"蛋糕"做大。改革开放四十多年来，我国综合国力的迅速增强，老百姓生活的显著改善，赖以支撑的就是改革开放以来我们国家始终坚持以经济建设为核心，经济持续快速稳定发展，全国人民分享到了经济发展的成果。在当前，实现社会主义现代化，需进一步改善民生。首先，发展生产力，为民生实现提供充裕的物质资料。经济发展是改善民生的重要物质基础。马克思曾说："通过社会生产，不仅可以保证一切社会成员有富足的和一天比一天充裕的物质生活，而且还可能保证他们的体力和智力得到充分的自由的发展和运用。"[①] 只有不断发展，使可供分配的财富不断增加，才能为改善民生奠定物质基础。其次，转变经济发展方式，由单纯追求经济增长转向改善民生为目标。"以经济建设为中心"本身并没有问题，它是特定社会发展时期的历史任务，然而这种发展方式，忽视了社会关系中人的存在，把人变成经济增长的工具和手段，民生问题也随之被忽视了。

---

① 马克思恩格斯选集：第 3 卷 [M]. 北京：人民出版社，1995：633.

因此，改善民生、实现善治首先要从认识上着手，改变过去一味注重经济增长的思路，将改善民生的理念引入中国当代的经济发展中来，既要以"人"的发展推进中国经济的发展，又要使发展的成果满足人民的需求，充分调动、发挥人的积极能动性，把提高人民群众的生活质量与福祉作为目的，关注人的全面发展。

第二节　社会公正：主流意识形态建设的重大课题

古往今来，社会公正就是人类孜孜以求的美好社会理想，是一个社会的根本价值尺度和基本规则体系，是社会存在和发展的必要条件，是维持社会秩序和稳定的基本保障。当今中国经济进入高质量发展阶段，在利益格局深刻调整和社会结构深刻变化的过程中，各种社会矛盾日益凸显，社会利益关系错综复杂，社会公平正义显得更加重要和迫切。在当前文化多样性背景下，如何促进社会公正，有效化解矛盾，达成共识，凝聚民心，是当前主流意识形态建设的一个重大课题。马克思作为一名学者，他关于公平正义的思想是经过一系列发展而得来的，马克思主义的公平正义理念并未成为系统，从学者对马克思主义公正理念研究中认识到："在马克思看来，实现社会公平正义最关键的是要实行社会生产关系的合理化调整或变革；只有消除私有制、消灭剥削、消除压迫，只有到了人的全面发展的自由王国——共产主义社会，社会制度才是公正合理的制度，人与人之间的关系才是真正平等的关系，人才是真正自由的人。"[1] 因而，厘清社会

---

[1] 何建华. 马克思的公平正义观与社会主义实践 [J]. 浙江社会科学，2007（6）.

公正的内涵、价值取向及内在要求，探寻实现社会公正的有效路径，对于当代中国主流意识形态建设有着十分重要的现实意义。

一、公正是根植于人性的一种价值追求

公正与公平、正义是同一序列的概念，所谓公正是指人与人、人与社会之间关系的恰当性和相称性。① 这种相称主要表现为权利与义务之间、自由与责任之间、贡献与满足之间的相称关系。公正是人们所追求的一个基本价值目标，是人们普遍存在的根深蒂固的价值追求，它具有深厚的人性基础。人们追求社会公正"就是要在人的世界中获得人所要求的人性价值，实现人与社会发展的真正意义"②。人们生活在社会中，总需要对社会的各种关系、各种条件、各种制度和规则进行一定的评价。从古迄今，社会上的各种关系和制度是否公正都是人们进行评价的一个重要方面。不仅如此，人们还对历史上的或别的社会的制度进行着评价，公正的即是好的，应该支持的，不公正的则是坏的，应该予以反对的。换句话说，人们认为一定的社会一定的制度是不是好，是不是合理，一个重要的指标就是看它是不是公正的。

从人的价值诉求的角度看，一定的社会制度总表现为一定条件下的人们为自己所设立的各种规则，是实现人的发展的一种社会历史条件。社会历史总是不断变化和发展的，这决定了社会公正的评判标准和尺度也是具体的、历史的。需要强调的是，这并不意味着衡量一个社会公正与否就没有统一、客观的评判标准和尺度。历史唯物主义告诉我们，社会发展总是合规律与合目的的统一，因此，判定社会公正与否必须坚持科学尺度与价

① 袁贵仁. 马克思的人学思想 [M]. 北京：北京师范大学出版社，1996：264.
② 张二芳. 自由、平等与社会公正 [M]. 北京：中国社会科学出版社，2011（8）.

值尺度的统一。科学尺度就是要符合社会历史发展的客观规律，价值尺度就是要促进人的自由全面发展，这是同一过程的两方面。这里还需要指出的是，"社会历史发展的客观规律往往是通过人的自觉活动表现出来的，而且历史发展的意义就在于利用规律造福于人，实现人的全面而自由的发展"[①]。从这个意义上说，人的全面自由发展，是判定社会公正与否的最高尺度。

总之，社会公正不仅有着深刻的人性基础，而且有着具体的历史的实际内容。社会公正可以分为许多种类，包括经济公正、政治公正、教育公正、程序公正、实质公正、代内公正、代际公正等，但是不管是何种公正都涉及人的权利问题，社会公正是人与人之间权利和义务的合理分配。从某种意义上讲，社会公正本质上是人与人的一种关系状态，是不同阶级阶层不同群体之间权利义务关系的合理规定，是人们对价值创造和价值享受的合理安排。所以说，社会公正从来不是一种超历史的虚幻的抽象的东西，而是与人的发展和社会发展阶段相适应的具体的历史的，人们的公正观念也不能超越一定历史发展阶段的经济政治结构所规定的水平。

二、社会公正的基本价值取向和现实诉求

为了满足每一个社会成员日益增长的物质和文化的需要，为了每一个社会成员更有尊严地生存和更好地发展，为了社会的稳定运行和健康发展，我们必须有一个共同的准则，这个共同的准则就是社会公正。[②] 社会公正

---

① 张二芳. 自由、平等与社会公正 [M]. 北京：中国社会科学出版社，2011：12.
② 社会公正有广义和狭义之分。广义上的社会公正，是指"社会机体"意义上的公正，约等于"总体"意义上的公正，涉及社会、经济、政治、文化等所有领域。狭义上的社会公正，是指"社会机体"中的社会领域中的公正。本文所使用的社会公正主要是指广义上的社会公正，侧重点放在社会领域的公正。

是人类社会具有永恒价值的基本理念和基本行为准则。正如罗尔斯所说："正义是社会制度的首要价值，正像真理是思想体系的首要价值一样。"① 社会公正对于整个社会、对于每一个社会成员都具有首要的价值意义。社会公正是现代社会的基本制度设计与安排的基本依据，是社会实现安全运行的必要条件，可以保证社会的健康发展。而且，随着现代化进程和市场经济进程的推进，公正的作用越来越凸显，同时公正也越来越被赋予更多更新的含义和内容。

（一）社会公正的基本价值取向

弄清社会公正的基本价值取向问题至关重要。在这个问题的理解上稍有偏差，就会导致对社会公正基本内容的理解以及对基于社会公正而进行的制度安排和社会政策的制定的重大偏差。在现代社会和市场经济条件下，社会公正的基本价值取向实际上包括以下两个相辅相成、缺一不可的基本内容：

一是让全体社会成员共享社会发展成果。社会发展应当是以人为本的发展，而且应当是以全体社会成员为本的发展。邓小平指出："我们是社会主义国家，国民收入分配要使所有的人都得益。"② 社会成员共享社会发展成果理应包含这样几层含义：每个社会成员的基本尊严和基本生存条件能够得到维护和满足；每个社会成员的基本发展条件能够得到保证；每个社会成员的生活水准和发展能力能够随着社会经济发展进程的推进而不断地得以提升。

二是为每一个社会成员的自由发展提供充分的空间。寻求人的"自由而全面的发展"，是马克思一生所孜孜以求的目标。每个人的自由发展是一切人的自由发展的条件。在现代社会和市场经济条件下，每个社会成员

---

① 罗尔斯. 正义论 [M]. 何怀宏，等，译. 北京：中国社会科学出版社，1988：1.
② 邓小平文选：第 3 卷 [M]. 北京：人民出版社，1993：161.

是自由、自主的，同时社会成员之间也是有差异的。正是基于这样的原因，保护每个社会成员自由发展的空间，以求得每个社会成员"各尽所能、各得其所"便成为社会公正的另一基本价值取向。这一基本价值取向的主要内容包括：其一，机会平等。机会平等是指，生存与发展机会起点以及机会实现过程本身应当是平等的。其二，按照贡献进行分配。在社会财富的形成过程中，每个社会成员所投入劳动的数量和质量、所投入的生产要素不可能是相同的，因而各自对于社会的具体贡献是有差别的。所以，应当按照每个社会成员贡献的具体状况进行分配。

对于社会的健康发展来说，社会公正的两个基本价值取向各有其重要功能，两者缺一不可。第一方面的基本价值取向的主要功能在于，确保并不断提升全体社会成员生存与发展的基本底线，以此最大限度地消除社会成员之间的隔离因素，使发展成为全体人民的共同事业，增强整个社会的团结合作，从而最终实现发展的目的。第二方面的基本价值取向的主要功能在于，把每个人的具体追求以及对社会的具体贡献同自身的切身利益紧密地结合在一起。从实际效果来看，这有利于调动每个社会成员的积极性，激发整个社会的创造活力。社会公正的这两项基本价值取向是一个有机整体，相辅相成、缺一不可。前者的功能在于为每个社会成员提供一个"保底"的东西，后者的主要功能在于"不封顶"，鼓励每一个社会成员自由而充分的发展，激发整个社会的创造活力。缺少其中的任何一项，社会便不具备完整的意义，就会走向不公正。一个社会，如果只是强调让全体社会成员能够共享社会经济发展成果，而忽略了使每一个社会成员都能够拥有充分的自由发展空间的基本价值取向的话，那么这个社会必定会成为一个平均主义的社会，一个没有活力的社会。相反，一个社会如果只是遵循使每一个社会成员都能够拥有充分的自由发展空间的基本价值取向，那么这个社会必定是一个贫富差距越来越大、动荡不安的社会。

（二）社会公正的现实诉求

一个人人共享、普遍受益的社会。社会的发展应当是以人为本的发展。以人为本的发展有两层含义：一是指相对于人类物质层面上的事物而言，人类应当具有主体的意义；另一层含义是指在社会发展基本宗旨的层面上，应当以每一个社会成员的基本权利为基本着眼点。显然，以人为本理念的第二层含义同社会公正有着直接的关系。在现代社会条件下，以人为本的发展应当具体表现为人人共享、普遍受益。所谓人人共享、普遍受益是指社会发展的成果对于绝大多数社会成员来说应当具有共享的性质，即随着社会发展进程的推进，每个社会成员的尊严应当相应地更加得到保证，每个社会成员的潜能应当相应地不断得以提高，每个社会成员的基本需求应当相应地持续不断地得以满足，其生活水准应当相应地得以不断地提高。相反，如果社会财富越来越集中在少数社会群体、少数社会成员一方，那么就说明社会发展的成果只是为少数社会群体、少数人所享用。而这样的发展不是真正的发展，只是另一种意义上的"无发展的增长"。既然社会发展的基本宗旨是为了绝大多数的人，那么，人人共享、普遍受益就必然成为社会发展的终极目标。

一个人人具有尊严的社会。在人尚未脱离动物界的时候，是谈不上尊严问题的。人一旦脱离了动物界而具有人的自我意识之后，人便具有人的种属尊严（"类尊严"）即"人的尊严"。人的尊严程度、人的尊严感是随着社会的逐渐进化而逐渐强化的。人的种属尊严存在于每个人那里，是通过每一个具体的社会群体、每一个具体的个人体现出来的。在现代社会国家，这种尊严更是应当为每个人所具有，应当为整个社会所重视。社会共同体中的每一个成员都应当具有同样的尊严、同样的基本权利。所以，当一个社会的基本制度存在缺陷的时候，如果某个社会群体（一般来说是弱势群体）、某些人甚至某个人的尊严受到践踏，那么，需要我们注意的是，这不单单是某个社会群体、某些人、某个人的尊严受到了践踏的问题，而是我们整个人类的尊严受到了践踏。对于一些群体、一些人、一个人尊严的践踏，就必定意味着对于人类尊严的践踏，就意味着把人降到了"非人"的地步。如果这种践踏是跟社会制度的重大缺陷直接相连的话，那么，这就说明：本来，我们每个人都有可能是受践踏者，只是出于某些偶然性的原因才避免了这种践踏。只要我们稍微理性一些的话，便不会把这种偶然的"幸运"看作一件极为正常、十分必然的事情，而会引起一种普遍的警惕。可见，维护每个社会成员的尊严，是现代意义上的社会公正的基本功能。

一个平等自由的社会。由人的种属尊严必定引出人人平等的观念。对于现代意义上的平等理念，恩格斯是这样解释的："一切人，作为人来说，都有某些共同点，在这些共同点所及的范围内，他们是平等的，这样的观念自然是非常古老的。但是现代的平等要求与此完全不同；这种平等要求更应当是从人的这种共同特性中，从人就他们是人而言的这种平等中引申出这样的要求：一切人，或至少是一个国家的一切公民，或一个社会的一切成员，都应当有平等的政治地位和社会地位。"[①] 自由与平等这两个概念密切相关，不可分割。没有平等的自由，就像没有自由的平等一样，是不能想象的。如果说两者还有差别的话，那就是，平等侧重于对个体人基本种属的肯定和保护，而自由侧重对个体人所具有的个体差异的尊重和保护。平等和自由是现代意义上社会公正最为基本的理念依据，也是现代意义上社会公正的一项重要内容。

---

① 马克思恩格斯选集：第 3 卷 [M]. 北京：人民出版社，1995：444.

三、新发展阶段实现社会公正的有效路径

中国现阶段社会公正方面的问题是在发展过程中出现的问题。纵观现代化建设成功的国家和地区，绝大部分国家和地区在其现代化进程的初期甚至中期阶段都曾遇到类似的问题。近年来，伴随着以人为本理念的形成，伴随着整个社会对社会公正问题的空前重视，中国在社会公正方面已经开始有了明显的改观。在中国现阶段，就推动中国的社会公正而言，涉及方方面面，既包括社会公正理念层面的问题，也包括社会阶层结构层面的建设问题，还包括制度建设层面的问题。具体来看，要特别重视以下几方面：

一是坚持新发展理念。发展是解决我国一切问题的基础和关键。就社会公正而言，坚持新发展理念是我们所应该坚持的，因为我们当前所面临的不公正现象大多是因为我们发展不够充分而引起的，诸如民生领域的问题，当发展足够充分，就会有更多的就业岗位，因此个人的收入也会相应地增加，住房问题一定程度上会得到缓解；相应的农村就会有更多的发展潜力，环境会发生相应的变化，也就会吸引更多人，从而增加收入，而且农村的教育也会发生改变，与城市之间的差距缩小，医疗和养老也会实现大的变化，当发展达到一定程度，医疗和养老就会实现越来越少的负担，实现真正的公平。所以说，发展对解决当前社会所面临的不公正问题具有重要的作用，因此，坚持新发展理念对实现社会公平意义重大。

二是坚持全面依法治国。"没有规矩不成方圆，没有制度以及相关体制、机制的约束，我们的社会就会陷入无序，民众的生活节奏也势必被打乱。"[1]要解决当前我国所面临的不公正的现象，需要发挥法律的作用，因为在改

---

[1] 桑学成. 社会主义核心价值观研究丛书（公正篇）[M]. 南京：江苏人民出版社，2014：273.

革开放以来，正是法治建设的不断完善，我国的各项事业才会稳步地向前发展，但由于某些方面法治建设的不完善，从而出现一些不公正的现象，对国家和人民造成极大的损失，因此，推进和建设法治刻不容缓。为此我们必须："深化司法体制综合配套改革，全面落实司法责任制，努力让人民群众在每一个司法案件中感受到公平正义。"① 公正司法是维护社会公平正义的最后一道防线，因此加强司法体制改革有利于建立健全法律法规，从而使法治深入人心，人人都能够做好本职工作，公平公正地对待每一个人和每一件事，从而有助于实现社会公正，促进社会进步发展。

三是完善和发展中国特色社会主义制度。经过改革开放四十多年的发展，我国已经形成中国特色的改革开放道路，取得了举世瞩目的成绩，实现了全面小康和脱贫攻坚等重大历史成就，放眼世界，这是绝无仅有的。但在发展过程中，由于我们完全是摸着石头过河，边发展边总结经验，因此必然造成社会中的不公正现象和局面的出现，因此，我国在改革的过程中需要不断完善和发展中国特色社会主义制度，最大限度保障社会的公平正义，促进发展进步。我们改革的首要领域是经济领域，而它也是社会最基本的领域，因此必然要对经济制度进行改革，以适应新时代发展的需要，"经济体制改革必须以完善产权制度和要素市场化配置为重点，实现产权有效激励、要素自由流动、价格反应灵活、竞争公平有序、企业优胜劣汰"②。新的历史条件下，经济领域的改革也要与时代发展同步，我们要坚持和完善社会主义市场经济体制和完善社会主义分配制度，完善对低收入群体权益保障制度，使人人能够享受到社会发展的福利的同时也能够参与到经济活动中去；其他制度也需要不断完善以适应新时代发展的需要，例如，建

① 习近平. 决胜全面建成小康社会 夺取新时代中国特色社会主义伟大胜利——在中国共产党第十九次全国代表大会上的报告 [M]. 北京：人民出版社，2017：39.
② 习近平. 决胜全面建成小康社会 夺取新时代中国特色社会主义伟大胜利——在中国共产党第十九次全国代表大会上的报告 [M]. 北京：人民出版社，2017：33.

立公平公正的教育制度，使更多的孩子享受教育的权利，因此必须加大教育投入力度，尤其是对乡村教育的投入，进而达到缩小城乡教育之间差距的目的，实现教育领域的公平公正。总之，重视我国当前所面临的不公正现象，完善中国特色社会主义制度，逐步解决社会中的不公正现象，最终实现社会公平公正，展现社会主义制度的优越性。

四是加强对权力的制约与监督。党的十八大以来，以习近平同志为核心的党中央以铁腕反腐的力度加强反腐败斗争，使权力真正在阳光下运行，保障人民群众的切身利益。习近平总书记就关于反腐败斗争曾说："要加强对权力运行的制约和监督，让人民监督权力，让权力在阳光下运行，把权力关进制度的笼子。"① 说明了我们党对腐败问题足够重视，认识到腐败问题对社会公正的影响之大，需要多方共同反腐。因为腐败的存在，影响了社会的正常运转，从而使社会的公平、公正丧失，以及社会其他方面所出现的不公正问题等，使我们社会中的公正难以实现。面对腐败，不仅需要相应的制度，还需要广大人民的监督，因为我们党和政府是为最广大人民服务的，权力是人民赋予的，人民是反腐斗争的中流砥柱，从而形成广大党员干部不敢腐、不能腐、不想腐的局面。总之，腐败问题正在逐步得到改善，但我们应该持之以恒，对腐败零容忍，真正地将权力用之于民，从而保障社会正常运转，其他方面的不公正问题得到相应的解决，使人民能够感受到社会公平、公正，进而为实现中华民族的发展贡献力量。

---

① 习近平谈治国理政：第 3 卷 [M]. 北京：外文出版社，2020：52.

第三节 文化自信：主流意识形态建设的核心要义

　　文化自信是社会主义意识形态的核心内涵，是牢牢掌握社会主义意识形态阵地的内在支撑；社会主义意识形态作为观念的上层建筑，统摄整个社会的思想观念和价值理论，是文化自信的安全屏障，为中国特色社会主义文化发展提供有力保障。

一、文化自信与主流意识形态同质互构

　　作为观念上层建筑核心的文化自信和社会主义意识形态都集中体现了特定阶级、集团的文化追求、精神信念，以及内在价值尺度，直接关系社会发展的前途命运、国家的长治久安及民族的凝聚力和向心力。文化自信与社会主义意识形态都是新时代中国特色社会主义建设和发展的重大课题，两者之间相辅相成、相互协作、相互影响，共同生成、发展并统一于新时代中国特色社会主义伟大实践，是实现既定目标的助推器和有力保障。

（一）文化自信具有丰富的意识形态功能

　　在马克思主义语境中，"意识形态的实质是一定阶级或者社会集团所具有的总体性的'阶级意识'"[1]。意识形态的功能主要在于维护一定社

———————————
[1] 张志丹.批判与重构：当代中国意识形态功能提升的新理念[J].马克思主义研究，2017(11).

会集团或阶级的利益，意识形态的功能包括认识功能和实践功能。文化自信的意识形态功能主要体现在维护意识形态安全、巩固提升意识形态话语权和保障意识形态本身功能的发挥。

1. 维护意识形态安全

意识形态安全是国家安全的重要组成部分，文化自信对意识形态安全至关重要。

首先，文化自信全面提升文化安全，文化安全则是意识形态安全的屏障。意识形态是文化的柔软内核，丰富多样的文化形态则是其坚硬的外壳，起到保护内核的作用。一旦文化安全这一坚硬的外壳破裂，意识形态安全这一柔软的内核便只能任人宰割。"文化安全是一个民族、一个国家能够捍卫自己的文化主权，并使其优秀文化传统得以生存、延续和发展的状态，其核心是国家意识形态能够自主地确立、延续和发展。没有文化安全，就会丧失维护意识形态安全的屏障。"[①] 其次，文化自信有助于抵制西方意识形态的渗透战。西方国家深知中国这样一个综合国力稳步上升的大国是不可能以武力征服的，"和平演变"策略就成为西方国家试图颠覆中国社会主义政权的不二之选。应该认识到，西方国家对中国的意识形态攻势可以划分为直接和间接两方面，直接攻势就是西方国家利用其掌握的话语权在全球公开指责中国的社会主义制度、否定中国共产党的领导以及歪曲马克思主义的理论，间接攻势就是意识形态渗透。其中间接的意识形态渗透危害甚巨，因为这种渗透是悄无声息、不留痕迹的，应对起来比较困难。因而，必须针锋相对地以文化建设、文化产业发展来建构文化自信予以坚决反击。

2. 巩固和提高意识形态话语权

意识形态话语权表现为文化领导权和政治领导权两种不同的形式。文

---

① 曹建文. 意识形态安全的文化审视与建构 [J]. 马克思主义研究，2017（4）.

化领导权是马克思主义意识形态以文化形态、思想理论等形式在人民群众中获得广泛的文化共识与价值认同，是话语权自下而上构建的方式；政治领导权则是马克思主义意识形态以法律法规、政策规章、舆论宣传等形式，自上而下地在全国范围内确立统一的政治导向与政治共识。① 在这两个维度中，政治话语权是核心，文化话语权是基本条件。自上而下的政治话语权需要借助文化软实力的壮大和文化形态的丰富走进人的内心世界，获得自下而上的认同和支持。西方文化产品在全球大肆攻城略地是西方文化话语权不断增长的支撑，西方文化产品的受众越广，受欢迎程度就越深，西方的文化话语权就越大。对中国而言，坚定文化自信，透过文化产业的发展和文化软实力的壮大来提升文化话语权是应对西方"文化霸权"以巩固和发展意识形态话语权的题中应有之义。

当前中国与西方对意识形态话语权交锋的中心正日渐集中于对文化话语权的争夺，政治话语权似乎显得不再重要。意识形态话语权争夺焦点转向文化话语权是一种基于特定社会历史条件的必然，是为了更好地争夺隐蔽在文化话语权之后的政治话语权的一种策略调整。亨廷顿很早就认识到这种策略调整的必然趋势，他认为，冷战后世界冲突的根源不再是意识形态，而是文化方面的差异，主宰世界的将是"文明的冲突"。其实，亨廷顿并不是认为冷战终结意味着意识形态冲突的终结，而是敏锐地意识到随着冷战终结所带来的国际局势的变化，意识形态话语权的斗争已经由以往对政治话语权的显性争夺转向借助于文化话语权的隐性争夺。对此，我们要透过现象看到本质，深刻地认识到，文化话语权争夺的背后是政治话语权，政治话语权是要害，是最重要的。建设社会主义文化强国，提升中国的文化软实力以增强人民群众的文化自信，不仅仅是巩固和拓展了意识形

---

① 梅景辉.文化自信与马克思主义意识形态话语权的当代发展[M].马克思主义研究，2017（5）.

态话语权，也从整体上提升了意识形态话语权。

3. 保障意识形态功能的发挥

一般认为意识形态的功能是论证并维护特定群体或阶级的利益，这实际上是意识形态的实践功能。意识形态作为一种意识，认识功能是其首要的功能。意识形态的认识功能和实践功能辩证统一、不可分割，认识功能是实践功能的基础，实践功能则是认识功能的目的。这就是说，意识形态的实践功能优先于其认识功能。实际上，意识形态的实践功能可以具体分为政治功能、经济功能和文化功能，其中政治功能是核心，因为意识形态本质上就是服务于国家内部的阶级统治，阶级性从而政治性是其本质特征，经济功能和文化功能实际上也是在以不同的方式执行政治功能。意识形态本身宏大、抽象，无论其认识功能还是实践功能都必须借助于一定的介质才能发挥作用，而包括文学、哲学、宗教、艺术等文化形态则是最佳介质。在一段时间内，我们习惯于理论上的批判与辩护，然而单纯的理论批判或辩护是不足以真正履行意识形态的认识职能，因为理论只能覆盖具有特定学术素养的群体，社会大众对理论的接受度是有限的。而通过多样化、多层次的文化载体来开展批判和辩护则几乎能够覆盖所有人，因而是更有效的形式，文化自信则是这种蕴含于文化载体之中的批判与辩护的前提条件。就其实践功能的核心政治功能而言，关键在于意识形态的政治领导权。

当前，中国国内文化话语权受到西方文化挑战，也从侧面印证了文化话语权对意识形态政治功能的影响。意识形态的认识和实践功能最终服务于特定的阶级统治，统治的稳固有赖于与之相适应相切合的文化基础，文化自信的作用正在于夯实意识形态功能得以充分发挥的文化基础。

（二）主流意识形态是文化自信的重要保障

1. 增强文化自信是社会主义意识形态的根本任务

文化自信作为社会主义意识形态的文化基础，始终是意识形态海洋的"定海神针"。无论何时何地何种情况，如果在文化层面没有高度自信，就无法彰显国家、民族的内在品格和气质，就没有强有力的信心坚定我们的发展道路。换言之，夯实文化软实力，不断增强文化自信，巩固全党、全社会的共同思想基础，是社会主义意识形态的根本任务。在经济全球化、社会信息化、价值多样化的时代，我们必须把增强文化自信作为当前社会主义意识形态工作的核心任务和中心抓手，以筑牢社会主义意识形态阵地，防止思想发生散乱而给西方国家以可乘之机。

2. 坚定的马克思主义信仰是文化自信的思想基础

对于一个国家、政党来说，意识形态不仅具有指导性意义，更决定着这个国家、政党发展道路的选择。一个国家、政党选择以什么样的意识形态为指导，就选择了什么样的经济制度、政治体制、文化观念，也就选择了走什么样的发展道路。简言之，如果意识形态发生改变，那么国家的发展道路及政党性质都会发生根本性改变。对于中国特色社会主义建设来说，是否有正确的意识形态作为指导，是否有坚定的马克思主义信仰，将直接关系改革开放道路能否顺利推进，直接关系伟大的社会主义事业能否继续进行并高歌猛进。以马克思主义为指导的意识形态建设，是我们实现从站起来到富起来，到强起来的坚实思想基础。没有对马克思主义的信仰和社会主义意识形态的坚定，何谈文化自信？又何有国家富强、民族复兴？历史的洪流始终滚滚向前，我们要想在这洪流之中稳定航向、躲避暗礁、避免风险，必须始终牢记马克思主义信仰。

3. 社会主义意识形态安全是文化自信的安全屏障

在意识形态丛林之中，我们时刻面对各种"豺狼虎豹"的威胁，甚至攻击。意识形态工作始终是我们党的一项重要工作，它不仅决定着文化的基本性质和前进发展的道路方向，更关系党的前途、国家的命运，以及人民的幸福。无论是理论还是实践都证明，意识形态不仅决定主体思想、观念性质和发展方向，更直接指导国家的社会经济等建设，是一个主权国家之所以冠以"主权"之名的根本所在。任何一个国家，放弃或者篡改意识形态的主导和方向，放弃意识形态话语权，不仅会使国家文化软实力削弱甚至消亡，更会导致国家既有政治制度、经济体制逐步衰落甚至解体。这启示我们，在新的时代条件下，必须始终将社会主义意识形态主导权和话语权掌握在自己手中，为中国特色社会主义文化自信提供坚实的安全屏障。

二、文化自信与主流意识形态具有一致性

文化自信作为进行社会主义意识形态工作的核心抓手，支撑着社会主义意识形态主导权和话语权。社会主义意识形态作为文化自信的有力保障，为中国特色社会主义文化发展提供安全的思想屏障，两者在本质上具有内在一致性。

（一）文化自信与主流意识形态以马克思主义为指导思想

任何一个国家、民族和政党要彰显气质、凸显内涵，必然要在文化层面有强大气场和高尚品格。换言之，文化自信在意识层面的思想体系中始终是一个国家、一个民族、一个政党对自身文化价值的充分肯定，对自身文化生命力的坚定信念，它对国家、民族、社会发展具有广泛的影响。在

中国，文化自信就是对马克思主义的自信。马克思主义就是国家、民族和我们党能够昂首挺胸、阔步前进的内在灵魂和支撑，是文化能够自信并且可以自信的根基。当然，我们并不是说要将马克思主义原原本本搬到一切思想文化领域，而不允许其他思想创作、文化创新。相反，我们要将马克思主义融入日常生活，以实现文化思想与社会生活相互契合、融合创新。在互联网迅速发展的信息时代，以互联网为代表的新媒体发展，助长了各种文化观念、错误思潮及错误观点的扩大和传播，其释放出的负能量不容忽视。对此，我们要保持战略定力，即马克思主义在思想文化领域的指导地位显得更为重要。

（二）文化自信与主流意识形态以中国共产党为领导核心

任何思想文化的生成都有其特定的社会土壤、历史条件，都体现着特定阶级或集团的基本原则和思想观念。中国共产党作为中华优秀文化的继承者和发展者，不仅对自己民族的优秀传统文化充满自信，还对在长期革命和社会主义建设与改革中创造的革命文化和社会主义先进文化，同样满怀自信。即文化自信生成于中国共产党领导的中国社会主义建设过程之中，而不是生成发展于其他政党领导的社会建设之中。社会主义意识形态是中国共产党思想观念总体的体现，而不是其他政党思想观念的体现或主张。文化自信和社会主义意识形态从意识的不同层面和结构发挥着不同的功能价值，共同构筑我们党的思想堡垒。可以确定地说，坚定文化自信，就是坚定我党领导下的中国特色社会主义文化的自信，以及对我们党的领导能力和领导水平的自信，坚持社会主义意识形态就是坚持无产阶级思想的统治地位。在此意义上，文化自信和社会主义意识形态共同统一于中国共产党的领导的实践之中，两者具有共同的领导核心。

（三）文化自信与主流意识形态以中华优秀传统文化为精神命脉

中华文明作为世界上唯一没有断裂过的文明，是中华民族的突出优势，更是文化自信的"魂"和"根"。提高文化软实力，增强文化自信，不能脱离我国文化生成的"母本"中华优秀传统文化。同时，文化也是意识形态领域争夺最激烈的前沿阵地。在当今各种文化相互竞争、渗透、融合的时代境遇中，要想有效维护意识形态安全，牢牢占领意识形态阵地，就必须夯实国家文化软实力的根基，即维护优秀传统文化的安全。实践有力证明，马克思主义和中华优秀文化传统是真正的文化命运共同体。在此意义上，生成于中国大地和中国人民实际生活的中华优秀传统文化，是我们在世界文化激荡中能够"泰山崩于前而色不变，麋鹿行于左而目不顺"的坚实根基，是社会主义意识形态和文化自信共同的精神命脉。如果遗失甚至抛弃中华优秀传统文化，等于忘了我们的文化之路，等于放弃了社会主义意识形态，文化自信则无从谈起，国家、政党和民族会失去内在根基和自身独特魅力，会被多样化的文明迷雾所遮蔽。

（四）文化自信与主流意识形态以社会主义核心价值观为价值遵循

任何文化形态都包含并传递着一定的社会价值观念，因为文化生成于现实的主体生活之中，而现实的主体以一定价值观为指导进行实践活动，即文化作用于社会的主要形式且借助价值观来实现。在当前的中国社会，我们要坚定的文化自信，在价值观层面就是要坚定社会主义核心价值观自信。在文化系统中，社会主义核心价值观无疑决定着文化性质和发展方向，是提高文化软实力和增强文化自信的价值基石。无论对于哪个国家来说，文化软实力强硬与否、自信与否，根本原因在于其核心价值观的生命力、凝聚力和感召力是否强大。如果抽掉或剥离社会主义核心价值观这根核心"顶梁"，以中国文化软实力为基础建构起来的文化大厦必然倒塌，文化自信必然失去精神支撑和思想根基，党和国家的前途和命运必然蒙上不可预测的阴影。同样，意识形态的对立和冲突，最突出的表现也是价值观层面的问题。这意味着社会主义核心价值观是坚定文化自信和稳固社会主义意识形态群山的"定山石"。只有牢牢夯实这座"定山石"，才能找准文化软实力建设和意识形态工作的关键点和突破口。

三、建构文化多样性语境下主流意识形态建设的文化自信

中国思想文化的建设及文化自信的构建必须摆脱以西方中心主义为代表的主观意识的干扰，以客观的社会现实为依托。

（一）坚持党对文化自信建构的领导

党政军民学，东西南北中，党是领导一切的。同样，党的领导是思想文化建设和文化自信建构的根本保证。具体而言，党对思想文化建设和文化自信建构的领导可以分为组织领导和思想领导。一方面，党的组织领导体现在提供组织保障、政策支持和法治环境。组织保障就是在党中央的统一领导下，各级党委和政府要认真学习和领会习近平新时代中国特色社会主义思想关于文化自信的相关内容，将思想文化建设和文化自信建构纳入政府的总体规划中，并确保其落细落地落实。同时，要在担负主要工作的党委宣传部门、政府文化部门及其他相关部门之间形成协同联动效应，构建既有合理分工又有通力合作的工作机制。另一方面，思想领导则体现在坚持马克思主义对中国特色社会主义文化的指导。在文化领域，坚持党的

领导与坚持马克思主义的指导是两位一体的，二者互证互文。作为一种世界观、价值观和方法论，马克思主义是党的指导思想，坚持马克思主义的指导同时也是在坚持党的领导。我们的文化自信是对中国特色社会主义文化的自信，其社会主义的本质属性决定了发展中国特色社会主义文化，建构文化自信必须坚持马克思主义的指导。概言之，"以马克思主义为指导，是中国特色社会主义文化的本质特点；马克思主义与中华优秀传统文化、革命文化和社会主义先进文化不是并列关系，而是指导和被指导的关系"[①]。

（二）练好内功，推动社会主义文化繁荣兴盛

文化自信归根结底必须依托于一定的文化地基，即只有繁荣兴盛的社会主义文化才能支撑起文化自信的巍巍高楼。离开了不断发展、丰富的社会主义文化的滋养，文化自信就会如同离开大地的花朵迅速枯萎。就此而言，社会主义文化的发展壮大是文化自信确立和巩固的本源性力量，推动社会主义文化繁荣兴盛是构建文化自信的题中应有之义。党的十九大明确了推动社会主义文化繁荣兴盛的基本原则，"发展中国特色社会主义文化，就是以马克思主义为指导，坚守中华文化立场，立足当代中国现实，结合当今时代条件，发展面向现代化、面向世界、面向未来的，民族的科学的大众的社会主义文化，推动社会主义精神文明和物质文明协调发展。要坚持为人民服务、为社会主义服务，坚持百花齐放、百家争鸣，坚持创造性转化、创新性发展，不断铸就中华文化新辉煌"[②]。其中，以马克思主义为指导处于首要地位，旨在维护和保证中国特色社会主义文化的本质属性，社会主义的性质是我们文化彰显先进性和优越性的关键所在。坚守中华文

① 坚定文化自信的理论自觉——访中国社会科学院大学特聘教授侯惠勤 [J]. 马克思主义研究，2017（11）.

② 习近平. 决胜全面建成小康社会　夺取新时代中国特色社会主义伟大胜利——在中国共产党第十九次全国代表大会上的报告 [M]. 北京：人民出版社，2017：41.

化立场就是要求我们发展文化不能忘记本来，要时刻牢记中国文化从何而来，要努力推动作为中华民族文化基因的中华优秀传统文化在现代社会的转化和发展，赋予其时代性和生命力。

（三）排除干扰，坚决反对西方中心主义

西方中心主义是当前对我们文化建设形成极大干扰的一种错误思潮，西方中心主义预设了西方文化的先进性，要求中国的文化建设必须参照西方的模板。西方中心主义对我们文化自信的建构是极其有害的，必须加以严厉批判。事实上，西方中心主义是近代以来资本主义生产关系全球扩张的衍生品。马克思对西方中心主义尤其是西方文化的中心主义持强烈的批判态度，他指出："你们赞美大自然令人赏心悦目的千姿百态和无穷无尽的丰富宝藏，你们并不要求玫瑰花散发出和紫罗兰一样的芳香，但你们为什么却要求世界上最丰富的东西——精神只能有一种存在形式呢？"① 马克思主义认为，不同民族的文化由于地理环境、风俗习惯、历史发展和语言的不同而呈现出显著的差异，每一个民族的文化都是特殊的。西方中心主义实际上就是文化霸权主义，就是无视各民族文化差异性的特点而强求"同一"，是对人类文化多样性发展规律的违背。西方中心主义是国内虚无主义、奴性主义和"精神软骨症"的直接来源，因而构建文化自信，必须坚决反对西方中心主义，以排除其干扰。

（四）以不忘本来、吸收外来、面向未来的方针巩固和提升文化自信

中华民族文化心态的历史变迁生动地说明文化自信既不是轻而易举的也不是一成不变的，一个民族的文化心态会随着时间的迁移而变化，文化

① 马克思恩格斯全集：第1卷 [M]. 北京：人民出版社，1995：11.

自信的生成、消逝与恢复有着其自身固有的规律，不以任何人的意志为转移。任何一个国家或民族文化自信的构建都殊为不易，摧毁它则相对简单，因而任何国家都希望尽可能地维护与巩固已形成的文化自信。对于中国而言，不忘本来、吸收外来和面向未来是我们巩固和提升文化自信必须予以坚守的方针。不忘本来要求我们理性地认知和对待传统文化和革命文化，将它们视为中国特色社会主义文化的本来，而不是"过去时"。一要科学对待传统文化；二要促进革命文化的转化。文化自信不是文化自负，文化自信既认识到自己文化的优势，也能欣赏其他文化的优秀，意识到文化并不存在着绝对的先进与落后的评判标准。文化自负会招致文化上的骄傲自满和故步自封，文化自信则秉持开放包容的心态与其他文化交流互鉴。面向未来就是要求我们的文化建设要符合人类社会的发展规律和前进趋势，就是要求在尊重这些规律和趋势的基础上主动和大胆地进行文化创新。创新不是盲目创新，人民群众是文化的创造者，人民群众的日常生活实践是文化创新的素材来源，人民群众对文化的需要则为文化创新指明了方向。因而，只有尊重人民群众文化创新的主体地位，才能取得切实的效果，也才能真正达到文化建设面向未来的目的。

第四节　话语体系：主流意识形态建设的目标指向

一、话语体系的重要功能

"话语"一词是近年来社会科学领域的一个时髦术语，已被人们广泛使用和关注。话语既是解释和理解世界的一种手段和方法，又是掌握和控制世界的一种工具和武器。话语体系是在话语的基础上构建而成的，是指由若干相互联系、相互影响又彼此独立的要素或者意识互相关联而构成的有机整体。话语一旦形成体系，就具有以下功能：其一，对社会生活的解释功能。话语体系作为一个有机的整体，是人们在其长期实践过程中不断地对已有认识、已有话语进行反复提炼和概括的产物，具有高度的思辨性，严密的逻辑性和更强的世界解释力。其二，价值观的凝聚功能。话语体系体现着人类的价值追求，也必然对一定的价值观起到凝聚的作用。一个社会的统治阶级必然会尽可能地用特定的话语体系对个体进行教化，将自己的意志强化为国家意志，以凝结和整合全体个体的力量。其三，文化的传承功能。文化是一个民族在历史上创造并渗透于一切行为系统里的观念体系，话语体系是人们继承已有的文化系统，接受已有文化传统的最基本方式，话语体系是文化的符号，也是传承文化的媒介。话语体系是其文化传承的最基本路径，也是其重要的功能。

在阶级社会中，话语体系必然与权力相结合而形成话语权，话语权是主体表达意志的权利和资格，是一种重要而有效的社会控制手段和整合力量，任何阶级要维护和实现本阶级的利益，不仅需要相当的物质力量，还要使自己的思想获得普遍的形式和意义，尽可能得到更多社会成员的认可，这使得意识形态话语权的争夺成为必然。谁掌握了话语权，谁就能操纵话语的筛选、发布和真伪甄别，决定舆论的走向，引导或控制着他人或社会的认识，以确立其社会地位。从理论上说，话语权的建立有两个必要条件：一是言说者的权威性；二是言说内容的可信性。即一种话语体系要想在社会中取得支配地位，不仅需要掌握国家政权，还需要该话语体系具有社会生活的解释力和对社会成员的说服力。

立足当代中国，主流意识形态应该是为公民树立社会信仰、确立思想信念的行为指南，是具有价值评判内涵的、能帮助人们辨识纷乱社会现象的一种认识工具，能为人们奠定生活在"当下"的意义和价值的基础。主流意识形态建设，需要根据当代我国社会生活的变化，形成一套符合中国特色社会主义发展经验、贯穿马克思主义立场观点方法的话语体系，以坚持和加强马克思主义在意识形态领域的指导地位，从而对社会生活更具有说服力和解释力，以真正掌握马克思主义在社会生活中的话语主导权。

二、主流意识形态话语体系建设面临的挑战

当今世界，在多样文化的背景下，各种不同的思想文化冲破国家界限、民族藩篱、地域限制，走向世界，使不同的思想文化在世界范围内相互激荡与碰撞。这一方面有助于一些国家吸收、借鉴其他国家有益的思想文化，共享人类文明成果，在思想文化交流中取长补短、共同发展，保持文化的多样性，使世界变得丰富多彩。另一方面，伴随着经济全球化的汹涌大潮，各色文化泥沙俱下，鱼龙混杂，西方国家的一些腐朽的思想文化也会乘虚而入，对发展中国家的思想文化造成巨大冲击。由于发达国家在全球化进程中占据主导地位，掌握着全球化的"话语权"，这就使发展中国家如何应对西方强势文化的入侵，成为一个非常现实的问题。就我国而言，随着改革开放和社会主义市场经济的不断发展，主流意识形态话语权的建设从内涵到形式虽然也经历了不断调整、不断创新，但在文化多样性背景下，意识形态领域也出现了复杂的局面，携带着不同文化价值观的"多种话语"之间的对话与交锋日益激烈，这给我国主流意识形态主导话语权也带来前所未有的挑战。

（一）西方强势文化的"话语霸权"挤压以马克思主义为主导的意识形态话语权的作用力

由于经济全球化的迅速发展和我国对外开放步伐的加快，促进了我国与世界其他国家，特别是西方发达资本主义国家的交往。西方资本主义国家在整个全球化进程中占据主导地位，它们凭借发达的生产力发展水平和先进的科学技术，在资本输出、商品输出、国际贸易和分工甚或其他的国际交往中占据明显优势。经济关系的强势地位势必导致其思想上层建筑在全球范围内也占绝对优势，致使在整个国际事务的裁定中，西方资本主义的制度模式、价值观念、生产生活方式和话语体系都占据绝对主导地位。在经济上处于强势地位的西方国家在国际文化交流中更多地推广自己的话语，尽可能地获取更多的话语权，西方发达国家的意识形态话语霸权主要通过文化霸权和信息霸权两条途径来实现。一方面，西方发达资本主义国家利用其主要媒体在国际舆论场上以新闻宣传的方式对影响其利益的新兴发展中国家进行污蔑与打压。2020 年，新冠肺炎疫情在武汉暴发，党和政府第一时间组织动员全国力量共同抗疫，疫情在两个多月的时间里便得到了有效控制，与此同时，西方媒体则联手策划对华开展的污名化行动，企图利用人权借口将新冠肺炎疫情政治化，将疫情传播的原罪强加于中国；与此相对应的是，在西方各国抗疫严重不力的情况下，各大西方媒体却集体失声，仍试图通过其数字帝国主义霸权将罪责与矛盾转移至中国，严重损害中国的国际形象；另一方面，文化产品的输出也是西方国家进行文化扩张的又一重要渠道，西方发达国家通过向发展中国家倾销大量报刊、书籍、影视节目、软件等文化产品，掌控信息传播的主动权，从而宣传、推销自身的文化、价值观念。代表美国电影文化业的"好莱坞"大片，它不仅仅是一种文化产业现象，同时也传递着西方世界的价值观念和价值取向，渗透着资本主义社会的个人主义、拜金主义、享乐主义、消费主义的意识形态观念和生活方式。西方国家通过文化产品这个载体在意识形态话语权争夺中占据着制高点，攻击、挤压马克思主义意识形态的话语空间，对我国主流意识形态话语权构成强势性挑战。

（二）西方国家在全球化过程中形成的"全球意识"侵蚀我国主流意识形态话语权的吸引力

在全球化的进程中，全球公民意识不断凸显，诸如环保、生态安全、防治艾滋病、反恐等全球性的问题需要世界各国相互支持、相互携手维护人类的共同利益。但同时，"全球利益"和"人类利益"并不是抽象的，它与民族国家的具体利益相互交错，因此完全超越民族、国家、阶级的"全人类意识形态"是空洞抽象的，过分夸大"全球意识"或"全人类意识"而忽视甚至牺牲民族国家意识是虚伪的。然而，西方国家一贯以"全民性"掩盖其阶级性，往往以全人类的利益去掩盖自身的国家利益，在思想文化领域打着"自由""民主""人权"的口号，大力渲染"全人类利益""人权高于主权""新干涉主义"，绑架在全球化过程中所形成的"全球意识"，以维护人类利益和人权卫士自居，实则是在兜售西方资产阶级虚伪抽象的意识形态。参考美国等一些国家在人权问题上的双重标准，其所标榜的意识形态的本质便昭然若揭。全球化过程中所萌生的一些"普世"价值观所蕴含的双重性质对我国主流意识形态的话语体系建设所构成的挑战，无疑是一个崭新的课题。如果我们停留于以传统的意识形态话语去驳斥这些具有双重性质的意识形态话语，是十分苍白且无力的，建构一套既坚持社会主义原则和价值取向，同时又可参与国际对话的话语体系，是我国主流意识形态建设的迫切任务。

（三）多样化社会思潮的蔓延消解我国主流意识形态话语权的整合力

随着中国改革开放的不断推进以及社会转型所带来的社会矛盾、利益冲突，各种反映不同社会集团利益诉求的社会思潮应运而生。新自由主义、消费主义、民主社会主义、历史虚无主义、后现代主义等思潮在我国的影响不断扩大，通过微博、公众号、UGC 视频平台等新媒体传播等途径广泛影响着我国不同群体。这些形形色色的社会思潮为争夺意识形态阵地而力图争取更多民众的支持与认同，在这个过程中正不断消解我国主流意识形态的话语权。因此，在处理同各种思潮的关系上，我国的主流意识形态的工作不能再以一种思维方式和传统的价值观为标准，将其他社会思潮简单地予以否定，而是要通过对各种思想倾向的批判与斗争，来巩固马克思主义在意识形态领域的指导地位。在尊重差异中扩大政治认同，在包容多样中增进思想共识，用自己的意识形态的合理性和合法性来"引领"社会思潮，在此过程中，也需要重新建构主流意识形态的话语体系。

（四）新媒体所提供的技术支撑带来对我国主流意识形态建设的挑战

当前，随着互联网、数字通信、移动通信等技术的高速发展，各种各样的新媒体已经渗透到人们生活的各个角落，成为大众传媒势力中不可忽视的中坚力量。新媒体以它所固有的穿透力、包容力、扩散力、交互力打破民族国家的界限，突破地缘政治的限制，形成一个以数码信息为中心的跨国界、跨地区、跨文化的极具开放性的网络世界。这一方面打破了时间和空间的限制，开辟了人类生活的新空间，使得国际的交往更加方便、频繁、快捷。另一方面，这一开放的网络世界也为西方国家对外进行政治、思想、文化的渗透提供了极为便利的技术支撑。它们运用先进的传播理论和技术，通过网络向世界各国的网民进行意识形态和文化观念的传播，潜移默化地改变着网民的价值观念和话语体系，冲垮民族国家所精心架构的意识形态藩篱、互联网和现代传媒的隐蔽性、便捷性和自由性，也使得西方的意识形态及其价值观念可以长驱直入……这些都有利于西方国家在全球化中掌握着话语权和话语传播的主动权，也威胁到我国主流意识形态的健康发展。对此，习近平总书记在全国宣传思想工作会议上指出："要积极探索有利于破解工作难题的新举措新办法，特别是要适应社会信息化持续推进的新情况，加快传统媒体和新兴媒体融合发展，充分运用新技术新应用创新媒体传播方式，占领信息传播制高点。"①

（五）社会结构深刻变化和社会转型对传统意识形态话语的挑战

改革开放四十多年来，中国社会结构出现了急剧的转型和变迁，它既是对延续几千年的农业社会结构的瓦解，也是对新中国成立后计划经济体制下的社会结构的整体性转换。这种整体性转换不仅表现为微观层面的社会组织的逐步发育和成熟，更是一种宏观意义上的包括所有制结构、组织结构、阶级阶层结构、就业结构、社会价值观念结构、人口结构、家庭结构、城乡结构、区域结构以及职业结构等的重组和变革。上述整个经济政治体制的转轨使我国的社会利益结构也出现明显的变化，具体表现为：社会利益主体多样化、利益关系复杂化、利益实现方式多样化、利益诉求多样化。按照马克思主义的基本观点，社会存在决定意识，"意识在任何时候都只能是被意识到了的存在，而人们的存在就是他们的现实的生活过程。……

---

① 中共中央文献研究室. 习近平关于全面深化改革论述摘编 [M]. 北京：中央文献出版社，2014：84-85.

不是意识决定生活，而是生活决定意识"①马克思认为，思想是不能离开利益的，"'思想'一旦离开'利益'，就一定会使自己出丑"②。因此，社会利益格局的变化，一定会导致人们思想价值观念结构的变化。改革开放以来，在市场竞争机制的作用下，我国在所有制、就业方式等各个领域都呈现出多样化的格局，在这种环境下，人们的思想也必然不断解放，不断与时俱进，整个社会的思想价值观念结构发生了前所未有的变化，人们思想活动的独立性、选择性、多变性、差异性显著增强。上述思想结构的深刻变化，意味着拘泥于以往的意识形态工作传统是不够的，重构意识形态的话语体系显得十分迫切。

三、当代中国主流意识形态话语体系建构路径

改革开放以来，随着我国由计划经济体制转为市场经济体制，意识形态形成了一套以经济为中心的话语体系，这套话语体系在其特定的历史条件下有其内在的合理性。经过四十多年的改革开放，我国的经济发展已达到了相当高的水平和规模，逐步摆脱了改革开放前物质匮乏的状态，进入高质量发展阶段，社会主要矛盾已经转化为人民日益增长的美好生活需要和不平衡不充分的发展之间的矛盾，这要求我国主流意识形态建设要重点关注这些问题，把新的社会问题纳入自己的范畴体系中去，对原有的一套以经济为中心的话语体系做出适当的调整。自觉调整意识形态话语，使其在学理层面、在逻辑上更具说服力，在思想上、精神上更符合现实的"国情"和"世情"。

---

① 马克思恩格斯选集：第1卷 [M]. 北京：人民出版社，1995：72-73.
② 马克思恩格斯文集：第1卷 [M]. 北京：人民出版社，2009：286.

（一）挖掘传统意识形态话语，赋予其新的理论内涵

改革开放四十多年来，我国主流意识形态建设的成功经验之一，就是对过去的主流意识形态进行创新性阐释，既发扬了执政党在意识形态建设上的优良传统，以借鉴过去的成功策略，保持意识形态建设的历史延续性，又在新的时代境遇下，从变化了的社会生活的实际出发，对各种社会思想以及各种价值观中能真实反映社会现实的话语进行整合，与时俱进，赋予主流意识形态新的话语体系。当今，主流意识形态建设更需要对诸多过去经常使用并且人们已习以为常的范畴或概念重新加以解读，赋予这些范畴以新的内涵。当然，在这方面，传统意识形态话语有十分丰富的内容需要深入挖掘，本书仅举两例进行粗略分析。

第一，需要重新赋予"加强马克思主义在意识形态领域指导地位"的"指导"和"加强"的内涵。主流意识形态的话语一方面应体现其阶级性，另一方面，更需要在社会意识多样化和指导思想一元化之间保持一种动态的平衡，突出其本来具有的反映人类进步的文化理念，使其在社会意识多样化的过程中，能起到引领作用。主流意识形态的"指导"，不能变为对各种社会意识发展的"取代"。在政治生活领域，要发挥马克思主义作为理论基础的"指示教导"作用，即党和国家大政方针的制定，必须以马克思主义作为理论基础，体现马克思主义的话语体系。其他理论可以作为思想资源被参考和借鉴，但不容许在整体上取代马克思主义立场观点方法的理论基础作用；在思想文化领域，发挥马克思主义的"指点"作用，即在包容理论多样性的同时，马克思主义要通过对各种现实问题的解释力以及对各种错误思潮的批判力的彰显，发挥其对各门哲学社会科学研究在世界观和方法论上的"指点"作用；在日常生活领域，发挥马克思主义对社会生活的引领作用，在尊重因社会分化而形成的不同价值观的差异性以及选

择的合理性的基础上，体现马克思主义对某些重大社会问题背后的利益取向和价值取向的揭示作用，以"引领"社会生活的健康发展，而不是将所有的日常生活"问题"都打上"主义"的烙印。总之，意识形态既不能"淡化"，也不能泛化，更不能回到"强化"意识形态领域的阶级斗争的老路上去。

第二，主流意识形态话语体系需要突出"需求"和"利益"的范畴。"需求"和"利益"是马克思主义经典作家构建其话语体系的基本范畴。把"需求"及其"利益"的满足，作为生产力实践发展的原动力，作为人类历史发展中社会关系不断分化的直接原因，更作为国家和意识形态等上层建筑得以产生的中介。"我们首先应当确定一切人类生存的第一个前提，也就是一切历史的第一个前提，这个前提是：人们为了能够'创造历史'，必须能够生活。但是为了生活，首先就需要吃喝住穿以及其他一些东西。因此第一个历史活动就是生产满足这些需要的资料，即生产物质活动本身。"[①]而"吃喝住穿以及其他一些东西"是生存的第一个基本前提，是人们一切社会行为的基本出发点，是最首要的需要和利益，是社会的奠基石。作为思想上层建筑的意识形态正是为了特定阶级的利益而存在的，"在有阶级的社会中，意识形态总是阶级的意识形态，是特定阶级根本利益的理论表现形式"[②]。"历史不过是追求着自己目的的人的活动而已。"[③]就个人和群体而言，其思想、动机和行为都可以从其对自身利益的追求中找到合理的解释，马克思曾经明确指出："人们奋斗所争取的一切，都同他们的利益有关。"[④]恩格斯也指出："'思想'一旦离开'利益'，就一定会使

---

① 马克思恩格斯选集：第 1 卷 [M]. 北京：人民出版社，1995：78-79.
② 宋惠昌. 当代意识形态研究 [J]. 哲学动态，1993（11）.
③ 马克思恩格斯文集：第 1 卷 [M]. 北京：人民出版社，2009：295.
④ 马克思恩格斯全集：第 1 卷 [M]. 北京：人民出版社，1995：187.

自己出丑。"[①] 在文化多样的背景下，社会急剧变革和转型的态势下，不同社会阶层之间的利益关系重新调整，利益主体多样化、利益关系复杂化、利益矛盾集团化、利益冲突明显化使得"利益"两字成为新时期各种社会矛盾的总根源和人民内部矛盾的主要表现形式。主流意识形态的话语体系要积极回应社会生活的变化，及时反映人民群众对利益的诉求，妥善处理各方面的利益关系，才能使这一话语体系形成现实的基础。

（二）吸纳哲学社会科学其他学科的话语

马克思主义是对社会历史进行批判并揭示其社会结构及其发展趋势的理论，它是对人类特别是欧洲思想文化传统的批判、继承和超越的产物。真正的马克思主义者从来不是狭隘的宗派，从来不排斥其他哲学社会科学优秀成果，而是要从其他学派吸收各种有用的思想资料、研究方法和有价值的理念，不断丰富发展自身的理论。在文化多样的背景下，多姿多彩的文化竞相粉墨登场，以各种方式、通过各种渠道、借助各种载体表达着各自的价值取向。作为社会现实的回应，哲学社会科学的各个学科，如心理学、社会学、伦理学、经济学、政治学、历史学、文学等，从不同角度和不同层次创新了许多原有马克思主义话语体系中没有的或不被强调的话语，或者从西方的理论中引进了诸多新的话语。这些话语在一定程度上反映社会关系和社会发展的现实。他山之石，可以攻玉。主流意识形态的话语体系不能自娱自乐，高高在上，需要批判地借鉴其他哲学社会学科的反映社会发展变化的概念范畴，在与其他哲学社会科学学科的互动、交流中增强主流意识形态话语体系对社会现实的解释力。

---

① 马克思恩格斯文集：第 1 卷 [M]. 北京：人民出版社，2009：286.

（三）继承中华优秀传统文化话语

中国是世界四大文明古国之一，具有五千多年历史悠久的文明史，积淀了博大精深的传统文化。其精华部分作为中华民族长期实践经验的沉淀和总结，存在着很多跨越民族性和时代性、具有人类文明普遍性的内容。文化的发展具有继承性，任何新思想和新文化都是在对传统思想文化的选择和积累的基础上发展起来的。马克思主义毕竟是西方文化传统中结出的丰硕果实，它在中国的成功，是基于它的立场观点方法以及思维方式和价值导向，适合已经融入世界的中国的需要。然而，要将这种需要转化成实践力量，还需要吸纳中国本土的文化元素，特别是其丰富的话语表达形式。毛泽东说："马克思列宁主义来到中国之所以发生这样大的作用，是因为中国的社会条件有了这种需要，是因为同中国人民革命的实践发生了联系，是因为被中国人民所掌握了。任何思想，如果不和客观的实际的事物相联系，如果没有客观存在的需要，如果不为人民群众所掌握，即使是最好的东西，即使是马克思列宁主义，也是不起作用的。"[1] 中国传统文化思想中的诸多话语，如"天和人""义和利""知和行""阴和阳""道和器""理和物""民贵君轻""得民心者得天下，失民心者失天下""得道多助，失道寡助"等，凝聚了中国传统文化的智慧和德行，其背后蕴含的思维方式，更倾向于整体性、有机性和连续性。将这些话语进行批判性的改造，赋予其时代的内涵，都可以运用到主流意识形态话语体系的构建中，提升中国文化的"软实力"。

（四）借鉴国外各种社会思潮所用的话语

中国的意识形态话语体系的建设，要有更加宽广的眼界，既要体现本

---

① 毛泽东选集：第 4 卷 [M]. 北京：人民出版社，1991：1515.

土化，也要体现全球化，从东西方不同话语的对话中，重塑具有中国主体性的意识形态话语体系。毛泽东在民主革命时期就指出："要从外国语言中吸收我们所需要的成分。我们不是硬搬或滥用外国语言，是要吸收外国语言中好的东西，于我们适用的东西。因为中国原有语汇不够用，现在我们的语汇中就有很多是从外国吸收来的。例如，今天开的干部大会，这'干部'两个字，就是从外国学来的。我们还要多多吸收外国的新鲜东西，不但要吸收他们的进步道理，而且要吸收他们的新鲜用语。"[①] 在文化多样的背景下，各种社会思潮犹如汹涌澎湃的潮水一般冲击着人们的思想，其之所以影响深远，说明它的确有一定的可取之处，能迎合时代的要求。主流意识形态的话语体系，应以世界眼光和科学态度，批判地借鉴体现人类进步、反映不同社会制度和不同民族传统的、具有全球共同价值的范畴和话语，如"物化""异化""文化领导权""社会批判""社会生活批判""现代性""解构""重构"等，赋予其在中国语境下的具体内涵，成为一种新的意识形态话语。这一方面有助于我们客观反映中国社会的改革现实。另一方面，通过话语借鉴，有利于建立文化沟通的概念和语言，能将当代中国马克思主义的研究成果全方位地推向世界，在与国际主流文化平等对话中推进人类文明进步，保持东西方的文化平衡。当然，在与西方学术思想进行交流和碰撞中，对其话语必须注意批判地借鉴，要赋予其中国的学术内涵，使之在中国具体化。切不可"以西（西方学术理论）解（解构）马（马克思主义）"，更不能将当代中国马克思主义消解在西方的语境之中。

（五）提炼生活话语，促进马克思主义大众化

　　马克思主义产生在西方近代的社会环境和文化语境中，有它自己的逻

---

① 毛泽东选集：第 3 卷 [M]. 北京：人民出版社，1991：837.

辑表达方式，因此，执政党在意识形态话语中需要把当代中国马克思主义大众化。在处理意识形态话语同日常生活语言的关系上，应尽可能地筛选日常生活中既已为人们普遍接受，又在一定程度上反映现实和群众心理的语言，提升这些语言的学术含量，赋予它们以马克思主义的内涵。毛泽东曾提出："要向人民群众学习语言。"① 他在写文章和演讲中，就大量地使用了群众的生动活泼的语言。如在群众和革命的关系上，用"真正的铜墙铁壁是什么？是群众，是千百万真心实意地拥护革命的群众"，表达了马克思主义关于人民群众是历史的创造者的思想；在游击战争的战术上，用了"打得赢就打，打不赢就走"这一群众清晰明白的话语；在宣传马克思主义关于理想和现实关系思想时，使用了"前途是光明的，道路是曲折的""千里之行，始于足下"等话语；在论述共产党员的修养中，用了"吃苦在前，享受在后"等群众喜闻乐见的话语；等等。用马克思主义向群众宣传，就要求我们善于运用群众所创造的通俗易懂的语言和话语方式，勇于摈弃那些空话连篇、言之无物的"新党八股"，坚决删除那些"穿靴戴帽"的套话、大话。生搬硬套的官样文章，被群众戏称"常说的老话多、正确的废话多、漂亮的空话多、严谨的套话多、违心的假话多"。在文化多样、价值观多样的当今，避免使用"我们必须""你们应该"等命令式的话语，强行命令人们必须按一种价值观行事，否定他们按实践环境的不同做出价值观选择的合理性，不仅是不必要的，也是不可能的。总之，为了掌握马克思主义在日常生活领域的话语主导权，以更有效地引领多样化的社会思潮，增强主流意识形态的凝聚力和吸引力，需要在吸收和改造日常社会生活中反映人民群众合理愿望和要求的鲜活的话语，以重构主流意识形态的话语体系。

---

① 毛泽东选集：第3卷，北京：人民出版社，1991：837.

第五节　制度体系：主流意识形态建设的基本保障

党的十八大以来，我们党高度重视意识形态领域的制度建设，积极推进构建意识形态领域的制度体系，显示出以制度建设规范、提升意识形态治理效能的基本取向。

一、构建主流意识形态制度体系的必要性

（一）坚持中国特色社会主义的必然选择

自政党政治开启以来，任何政党都高度重视意识形态工作。我国的历史和实践都已经证明，意识形态工作抓得好，就会产生推动社会进步的正能量，否则就会产生阻碍社会进步的负能量。马克思指出："如果从观念上来考察，那么一定的意识形式的解体足以使整个时代覆灭。"①近代中国，从农民起义、洋务运动到资产阶级改良主义和民主革命，从进化论到天赋人权论，无数救国方案和思想武器都未能真正挽救国家于危亡之中，未能实现民族振兴。只有在中国人民坚定地选择了马克思主义，中国成立了中国共产党之后，中华民族才逐步实现了站起来、富起来，进而走向强起来。在当今我国经济和社会大变革时期，利益重构和社会结构多样化使各种异质观念相互交织碰撞，加之西方国家不断进行文化渗透，我国意识形态工作面临诸多挑战。相关制度体系建设可以使我们推进思想理论学习教育等

---

① 马克思恩格斯文集：第 8 卷 [M]. 北京：人民出版社，2009：170.

方面的工作更有抓手，使我们为坚持马克思主义在意识形态领域指导地位而实施的举措更加完善，从而使广大人民群众坚定信仰、坚定立场，坚持走中国特色社会主义道路。

（二）实现中华民族伟大复兴中国梦的必然选择

当前，实现中华民族伟大复兴的中国梦比历史上任何时期都离我们更近。我国在经济上取得了举世瞩目的成就，但文化发展等方面与我国国际地位还很不相称，亟须从契合中国国际地位实际出发，提出新见解、新思路。通过构建意识形态领域制度体系，可以进一步推动哲学社会科学和文化艺术发展繁荣，并进一步强化新闻舆论宣传引导的作用，从而不断加强文化和意识形态领域建设，使以马克思主义为指导的社会主义意识形态得到健康、快速的发展和广泛的传播，使以马克思主义为指导的社会主义文化具有愈来愈强大的文化凝聚力和国际影响力，从而为实现国家长治久安、凝聚中华民族精神力量、实现中华民族伟大复兴中国梦提供根本保证。

（三）发展当代中国马克思主义的必然选择

马克思主义不是封闭僵化的体系，而是在各国革命和建设的实践中不断丰富和发展的科学。如恩格斯所言："马克思的整个世界观不是教义，而是方法。它提供的不是现成的教条，而是进一步研究的出发点和供这种研究使用的方法。"[①] 中国共产党将马克思主义基本原理同中国具体实际相结合，探索把握社会运行和事物发展变化的本质规律，创造了中国化的马克思主义，使马克思主义永葆生机与活力。党的十九大明确提出，必须推进马克思主义中国化时代化大众化，不断增强意识形态领域的话语权和

---

① 马克思恩格斯文集：第 10 卷 [M]. 北京：人民出版社，2009：691.

主导权。坚持马克思主义在意识形态领域指导地位的根本制度，是马克思主义意识形态理论在中国的创新性发展。从制度体系建设的角度分别对思想理论学习教育等六方面的制度建设进行深入研究，是对坚持马克思主义在意识形态领域指导地位的根本制度进行理论探讨的进一步深化，是将马克思主义真理应用于实践的积极探索，因此是当前推进马克思主义中国化时代化大众化的题中应有之义。构建意识形态领域制度体系，有利于通过更为具体细致深入地研究和论证，体现马克思主义与时俱进的理论品格，再次彰显对马克思主义与中国具体实际相结合的不断探索，也有利于矫正和反驳西方学界对马克思主义意识形态理论的误解和攻击，从而不断开辟马克思主义意识形态理论研究创新发展的新领域。

（四）意识形态领域制度体系建设发展完善的必然选择

针对我国在意识形态领域面临的严峻挑战，面对新的历史时期提出的新任务，我国意识形态工作还明显存在一些不足，在制度体系建设上还有很多缺失。一方面，从关于意识形态工作的制度体系建设的整体情况来看，较为零散，系统性、整合力不足；在制度落实层面，缺乏刚性的执行监督和保障制度体系。鉴于此，亟须构建一整套覆盖广泛、内容科学、务实管用、配套完备、上下贯通的制度体系，确保制度体系能够真正转化为治理效能。另一方面，从制度体系内部来看，现有的各方面制度呈现出内容不够完善、举措不够具体、要求和规范不明确、激励和监督力度不够等问题。正是因为制度层面存在较多较为普遍的问题，因此意识形态工作领域的问题也比较突出。这一系列问题的解决需要进一步强化意识形态领域制度建设，用制度的力量规范和推动实际工作。因此，积极构建制度体系，是意识形态领域制度建设完善发展、解决当前意识形态领域存在问题的必然选择。

二、主流意识形态制度体系的内在逻辑性

主流意识形态制度体系的各方面不是彼此孤立存在的，而是互相促进、互相关联、互相影响，全方位、多角度共同构成了新时代意识形态领域制度的完整体系，为巩固马克思主义在意识形态领域的指导地位发挥重要作用。

（一）思想理论学习教育制度是先导

思想理论学习教育是指以集体或个体参与的方式，通过既定组织程序，运用多种学习方法使个体获得理论知识的过程，是一种可以使个体在思想、情感和观念等方面得到持续变化、改善和升华的组织行为方式。思想理论学习教育制度就是关于思想理论学习教育方面的制度。政治上的坚定源于理论上的清醒，理念是行动的先导，有什么样的理念就有什么样的实践。毛泽东曾经指出："指导一个伟大的革命运动的政党，如果没有革命理论，没有历史知识，没有对于实际运动的深刻的了解，要取得胜利是不可能的。"[①]建党百年，中国共产党形成了一整套思想理论学习教育制度，成为党自我净化、自我完善、自我革新、自我提高的有效方式和组织行为。坚持马克思主义在意识形态领域指导地位的根本制度，就必须首先梳理中国共产党理论武装工作的制度规范，强化制度保障，健全体制机制，积极探索理论武装的载体、平台、形式、内容和实现途径，推动理论武装走深走实。因此，建立完善思想理论学习教育制度成为意识形态领域制度建设的先导和前提。

---

① 毛泽东选集：第 2 卷 [M]. 北京：人民出版社，1991：533.

（二）思想政治工作培育制度是根本

思想政治工作培育制度是指健全思想政治工作的运行机制，建立完善践行社会主义核心价值观、加强理想信念教育、深化思想道德建设、丰富人民精神文化生活等方面的相关制度。坚持马克思主义在意识形态领域指导地位的根本制度，思想政治工作培育制度是根本任务，是意识形态领域制度建设的内在要求。马克思主义只有与实践相结合，才能指导实践，改造社会，发挥作用。思想政治工作培育制度的建立就是坚持在实际工作中将马克思主义真理与具体实践紧密结合，做到学以致用、融会贯通。其中，完善培育和践行社会主义核心价值观制度是铸造国家灵魂、强化国家认同、提升公民素质的重大举措；完善立德树人的教育制度不仅是教育事业的职责使命所在，更是建设中国特色社会主义伟大事业的必然选择；完善公民道德建设工程制度是党和国家把握新规律，拓展新路径，回应时代发展和社会环境对公民道德建设的新要求；完善社会志愿服务建设制度与中华民族仁者爱人、扶贫济困的传统美德一脉相承，能够有效激励公民参与自主救助、履行社会责任、追求自我价值实现。这几方面制度都是从实践层面坚持将马克思主义基本原理同中国具体国情相结合，指导意识形态工作实践，聚焦国家面临的重大现实问题和人民关注的难点焦点问题，应对风险挑战，化解矛盾问题的根本举措。

（三）哲学社会科学繁荣制度是动力

哲学社会科学繁荣制度是指加快构建具有中国特色、中国风格、中国气派的哲学社会科学，繁荣中国学术，发展中国理论等方面的制度。习近平总书记强调："坚持以马克思主义为指导，是当代中国哲学社会科学区别于其他哲学社会科学的根本标志，必须旗帜鲜明加以坚持。"①马克思主义是在实践中不断丰富和发展的理论，哲学社会科学繁荣制度应为意识形态领域制度建设提供发展动力，为在实践中不断开辟马克思主义发展新境界提供动力支持。坚持马克思主义在意识形态领域指导地位的根本制度，要注重加强意识形态相关理论研究，根据世情、国情、党情不断深化诠释马克思主义的内容，提出能够解决中国当前意识形态领域新情况、新问题的举措，并不断加以校正、检验，真正做到以中国化的马克思主义观察时代、解读时代、引领时代，规范引导全社会的价值观念和行为准则。

（四）文化艺术发展繁荣制度是基础

文化艺术发展繁荣制度是探索建立文化艺术创作生产及管理，促进文化艺术发展，激发文艺人才活力等方面的制度。习近平总书记指出："文艺是时代前进的号角，最能代表一个时代的风貌，最能引领一个时代的风气。"②文艺精品以其审美意蕴和价值功能，展现人类文明、高扬人性价值，陶冶性情、启迪思想。完善文艺精品创作制度，既是涵养文化自信、筑牢精神家园的基石，又为意识形态领域制度建设提供坚实基础。文化产业已经成为各国争夺国际话语权、传播价值观的有力资源。因此，进一步制定完善一系列促进文化传承和文艺发展的制度和政策，创新文艺管理体制机制，成为意识形态领域制度建设的重要基础。

（五）新闻舆论宣传引导制度是手段

新闻舆论宣传引导制度是指构建以内宣外宣协同联动、重大舆情和突

① 习近平. 在哲学社会科学工作座谈会上的讲话 [M]. 北京：人民出版社，2016：8.
② 习近平. 在文艺工作座谈会上的讲话 [M]. 北京：人民出版社，2015：5.

发事件舆论引导、舆论监督、网络综合治理等为主要内容的制度。当前我国意识形态工作仍面临严峻挑战，新闻舆论宣传引导制度成为坚持马克思主义在意识形态领域指导地位根本制度的重要手段。坚持马克思主义的立场、观点和方法，提高舆论宣传对社会思潮的引导力，真正发挥释疑解惑、振奋精神、凝聚共识的作用，实事求是、旗帜鲜明地对各种错误观点敢于亮剑、激浊扬清，充分体现了新闻舆论宣传的组织动员、思想整合和政治认同等重要功能。特别是在舆论生态、信息技术和受众心理发生深刻变化的新时期，信息媒体领域发生一系列新变革，意识形态工作更要系统总结和把握新闻舆论建设规律，确保始终坚持正确导向，不断巩固全体人民团结奋斗的共同思想基础。

（六）意识形态工作责任落实制度是保障

意识形态工作责任落实制度是指包括阵地建设和管理以及社会管理评价、社会诚信、文化权益保障等为切实维护国家政治安全、文化安全、意识形态安全提供保障的相关制度。构建意识形态领域制度体系是一项系统工程，需要充分发挥国家和社会各领域各层面制度的作用，形成科学规范的管理保障机制，增强意识形态各领域坚持以马克思主义为指导的自觉性。因此，构建意识形态工作责任落实制度是意识形态领域制度体系的重要条件，对其他制度体系的构建质量和成效发挥保障作用。意识形态工作责任落实制度中的网络综合治理，是我国网络强国战略和网络安全战略的重要内容。要强化意识形态工作，就必须建立科学完善的社会管理评价制度、社会诚信制度、文化权益保障制度，从而进一步巩固马克思主义在意识形态领域的指导地位。

三、建构主流意识形态领域制度体系的路径选择

（一）坚持和完善思想理论学习教育制度

坚持马克思主义在意识形态领域指导地位的根本制度，加强意识形态领域制度化建设，首先要梳理中国共产党理论武装工作的制度规范，查找理论武装工作的薄弱环节，把健全体制机制作为关键，深入研究信息化条件下理论武装的载体、平台、形式、内容和实现途径，强化制度保障，多渠道并举推动理论武装走深、走实、走心，坚持用习近平新时代中国特色社会主义思想武装头脑、指导实践、推动工作。

完善党委理论学习中心组等学习制度。我们党在延安时期就建立了分级分类学习、每天两小时学习制、建立学习小组等各项制度，新时代要继续健全完善学习制度：在机制上，从学习计划的生成机制、运作机制、激励机制、考核评价机制等方面进行深入探索；在内容上，从习近平新时代中国特色社会主义思想、马克思主义基本原理、党史党建、国家安全、法律法规等方面拓展到文化学、伦理学、心理学、管理学等领域；在方式方法上，尝试以训助学、领学促学、个人述学、以考验学、通报督学等多种学习和检验学习的方法。

完善党内"集中教育"制度。新时代党的集中教育制度更应注重以下几点：一是聚焦中心、服务大局。要根据时代特征找准着力点，有针对性地确定集中教育的主题、内容和方法程序等。二是坚持问题导向。在党员个体教育上，切实扭转组织认同感不强、信仰不坚定、理论水平不高等问题；在体制机制上，着力消除组织运行不畅、组织力不强等问题；在党群关系上，全力改变"以人民为中心"观念不强、群众能力不足等问题。三是建立长

效机制。要积极探索集中教育和经常性教育紧密结合的教育模式，使两种教育相辅相成、同向发力。要注重将实践认知上升为制度成果，从组织管理、生成运作、激励保障等多方面，推动集中教育的常态化、长效化。

（二）坚持和完善思想政治工作培育制度

完善社会主义核心价值观培育和践行制度。要使社会主义核心价值观成为公民的思想共识，内化为人们的精神追求，外化为人们的自觉行动，必须从两方面着手：不仅需要宣德扬善，淳风化俗，而且需要建立制度，作为外在强制力量加以保障。要坚持人民利益至上的理念，满足人民群众精神和心理需求，以增进人民的获得感和幸福感为导向，着力将传统道德观念、乡规民约、风俗习惯、礼仪风尚和制度建设相融合，将理论武装、舆论宣传、实践养成、文化熏陶和制度执行相结合，潜移默化地使全体社会成员将社会主义核心价值观内化为自身的价值观念和行为习惯。

完善立德树人的教育制度。坚持家庭、学校、社会和政府协同推进，"一体化"合作共育。坚持因事而化、因时而进、因势而新，积极构建大中小学一体化、德智体美劳全面培养的教育体系，构建多学科、多领域、跨界别协同研究体系，将立德树人贯穿基础教育、职业教育、高等教育各领域；政府部门要在立法、政策制定、规划设计、资源保障等方面建立制度，建立贯通性、逐层递进、衔接有序、协同联动的标准体系，分层次制定目标任务、教育标准、评价体系、培养策略、措施方法；要通过制度激励和约束媒体、企业和民间组织，使其自觉形成正确的价值导向，促进文化认同，形成主体协同运行的全社会育人整体格局。完善公民道德建设工程制度。通过制度建设，激发公民参与公共生活的热情，使公民做到自我理性审视，形成国家认同的理性认知；以历史文化熏染、典型示范引领等多种方式强化公民的情感体验，引导公民自觉践履道德；按照不同道德范式创设差异化、特色化和个性化的践履模式，营造崇善尚德的社会氛围。

完善社会志愿服务建设制度。社会导向、政府保障对弘扬志愿服务精神发挥着重要作用。要规范完善资金保障制度，以保障志愿组织的运作和专业化发展。完善相关法律责任制度，明晰志愿服务组织和个人的法律责任，切实保障志愿服务组织和个人的合法权益。完善志愿服务文化培育制度，着力在全社会广泛培育志愿服务文化，并将其纳入学校教育内容。积极探索志愿服务活动义务化的相关制度，包括志愿活动记录制度、国民志愿役制度等，将其纳入升学考核和资格选拔制度。努力制定多种形式的激励政策促进志愿服务的发展，使志愿服务精神成为集体主义精神的时代表达，充分发挥其在协调各种社会关系、化解各类社会矛盾、构建社会主义和谐社会方面的积极作用。

（三）坚持和完善哲学社会科学繁荣制度

完善繁荣发展哲学社会科学制度。新时代要坚持马克思主义在我国哲学社会科学领域的指导地位，进一步深入推进马克思主义理论研究和建设工程，紧紧围绕时代发展主题，在制度设计、措施制定等方面协同推进；要加快构建中国特色、中国风格、中国气派的哲学社会科学，繁荣发展中国学术理论，加强战略性、前瞻性问题研究，解读阐释中国发展道路和发展奇迹，增强国际学术领域的话语优势，坚定道路自信、理论自信、制度自信、文化自信，为推进新时代中国特色社会主义事业营造良好的思想文化氛围。

完善中国特色新型智库建设制度。党的十九大报告提出"加强中国特色新型智库建设"，是在牢牢掌握意识形态工作领导权的前提下部署新型智库建设的。完善中国特色新型智库建设制度，要注重智库在实现决策咨询功能时全力聚焦中国问题，在学术视野上充分体现中国格局，在学术导向上着力发挥思想引领作用，在政治方向上坚决体现中国立场。要构建激励导向制度，使智库研究在研以致用方面体现应用对策性、长期战略性和综合预判性。要构建价值引导和联合联结机制，使智库建设实现特色化和差异化发展，既要体现不同的主攻方向实现特色发展，又要注重打造联合协同、综合多样资政的智库集群，着力培育交叉集成优势。

（四）坚持和完善文化艺术发展繁荣制度

完善文艺精品创作制度。要坚持百花齐放、百家争鸣的方针，支持文艺作品表现形式的多样性以及创作主体的多样化，提倡不同流派、不同观点、不同题材体裁、不同风格形式切磋互鉴、充分发展。要建立完善文艺精品保护机制，努力破除唯市场化乱象，鼓励文艺创作坚守审美理想、保持独立价值，使高品位美学意蕴和审美个性得以张扬。

要健全管理服务机制，为文艺工作者力戒浮躁、保持定力、扎根生活、坚守艺术理想提供条件和保障。实施精品计划，建立对文艺创新的宏观指导制度，引导文艺创作坚持正确历史观、民族观、人民观，使文艺精品在提升群众价值追求和审美情趣方面发挥作用。要着力完善文艺创作联动培育机制和扶持激励制度，设立专项资金服务文艺创作生产，扶持名家大师和文化英才，着力掀起文艺精品创作的新高潮。

完善中华文化传承制度。要建立完善古文献发掘阐释制度，全面推进古诗（文）今译工作，加强编纂古代典籍工作，并努力建设共享开放的大型资源数据库，着力构建符合时代发展和人民关切的思想体系、学术体系和话语体系；完善国学教育制度，致力于国学学科化建设，为中华优秀传统文化传承提供结构性支撑；完善文化遗产保护制度，将现代化城镇乡村建设同古文化遗产保护工作有机结合，将对历史遗迹、历史建筑街区、传统村落、文物的保护和合理利用有机结合；完善民族传统节日管理制度和传统工艺振兴制度，丰富中国传统的节庆日的文化内涵，彰显中华传统礼仪文化的时代价值，对内增加人民对国家民族的认知认同，对外树立良好的礼仪之邦、文明古国形象。

（五）坚持和完善新闻舆论宣传引导制度

构建正确的舆论导向制度。为此，要掌握舆论导向的科学性规律，体现时、度、效的标准要求。要以马克思主义新闻观为指导加强舆论导向的制度化建设，建立舆论导向工作责任制和领导机制，明确责任主体，牢牢把握舆论导向工作的领导权、主导权，划清责权边界和责任范围；建立舆论引导问责制度，强化责任追究，以强制力强化舆论引导的力度和精度；要建立舆情预警报告制度，科学制定舆情信息价值标准，制订突发舆情工作预案，加强舆情监测和反馈；要建立舆情研判处置制度，完善决策程序和处置办法，精准把握处置社会舆论，掌握舆论引导主动权。

构建融媒体传播发展制度。建立一体化共享融通制度，有效整合传统媒体和新兴媒体的各种资源要素，打通"报、网、端、微、屏"各种资源，在管理体系和组织结构等方面进行一体化设计，实现信息技术、媒介平台、人才队伍等各类要素的有机融合；要完善专业化数据库建设制度，充分运用大数据和云计算等新兴的互联网信息技术，掌握海量数据资源，提升数据收集、处理、整合能力；要建立社会化传播渠道拓宽制度，充分创新发展和运用各类社交应用技术与信息平台的有机整合与有效对接，持续推进新技术新应用对媒体融合的发展力度；要完善资金政策支持政策，着力培育一批品牌主流媒体，积极构建优势互补、一体化发展的现代传播体系新格局。

（六）贯彻和落实意识形态工作责任落实制度

健全对内对外宣传管理工作制度。加强传播能力建设，针对不同国家和地区的国情、社情、民情，根据政治制度、价值观念、思维习惯、文化传统等因素差异，制定分众化传播策略，主动抢占舆论先机；建立资源整合机制，进一步转化优化纵向管理和行政区层级管理模式，深入开掘各领域宣传媒介主体作用，构建政府主导、媒体负责、公众参与的多层次、全方位、立体化的宣传工作格局；加强宣传工作的法律法规制度建设，将宣传工作的目标任务、工作原则、机构建设、资源配置等纳入法制化轨道，以制度建设强化对宣传工作的政策支持和宏观监管，提高各级政府和相关部门的重视程度，为宣传工作提供重要保障，促进宣传工作良性发展。

健全网络综合治理工作制度。建立制度性协作机制，构建在党的领导下，以政府为主导统筹全局，跨部门、跨行业、跨领域多样治理主体参与的综合性协同治理机制；通过完善法律法规体系，明确治理主体的权责边界与各方的权利义务，实行目标管理责任制，实现网络综合治理体系法规化；以制度强化治理手段的多样性，综合采用思想文化引领、法律和行政强制、技术管控、经济制裁等多样复合方式对网络行为进行调控和监管，将法律行政强制和柔性管理、弘扬正能量和打击违法犯罪行为、集中整治和常态管理有机结合，净化网络信息传播环境，管制网络空间的良性秩序，维护国家治理的常规化和长效性，形成良性循环的治理态势。

完善社会管理评价工作制度。建立全方位、多层次、多角度、系统性的社会管理评价制度，对管理理念、方式和效能等进行综合评价，兼顾经济发展与社会发展、效益与质量、管理与服务、"显绩"与"潜能"、成本与收益、投入与产出的综合发展，全面客观评价社会管理成效；坚持以人民为中心的评价原则，将能否满足人民群众的利益和需求为出发点和落脚点；在评价方式上积极探索内部评价、外部评价和第三方评价三种方式相结合的评价模式；探索分级分类精细化评价制度，结合不同评价主体的职责内容、工作方式、实际效果等进行精细化评价；积极探索激励约束机制，建立督察问责制度，注重过程监督和结果运用，通过社会评价发挥激励导向作用。

完善社会诚信建设工作制度。以国务院印发的《社会信用体系建设规划纲要（2014—2020年）》等为依据，建立完善德法并举、自律监督并施、预防惩治并重、激励约束并行的全社会诚信建设制度体系，形成多领域、多部门齐抓共管的诚信建设工作格局。着力形成社会征信体系，完善信用信息采集标准体系，以及诚信信息采集、评价、建档记录等制度，建立全国联通的诚信记录信息数据库，实现信用信息共享；弘扬中华优秀传统的义利观，将诚信教育纳入全民教育体系，作为企业、组织和个人升学入职、晋职晋级、职业资格准入必学必修必考内容；完善诚信评价制度，将其诚信表现作为诚信主体考核评估的重要内容，对严重失信行为坚决实行"一票否决"；建立健全法律法规，依法对失信行为进行严惩，保障诚实守信公民的权益；建立诚信建设工作督查通报制度，促进社会各方力量合力开展诚信建设。完善文化权益保障工作制度。

完善文化基础设施建设制度，确保国家和地方政府在资金、政策各方面加大投入，使公共文化基础设施建设和各类文化传播系统尽可能满足人民需求；建立资源均衡配置制度，实现资源均衡配置，保障城市低收入人群和贫困地区人民的基本文化权益；完善激励机制，吸引更多的组织、个人和社会团体参与公共文化服务体系建设，鼓励创设更多高层次高质量的文化阵地和活动载体，提高人民群众参与文化活动的积极性；完善公共文化服务管理制度，建立健全公共文化服务考核评价制度，以提高效能为导向，提升人民群众的满意度。

第五章

文化多样性语境下主流意识形态
建设的原则和路径

　　文化多样性的共存与博弈直接影响着中国特色社会主义文化建设和当代中国主流意识形态建设的进程。在各种思想文化相互激荡、意识形态领域斗争错综复杂的新形势下，我们必须旗帜鲜明、理直气壮地坚持和巩固主流意识形态在中国特色社会主义文化建设和当代中国主流意识形态建设中的主导地位。因此，我们必须站在时代和战略的高度，坚持马克思主义意识形态的一元化指导地位，以习近平新时代中国特色社会主义思想指导实践，准确把握当代中国主流意识形态建设的基本原则，并通过各种具体的路径重塑主流意识形态的知识形象、理论形象和创新形象，增强主流意识形态的说服力、吸引力、感染力、凝聚力、创造力以及竞争力，进一步巩固马克思主义在意识形态领域的指导地位，使主流意识形态在广大人民心目中产生持久的认同。

第一节　当代中国主流意识形态建设的基本原则

　　原则是指能反映事物发展的客观规律，正确观察、处理问题所依据的标准和法则。在多样文化背景下，当代中国主流意识形态建设是一项艰巨而复杂的社会工程，探索当代中国主流意识形态建设的基本原则，对于增强主流意识形态建设的实效性有着深远的意义。

一、准确把握"一"与"多"，坚持主导性与多样性的辩证统一

主导性和多样性是事物发展的基本形态，两者是辩证统一的关系。所谓主导性，即事物发展过程中所显现出的统一性、指向性、一般性、规定性。一般来说，主导性规定着事物发展的性质和方向，主导着事物发展的进程，是事物发展的主要矛盾。所谓多样性，是指事物发展过程中所显示的个别性、差异性、特殊性、选择性，它展示了事物发展的多姿多态。主导性和多样性的矛盾就是唯物辩证法所理解的一对多的关系，即"一"存在于"多"之中，多是一的丰富和发展。主导性源于多样性又指导着多样性，制约着多样性的发展方向。离开主导性，不讲基本原则，就无法把握核心内容，就会失去前进发展的方向，出现思想混乱；多样性丰富、繁荣、服务主导性，促进主导性发挥更大的作用。离开多样性，主导性就会显得单一、沉闷、僵化，甚至进一步演变成形式主义、教条主义。

在多样文化的背景下，当代中国主流意识形态建设必须坚持主导性与多样性的辩证统一，在坚持主导性的指导下包容、发展多样性，在发展多样性的基础上坚持、巩固主导性。我国主流意识形态建设的主导性，是指在意识形态领域要坚持和巩固马克思列宁主义、毛泽东思想、邓小平理论、"三个代表"重要思想、科学发展观以及习近平新时代中国特色社会主义思想的指导地位，这是我们必须长期坚持的指导思想，在意识形态建设中居于核心地位，起着主导作用。与此同时，意识形态的多样性也是当代中国社会思潮中存在着的不容忽视的客观事实。所谓主流意识形态建设的多样性，是指在文化多样性的背景下，在马克思主义的一元主导下，事实上

还存在多种形形色色非主导性的意识形态，其中既有健康积极向上的，也有消极腐朽的，甚至是反马克思主义的。它们以各种形式、各种途径在社会中传播，影响人们的价值取向和道德追求。人类社会发展的历史证明，主流意识形态的发展不能离开非主流意识形态，两者的竞争与借鉴是主流意识形态发展的动力。所以，我们要客观认识非主流意识形态的多样性，"多样性是为了丰富、充实主导性；否定多样性，主导性内容就会变得抽象、单一"①。

第一，主流意识形态建设坚持主导性与多样性的辩证统一是我国社会多样化的要求。改革开放以来，我国社会日益呈现出开放性、多样性的样态，而且随着世界多极化、经济全球化趋势的加剧，世界各地文化发展状况已不再是孤立的、封闭的状态，而是处于多样文化之间相互影响、相互交融、共存互竞的局面。社会主义市场经济体制建立和发展，我国社会结构急剧转型，随之带来人们的思想观念、思维方式、行为方式、生活方式等发生着深刻变化。现代社会的"四个多样化"使得传统与现代、国内与国外、保守与激进、正确与错误的思想、意识、观念纵横交错，相互碰撞，给人们的思想观念、价值取向、文化生活带来多样性。在社会多样化的背景下，"如何坚持主流意识形态的主导性""如何在坚持主导性前提下发展多样性"，这就内在地要求我们在主流意识形态建设中坚持主导性与多样性的辩证统一。一方面，不坚持主流意识形态的主导性，就会迷失国家发展的方向，破坏社会的政治稳定；另一方面，在多样文化的背景下，在人们经济利益、价值观念和行为方式多样化的新形势下，还要求我们承认、尊重、保护、促进多样性的健康发展。

第二，主流意识形态建设坚持主导性与多样性的辩证统一也是意识形

① 郑永廷.社会主义意识形态发展研究 [M].北京：人民出版社，2002：269.

态领域多样化的要求。我国在改革开放以前，社会文化总体上处于一种封闭与半封闭的状态，基本没有西方各种思潮、学派、生活方式、价值观念的影响和冲击，意识形态领域具有明显的一元化特点。经过四十多年的全方位、多层次、宽领域的对外开放后的当代中国，不仅人们的生活方式、思想观念、价值取向、文化追求发生了翻天覆地的变化，而且国外的各种理论、思潮、价值观念、生活方式、宗教文化也不断涌入中国，西方文化中有关民主、自由、个性解放等方面的文化思潮在各种文化博弈之中尤为具有战斗力。于是，在多样文化的背景下，我国的意识形态斗争领域面临着多样文化、社会思潮和西方意识形态的冲击和挑战。一方面，以马克思主义为指导的意识形态是我国占主导地位的国家意识形态；另一方面，随着信息网络化的快速发展，文化资源在全球范围内的加速流动，西方意识形态、封建主义意识形态、宗教文化等在我国迅速扩展。社会思潮的多样化、社会思想文化领域的多样化与差异化有利于丰富和发展我国主流意识形态的内容和表现形式，从多样文化中汲取营养、借鉴优势，才能与时俱进。因而，主流意识形态建设应坚持主导性与多样性辩证统一的原则。

今天，单一性的文化时代已经结束，当代中国文化正在从统一性向多样性转型。没有文化的统一性就必然缺少文化的认同与凝聚，强调文化的多样性，同样不能放弃文化的统一性。在多样文化的背景下，我国意识形态领域呈现出开放、丰富、活跃的局面，因此，正确处理意识形态主导性和多样性的关系尤为重要。一方面，我们必须牢牢把握主流意识形态的主导地位。面对层出不穷的新情况、新问题、新矛盾，主流意识形态须全面协调、统领整个意识形态领域，坚决抵制各种错误和反动的意识形态和文化思潮。另一方面，我们也不能忽视意识形态的多样性。一种理论不能与其他理论完全隔绝，否则将会失去活力。在当今多样文化的背景下，在各种理论的相互冲击、交流、比较、借鉴、批判与斗争中不断生成、升华和提炼出新的发展因子，构成主导意识形态的时代内容，是主导意识形态发展的重要动力。总之，坚持主导性与多样性的辩证统一，是当今我国主流意识形态建设的一个重要思维方法和原则。

二、科学对待"承"与"启"，坚持继承与发展的逻辑统一

继承与发展是辩证统一的关系。继承，就是充分吸收和借鉴一切有益的成分。继承是发展的前提和基础；发展根植于继承之中，汲取了继承性资源的滋养，并在实践中，赋予发展所追求的时代气息，是继承的必然要求。继承与发展的内在统一，是主流意识形态本身理论建设的要求。从一定意义上讲，主流意识形态建设的过程，继承了中国传统文化的思想精华，同时也彰显了时代特色，是继承与发展的统一。"我们绝不可拒绝继承和借鉴古人和外国人，哪怕是封建阶级和资产阶级的东西。但是，继承和借鉴不可以变成替代自己的创造，这是决不能替代的。"[①] 没有继承，主流意识形态将失去发展的根基，缺乏前进的动力；没有发展，主流意识形态将会是一潭死水，丧失鲜活的生命力。坚持继承与发展相统一，是多样文化背景下，完善和丰富我国主流意识形态建设的一项重要原则。

首先，主流意识形态应该继承马克思主义的基本原理和理论。不是简单地继承马克思、恩格斯和列宁的具体观点，而是继承马克思主义的世界观和方法论，否则会犯教条主义的错误。恩格斯指出，"所谓'社会主义'不是一种一成不变的东西，而应当和任何其他社会制度一样，把它看成经常变化和改革的社会"[②]。其次，意识形态作为文化的重要组成部分，具

---

① 毛泽东选集：第 3 卷 [M]. 北京：人民出版社，1991：860.
② 马克思恩格斯选集：第 4 卷 [M]. 北京：人民出版社，1995：693.

有与生俱来的传延性、继承性。当代中国主流意识形态建设不能割断中华民族优秀文化传统。从历史的角度考察，中华民族经历了数千年的文明传承，铸就了中华民族自强不息的民族精神和民族特色。传统文化是一个民族与国家物质精神资源的历史延续，是传统思想观念的积淀物。她只会在新的历史时期继承、发掘和转化，不可能中断和消解。传统文化内涵博大精深，是中华民族智慧的结晶，是当代我国主流意识形态建设的宝贵资源。主流意识形态建设只有在继承我国优秀传统文化基础上，才有深厚的土壤。正如毛泽东指出，"今天的中国是历史的中国的一个发展；我们是马克思主义的历史主义者，我们不应当割断历史。从孔夫子到孙中山，我们应当给以总结，承继这一份珍贵的遗产。这对于指导当前的伟大的运动，是有重要的帮助的。"① 当然，在对传统文化的继承中，应从具体情况出发，联系实际，不能盲目地照搬照抄，在继承的基础上推陈出新，融会贯通，成为我国主流意识形态体系的重要组成部分。最后，当代主流意识形态建设不能舍弃中国共产党人长期的意识形态建设的历史探索。同时，中国共产党人在 100 年的革命、建设和改革开放的历史进程中，高度重视加强意识形态建设，既积累了丰富的历史经验和教训，也有着深刻的历史教训，在新的历史条件下，这些经验和教训是继续加强主流意识形态建设的宝贵资源。

没有发展，只是一味地继承，理论就会失去生机与活力，变得凝固、僵化和保守。发展是一种超越，一种扬弃，是继承的必然结果。"一个党，一个国家，一个民族，如果一切从本本出发，思想僵化，迷信盛行，那它就不能前进，它的生机就停止了，就要亡党亡国……只有解放思想，坚持实事求是，一切从实际出发，理论联系实际，我们的社会主义现代

① 毛泽东选集：第 2 卷 [M]. 北京：人民出版社，1991：534.

化建设才能顺利进行，我们党的马列主义、毛泽东思想的理论也才能顺利发展。"[①] 其一，主流意识形态是一个开放发展的思想体系，要适应时代发展的要求，随着时代主题的转换而不断完善。在革命战争年代，苏联高度集中的政治经济文化体制适应了当时的需要，为最大限度动员人民群众为建设和巩固社会主义做出贡献。然而，随着世界形势的变化，时代主题开始发生转换。以往的社会主义意识形态已不能适应时代发展的需要，它需要不断更新和完善。但苏联未能适时转换，其保守性、机械性和封闭性暴露无遗，导致社会主义的内在优势和巨大潜力在僵化的体制面前无法发挥出来，社会弊端和矛盾却不断显现，从而导致人民对社会主义失去原有的期望，社会主义道路最终终结。"世界在变化，我国改革开放和现代化建设在前进，人民群众的伟大实践在发展，迫切要求我们党以马克思主义的理论勇气，总结实践的新经验，借鉴当代人类文明的有益成果，在理论上不断扩展新视野，做出新概括。只有这样，党的思想理论才能引导和鼓舞全党和全国人民把中国特色社会主义事业不断推向前进。"[②] 其二，主流意识形态的发展不是照搬照抄，而是借鉴基础上的创新。文化多样的背景下，世界各国的思想文化在全球范围内冲突、交融、互鉴。各种理论、思潮、价值观念之间不断地相互激荡，意识形态领域的纷争与较量变得越来越激烈，在此种复杂的环境下，以马克思主义为指导的主流意识形态能否坚持与时俱进，以社会现实变迁作为意识形态的理论生长点，在坚持马克思主义的基础上不断发展马克思主义，不断进行理论创新和实践创新，事关国家的生死存亡。

在文化多样的背景下，主流社会意识形态发展应体现实践特色，立足于当代中国特色社会主义的伟大实践，从人民群众的社会生活中吸取营养，

① 邓小平文选：第 2 卷 [M]. 北京：人民出版社，1994：143.
② 江泽民文选：第 3 卷 [M]. 北京：人民出版社，2006：537.

从多姿多彩的实践活动中总结经验，要善于对丰富的实践经验做出理论概括，善于用发展的理论指导新的实践，不断赋予主流意识形态鲜明的民族特色和时代特色。坚持与时俱进，始终体现时代精神、反映时代要求，推进理论符合实际情况，并指导新的实践。这要求主流意识形态建设应注重主流意识形态话语表达的亲和力和感染力，回到人们的生活世界，重塑主流意识形态的理论形象，回应时代的要求和人民的诉求。

总之，文化的生命在于继承，文化的繁荣在于发展。继承的过程本身就包含着发展，而发展的进程本身就体现了传承，这是一种内在的辩证统一关系。文化的活力只能在发展中得以彰显和延续，发展需要吸收和借鉴，任何封闭或故步自封的文化必然处于停滞状态，而相对于变化发展的世界，停滞也就意味着失去了活力。在多样文化的背景下，主流意识形态与多样文化处于共存共融的交织环境之中。一方面，多样文化有利于主流意识形态充分地汲取丰富的营养，为自身的发展增强持久的动力；另一方面，文化多样性全球化发展的今天，资本主义文化在全球范围内处于强势地位，不可避免地给我国主流意识形态建设带来巨大的压力和挑战。因此，在多样文化背景中要巩固主流意识形态的地位，必须坚持继承与发展的辩证统一，不断提升自身的科学性和价值性。

三、正确对待"异"与"同"，坚持尊重差异与包容多样的统一

当今世界是一个文化纷呈的世界，各种文化之间充满着差异和矛盾。"尊重差异、包容多样"作为一种新的文明观，在文化多样的背景下，各种思想文化既为我国主流意识形态建设提供精神动力，同时也是主流意识形态建设的重要内容。只有树立尊重差异、包容多样的原则，才能增强意

识形态认同，增强我国主流意识形态的吸引力、凝聚力。尊重差异、包容多样的原则是正视中国思想意识领域现实的需要。当今，世界多极化、经济全球化在持续深入发展，全球思想文化之间的交流、交融、交锋呈现出许多新特点、新情况。在中国这样一个统一的多民族、多样文化的国家，国内改革开放和市场经济也在不断地深入推进，社会经济结构、分配方式、组织形式、利益格局、就业方式等方面都发生了深刻的变化，多样化的社会结构，必然折射到思想文化领域，滋生了多种思想文化共存共融的文化场景，既有市场经济的价值观念，也有五千年深厚的中国传统文化心理的历史积淀，还有现代社会生活中异军突起的大众文化。而且随着互联网信息、数字移动通信等技术的高速发展，文化在全球范围内广泛传播，就必然裹挟着西方的各种社会思潮。这些多样的思想文化存在于不同社会群体、不同社会阶层中，呈现出本土和外来、传统和现代、进步与保守、先进与落后、健康与低俗等良莠不齐的复杂特征。文化多样的背后，是各种思想意识的交流与碰撞。"文化成了一个舞台，各种政治的、意识形态的力量都在这个舞台上较量。文化不但是一个文雅平静的领地，它甚至可以成为一个战场，各种力量在上面亮相，互相角逐。"① 只有承认、尊重、包容多样性与差异性的客观存在，在尊重差异中扩大社会认同，在包容多样中增进思想共识，才能减少思想冲突，增强民众对主流意识形态的认同，任何强制、压迫的手段，都是苍白的，是荒谬的。

尊重差异、包容多样的原则有着深厚的文化渊源。中华文化是人类文明遗产中的重要组成部分，是世界文化的瑰宝。从古至今，中华民族都把向往和平、崇尚和美当作追求的一种精神境界。儒家提出"礼之用，和为贵，先王之道斯为美""己所不欲，勿施于人""天时不如地利，地利不如人和""老

---

① 萨义德. 文化与帝国主义 [M]. 李琨，译. 北京：生活·读书·新知三联书店，2003（4）.

吾老以及人之老，幼吾幼以及人之幼"等；道家说"知和曰常，知常曰明"，即知道了"和"，才能"常"，"和"能使事情办成；墨家提倡"非攻""兼爱"，即反对一切非正义的战争，兼相爱，交相利，爱人，爱百姓而达到互爱互助，而不是互怨互损；佛家的"空灵"思想强调心境的清静平淡和身心的轻松和谐。古人还将"和谐"一词用于音律之学，喜好"和五音得美乐，和六律得美音"之佳境、"音律和谐、不相凌越""昔之作乐，以五声播于八音，调和谐合而与治道通"[①]，古人能从音律和谐中又感悟到治世之道。中华民族自古以来崇尚"和"的状态，如在人与人的关系上提倡"和谐相处"；在国与国的关系上提倡"和谐万邦"等，这种"和"展示了中国传统价值观中人与人、人与环境的和谐共生。与此同时，中华文化亦强调统一之中的差异、和谐之中的多样。这些思想对于我们当代主流意识形态建设具有启发意义，在多样文化的背景下，主流意识形态应该与世界不同的文化和谐相处，进行交流与对话，坚持尊重差异、包容多样的原则，尊重文化身份、文化个性，在共处、借鉴、交流中获得自身的发展。

尊重差异、包容多样，倡导世界不同文明、不同文化之间自由、广泛、深度地进行交流和传播，重构多样共生的文化生态，既弘扬民族个性，又博采世界众长，促进民族文化的创新，推动建设和谐世界文化。尊重差异、包容多样的原则，是文化多样背景下处理不同文明与文化的基本态度，倡导开放包容的精神，包容文化的多样性，尊重文化差异，尊重文明、宗教、价值观的多样性，加强不同文明的对话和交流，相互借鉴，取长补短；在尊重彼此差异性的前提下发展共识。尊重差异、包容多样的原则，是当代我国主流意识形态建设的一项基本原则，也是一个关系到方法论的实践课题。首先，坚持马克思主义的指导地位是尊重差异、包容多样的前提和基

---

① 乐志二，郝时远. 在差异中求和谐、求统一的思考 [J]. 国际经济评论，2005（11）.

础。否定或反对马克思主义的指导地位，就会使社会主义事业丧失理论基础和思想灵魂而迷失方向。这必然使我国主流意识形态建设误入歧途。其次，被尊重、被包容的对象应该是健康的、有益的。尊重什么，反对什么，包容什么，抵制什么，必须明确。我们要尊重和包容的是健康的、有益的思想文化，对于落后的、腐朽的文化思潮我们要坚决抵制和批判。最后，尊重差异、包容多样目的是扩大认同和共识。在意识形态领域实行尊重差异、包容多样，就是要让多样化社会思潮能够"百花齐放，百家争鸣"。缤纷多彩的思想文化存在，一定有它合理的成分。马克思主义需要承认健康、有益的东西，给它们一定的生存空间，如果采取打压、排斥的方法，必然导致思想文化领域的百花凋零，进而削弱马克思主义在意识形态领域的指导地位。

四、理性对待"破"与"立"，坚持批判性与建设性的统一

在多样文化的背景下，我国主流意识形态必须坚持理性批判与建设相融合的原则，统一于意识形态建设的实践进程中。主流意识形态的批判性，是辩证思维方法的基本内容，是指通过理论与实践的自觉反思与现实检验，开辟理论范式新境界。主流意识形态在面对"相信什么""倡导什么""走什么道路"等问题时，须做出解释、分析、评价、推论、说明等一系列思考技能和策略，同时，主流意识形态本身应包含着平等、开放、追求真理等精神气质。主流意识形态体现当代主流意识形态的价值追求和精神状态，是现代人类社会生活中不可或缺的原则。主流意识形态批判的对象主要是各种异质的、落后的、腐朽的文化和社会思潮，通过对其进行批判，坚持正确的主张，扬弃错误的决定，使意识形态的建设更趋于合理性、正当性，

更有助于达成共识，增强人们对主流意识形态的认同。在理性思考的过程中，人与人之间相互交流和理解，求同存异，在沟通的基础上达成共识，支持先进的、健康的思想文化，捍卫主流意识形态的主导地位。尤其是在文化多样的背景下，批判性有益于增强全社会的创造活力。人的最高本质在于创造，唯有创造社会才有活力。批判性是增强社会的创造性活力所必不可少的。批判的核心，在于独立思考、辩证地看问题，在于创造。人们在形成自己的见解、做出自己的结论以前，需要多问几个为什么，而不要人云亦云，这正是一切创新活动的基本前提。

主流意识形态建设的批判性原则是一种理性的、建设性的批判，即不是以批判本身为目的，不是为批判而批判，而是指通过质疑、批判、评价、推论、分析等这样一系列理性思维活动，客观地、实事求是地否定落后的、不合规律的、阻碍发展的旧事物，肯定先进的、合规律的、促进发展的新事物，是肯定和否定的辩证统一。其目的在于明辨是非善恶、抵制错误、捍卫真理。在多样文化的背景下建设的我国主流意识形态，必须以这种理性批判为原则，以建设为目的，以开阔的视野和胸怀，借鉴和吸收世界各国各民族的优秀文化成果，用以丰富、发展、建设我国以马克思主义为指导的主流意识形态。正如毛泽东指出，"外国文化也一样，其中有我们必须接受的、进步的好东西，而另一方面，也有我们必须摒弃的腐败的东西……我们的态度是批判地接受我们自己的历史遗产和外国的思想。我们既反对盲目接受任何思想也反对盲目抵制任何思想。我们中国人必须用我们自己的头脑进行思考，并决定什么东西能在我们自己的土壤里生长起来"[①]。邓小平认为，"属于文化领域的东西，一定要用马克思主义对它们的思想内容和表现方法进行分析、鉴别和批判"[②]。江泽民指出，"意

① 毛泽东文集：第 3 卷 [M]. 北京：人民出版社，1996：192.
② 邓小平文选：第 3 卷 [M]. 北京：人民出版社，1993：44.

识形态领域是和平演变与反和平演变的重要领域。资产阶级自由化同四项基本原则的对立与斗争，实质是要不要坚持共产党的领导、坚持社会主义道路的政治斗争，但这种政治斗争大量地、经常地表现为意识形态领域的思想斗争。思想宣传阵地，社会主义思想不去占领，资本主义思想就会去占领。"① 胡锦涛在党的十七大报告中指出，"积极探索用社会主义核心价值体系引领社会思潮的有效途径，主动做好意识形态工作，既尊重差异、包容多样，又有力抵制各种错误和腐朽思想的影响"②。习近平总书记强调，"要坚持建设性和批判性相统一，传导主流意识形态，直面各种错误观点和思潮"③。

在意识形态国际格局中，我国主流意识形态须以海纳百川的胸怀，吸收各种各样意识形态的合理成分，发挥其建设性功能，从容应对各种意识形态之间激烈的较量，提升与西方意识形态相抗衡的能力。在理性批判的同时，主流意识形态应坚持建设性的原则，坚持批判性与建设性相结合。主流意识形态不是封闭性的，而是开放性的、有活力的理论体系。因此，立足于自身的不断完善和发展，通过自身建设增强主流意识形态的吸引力和凝聚力，是当前主流意识形态建设的应有之义。当前我国正处在经济社会发展的转型时期，经济、政治、社会、思想文化各个领域与层面都发生了巨大的变化，全球范围内不同意识形态之间存在着激烈的碰撞与较量，尤其需要科学理论和先进思想文化的引领。主流意识形态建设坚持批判性与建设性相结合的原则，批判陈旧的、腐朽的、不合时宜的思想文化，建设富有生机的、有活力的新的思想文化，从而引导形形色色的思想潮流、

---

① 江泽民文选：第 3 卷 [M]. 北京：人民出版社，2006：160.
② 胡锦涛. 高举中国特色社会主义伟大旗帜 为夺取全面建设小康社会新胜利而奋斗——在中国共产党第十七次全国代表大会上的报告 [J]. 求是，2007（21）.
③ 习近平. 用新时代中国特色社会主义思想铸魂育人，贯彻党的教育方针落实立德树人根本任务 [N]. 人民日报，2019-3-19.

建设社会主义核心价值体系。

五、正确对待"普遍"与"特殊"，坚持世界性与民族性的统一

当代中国正在发生广泛而深刻的变革，面对当今中国在深化改革和社会转型中的深层次矛盾，有人认为中国特色的社会主义根本不是社会主义，而是"中国特色的资本主义"；也有人提出中国的社会主义向何处去？这丝毫不亚于当年抗战时期的"红旗到底能打多久"的疑问；还有人提倡以"儒教立国"等诸如此类，都未能准确把握中国特色社会主义的历史方位，实质是试图取消马克思主义在中国意识形态领域的指导地位。因此，在当今多样文化的背景下，坚持世界性与民族性的双重原则，对于确立以马克思主义为指导的主流意识形态具有十分重要的意义。

我国主流意识形态的世界性，亦即普适性，在于不同国家、民族的生存与发展一定存在某些共有的规律性的东西。在多样文化背景下，不同文化之间的交流、沟通和碰撞日益频繁，形成了文化互动、价值互补的态势。当代中国的主流意识形态亦越来越得到人们的认可，国际社会开始重新审视中国文化的价值。主流意识形态具有普适性，在于它的科学性，坚持以马克思主义为指导，就是遵循了主流意识形态建设的世界性。与此同时，马克思主义唯物史观认为，社会存在决定社会意识，社会意识是社会存在的反映。马克思主义反对超越历史的普适性，主流意识形态的世界性必须和实际结合，具有民族性，达到具体的和历史的统一。文化多样、经济全球化的大潮并没有冲垮民族的疆界，主流意识形态是民族历史存在的现实反映。因此，我国主流意识形态应是世界性和民族性的有机统一，主流意识形态的世界性体现了人类社会普遍的属性，

主流意识形态的民族性体现了中国意识形态的个性和独特性。

在中国特色社会主义建设的实践中，要想取得胜利和成功必须坚持社会主义意识形态普遍性和民族性的统一。主流意识形态的世界性与民族性是统一于中国主流意识形态的现实存在，主流意识形态的世界性存在于民族性之中，主流意识形态的民族性也应吸收世界性精华以丰富自己。主流意识形态作为一个以民族性为依托的有机体，一方面，自身内部各因素之间应具有协调性、整合性和排他性；另一方面，还应吸纳一些有益的外来因素融入这个机体，经过吸收、排斥、改造的一系列过程，来维持自己的生存与发展。中华民族能够历经数千年久而不衰，是因为其具有博大的胸怀，善于吸收人类社会的一切文明成果，始终能够吐故纳新，与时俱进。马克思主义作为无产阶级的意识形态，是在汲取全人类文明精华的基础上逐渐发展起来的，从这个意义上说，它是属于全人类的共同财富，具有世界性。马克思主义与中国国情相结合后，成为中华民族的理论支柱。任何一种异质思想要想被一个民族接纳，都必须和这个民族建立思想交流共存的舞台。在这个舞台上，既要保留民族文化和民族精神的实践特点，允许民族特色自我生存发扬光大，又要保留异质思想的独立性和完整性，允许异质思想站住脚跟，使先进的思想嫁接在传统文化上，实现民族性和世界性的统一。

在经济全球化浪潮的推动下，在多样文化的背景下，加强社会主义核心价值体系建设，坚持促进社会和谐，大力推进马克思主义中国化、时代化、大众化，充分体现了我国主流意识形态建设坚持民族性和世界性的统一。坚持主流意识形态的世界性和民族性的统一，发展有民族特色的主流意识形态，是社会主义运动宝贵的经验。在文化多样的背景下，我们应坚决反对"普世文化论"与"相对文化论"两种思潮，前者在文化上是民族虚无主义的继续，后者在文化上是东方文化主义的发展，是复古主义的再现。当代我国的主流意识形态建设必须立足中国的实际情况，既要放眼世界，对外开放；又要自力更生、韬光养晦，展示民族性。实现两者的深度融合和良性互动。只有这样相得益彰，我国的主流意识形态建设才能走向世界广阔舞台，为人类文明进步做出更大的贡献。

第二节　当代中国主流意识形态建设的基本路径

在人类文化多样性的时代背景下，各种思想文化激烈碰撞和现实冲突要求我们必须坚持和巩固马克思主义在意识形态领域中的主导地位，不断发挥马克思主义理论自身的魅力和感召力，增强社会主义意识形态的吸引力和凝聚力。为此，我们要结合新形势、新任务、新矛盾探索主流意识形态建设的新方法、新策略，不断进行理论创新和实践探索，采用丰富多彩的手段，运用各种有效的载体，依托各种舆论平台，开创新时代中国主流意识形态建设的新局面，构建全体社会成员共有的精神支柱和文化归属。

一、坚持意识形态"文化化"的建设理路

在全球化时代，多样文化的交汇给主流意识形态建设带来挑战，与此同时又面临发展机遇。由于"任何社会体系都需要一种关于意义的文化体系——它要么使它合乎时宜，要么破坏它的稳定，使它更易于或更不易于产生变革，文化（及其意义和快乐）是社会实践的一种持续，因而它具有

内在的政治性，它主要涉及各种形式的社会权力的分配及可能的再分配"。[1]
正因为此，意识形态"文化化"便是当今时代主流意识形态建设的诉求，
亦是意识形态"文化化"的内在依据。在今天这个多样文化时代，意识形
态事关文化安全与国家民族的认同。因此，加强主流意识形态建设，实现
对主流价值观的认同就成为必然选择。具体地，对主流价值观的认同是一
个"求同"和"存异"同时迸发的过程，是一个硬币的两面。[2]其中，认同"是
行动者对认同对象于自身的意义和价值的诠释和建构过程，本质上是精神
的和文化的，所以，'社会认同'在一定程度上就是对特定社会类型的文
化机制的认同，故社会认同和文化认同具有本质上的一致性"。[3]在当代
中国，社会认同主要表现为对国家民族的认同。"几乎每一个民族国家都
高度重视意识形态建设的语境下，建构社会认同，实质上就表现为国家层
面的意识形态如何为理性和反思能力日益提高的民众接受并内化。"[4]因此，
意识形态"文化化"必须契合时代和受众的特点，通过制度文化的构建、
环境的塑造和文化产品的消费加以强化。

　　首先，意识形态要契合文化媒介的特质加以传播，而当今文化传播的
典型特点就是视觉化与感性化。正如詹姆逊揭示的，"一是视像文化盛行，
二是空间优位。在当今，文化生产领域发生了深刻的变革，传统形式让位
于各种综合的媒体实验，电视的普及使整个人类生活视像化，形象取代语
言成为文化转型的典型标志"[5]。后现代的这两个特征是由现代技术作为
支撑的，"无论是形象转换还是空间优位，都与现代技术密切相关，在我
们这个时代，高科技和传媒真正承担着认识论的功能，我们看到，当今世

---

[1] 菲斯克.解读大众文化 [M].南京：南京大学出版社，2001：1-2.
[2] 李友梅.社会认同：一种结构视野的分析 [M].上海：上海人民出版社，2007：2-5.
[3] 李友梅.社会认同：一种结构视野的分析 [M].上海：上海人民出版社，2007：7-8.
[4] 林滨.当代意识形态的发展与"文化化"[J].教学与研究，2011（4）.
[5] 詹姆逊.文化转向 [M].北京：中国社会科学出版社，2000：6.

界正被高科技的狂欢所占据，后现代艺术家正充分利用新的技术手段来制作各种视像制品，并且随着电子媒介和机械复制的急剧增长，视像文化已不再限于艺术领域，而成为公共领域的基本存在形态"①。因此，当今时代文化传播的特点就是如何用视觉形象吸引人的眼球，中国主流意识形态的生产与传播要想被受众广泛接受就必须顺势而为，契合文化转型和受众的特点，自觉地将主流意识形态的价值体系用最通俗化的语言进行概括与表达，从而易于被广大民众所接受，增强民众对主流意识形态的认同。

其次，社会制度作为文化的刚性表达，是每个人生存的硬性环境，对生活于其中的人产生影响，内隐着主流价值观的表达，对国家民族的认同起着至关重要的支撑作用。因此，意识形态必须通过制度文化的构建加以强化。在这些制度中，社会福利制度往往成为政府传递的主导价值观的最佳通道。因为"福利系统属于社会资源再分配领域，直接影响着民众的日常生活和抗风险能力，因此对于社会认同的支撑作用是显而易见的"②。以此观照中国社会，"中国共产党及其建立的中华人民共和国之所以能够在很短时间内获得天下民众的普遍认同，原因是多方面的，其中的重要因素之一就是覆盖城市和农村的社会福利制度的建设，虽然这个制度并不完善，却是中国历史上第一个全民性的社会福利制度，大大提高了普通民众的生活质量和抗风险能力"③。中国主流意识形态建设的当务之急就是如何解决诸如医疗、教育、住房等民生问题，这既关乎民众对政府与执政党的认同，也关乎主流意识形态的接受与强化。

最后，文化产品作为文化的具象表达，在社会主义市场经济条件下形成文化市场，"文化市场经营的是文化产品，文化产品除了具有一般商品

① 詹姆逊.文化转向 [M].北京：中国社会科学出版社，2000：6.
② 李友梅.社会认同：一种结构视野的分析 [M].上海：上海人民出版社，2007：16.
③ 李友梅.社会认同：一种结构视野的分析 [M].上海：上海人民出版社，2007：18.

的属性如经济价值和使用价值外，还有其特殊性即它的意识形态性。一般商品如食物、衣饰、家具、化妆品、日常百货甚至包括住房，都是为了满足人们的实用物质需要，其作用仅仅在于保证人的正常生活，以及决定人的物质生存状态的优劣高下；而文化产品则不同，消费者购买或消费文化产品，不仅同样要付出经济代价，而且在观念上、精神上要受到文化产品的潜移默化，或积极或消极的影响"①。因此，建设主流意识形态，必须大力发展文化产业，促进社会主义文化的繁荣发展，使反映主流意识形态价值的文化产品充分涌流。不断满足人民群众的精神文化需求，通过对文化产品的消费增强主流意识形态的影响力和感召力，使主流意识形态被更多人接受和认同，进一步提高民族凝聚力和向心力，提升中华民族的文化软实力。

二、改进主流意识形态的宣传方式

历史地看，主流意识形态在宣传教育过程中取得了巨大成就，但也存在着理论与现实脱节以及形式主义等问题。现实地看，过去的主流意识形态宣传具有明显的计划经济时代的印记，其主要目的在于维护国家安全和社会稳定，在经济全球化的今天，社会主义市场经济取代计划经济成为我国的经济基础，相应的主流意识形态宣传亦需要与时俱进，改变一些不合时宜的做法，体现其对于发展的意义②。当前，我国的主流意识形态建设必须坚持以人为本，尊重人民群众的主体性，遵循意识形态宣传的内在规律。关注民生问题，站在人民群众的角度思考问题，正视现实问题，不回避现实矛盾，要高度重视人民群众关注的理论问题和现实问题。

---

① 方明光. 文化市场与营销 [M]. 上海：上海人民出版社，2003：11.
② 侯惠勤. 中国共产党在意识形态建设理论上的创新 [J]. 新视野，2010（2）.

　　主流意识形态的宣传必须从关系人民群众自身利益的现实问题入手，真正做到尊重人民群众，因为马克思主义本身就是来源于对民众利益的关注。当前社会生活发生了很大变化，主流意识形态的宣传亦必须因时而变，不仅要有传统的说教式的灌输方式，还要注重实践养成，让民众通过自己亲身的经验去体验主流意识形态。主流意识形态要在社会生活中真正发挥作用，必须融入人们的现实生活，让人们在实践中体悟主流意识形态的价值。"理论是灰色的，实践之树常青。"因此，主流意识形态宣传必须保持同人民群众的血肉联系，倾听人民群众的呼声，通过解决关乎人民群众切身利益的问题来传播主流价值，使主流意识形态深入民众的内心，增强民众对主流意识形态的认同感和归属感，从而增强主流意识形态的感染力和影响力。为此，还可通过以文化人，用反映主流意识形态的精神文化产品来教育民众。精神文化产品潜移默化地影响着人们的思想观念、价值判断、道德情操，对推进主流意识形态建设具有不可替代的独特作用。因此，在尊重精神文化产品的创作规律基础上，通过各种形式的文化产品来表现主流意识形态，实现主流意识形态的内容与文化形式的统一，用高质量的文化精品形象地向民众传达主流意识形态的价值。

　　与此同时，还要注意宣传的文风问题。优良的文风体现着马克思主义的理论品格，贯穿于马克思主义与中国实际相结合的整个过程之中。而改进文风，就要求我们善于运用群众所创造的通俗易懂的语言和话语方式。在向人民学习语言的问题上，毛泽东是我们的典范。他在延安时期所写的《反对党八股》一文中，曾辛辣地讽刺了"党八股"的八条"罪状"：空话连篇，言之无物；装腔作势，借以吓人；无的放矢，不看对象；语言无味，像个瘪三；甲乙丙丁，开中药铺；不负责任，到处害人；流毒全党，妨碍革命；传播出去，祸国殃民。他还认为，"人民的语言是很丰富的，生动活泼的，表现实际生活的。我们很多人没有学好语言，所以我们在写文章做演说时没有几句生动活泼切实有力的话，只有死板板的几条筋，像瘪三一样，瘦得难看，不像一个健康的人"。"如果一篇文章，颠来倒去，总是那几个名词，一套'学生腔'没有一点生动活泼的语言，这岂不是语言无味，面目可憎，像个瘪三吗？"所以，我们"要向人民群众学习语言"①。毛主席在写文章和演讲中，就大量地使用了群众的生动活泼的语言，并赋予它们马克思主义的内涵，起到了意想不到的效果。因此，在主流意识形态的宣传文风上，要善于运用人民喜闻乐见、通俗易懂、风趣幽默、大众化的语言贴近实际，融入百姓生活中去。

三、整合主流意识形态的舆论阵地

在中国社会转型期间，意识形态工作极其复杂和尖锐，面临着严峻的形势。面向大众的意识形态宣传教育，主要通过语言和符号来传播，从而必须借助舆论阵地来进行，舆论阵地在意识形态的传播中发挥着重要作用。因为"意识形态主要通过语言和符号，通过文化的形式来表达和传播，其中媒体的作用是最重要的。我们对于意识形态的关注，应该在语言、媒体、娱乐等领域，尤其是从传播的角度来考虑价值观的表达和交流"②。在所有的舆论宣传阵地中，学校是主流意识形态最系统化的宣传阵地，要把主流意识形态的基本内容和要求渗透到学校的教育教学之中，体现在学校的日常管理之中。社会共同体的交互活动对意识形态的宣传教育亦起着十分重要的作用，再就是大众传播媒体，包括书报杂志、广播、电视、电影等。大众传播媒体通过文字、声音、影像和符号等形式，将不同的时间、地点

---

① 毛泽东选集：第 3 卷 [M]. 北京：人民出版社，1991：837.
② 李希光，刘康，等. 妖魔化与媒体轰炸 [M]. 南京：江苏人民出版社，1999：41.

和事件组合在一起传播信息。"在今天这个信息时代，是制造、传播意识形态的最重要的、最有效的渠道"①。加强教育引导，在全社会广泛开展主流意识形态的宣传教育，用马克思主义及其中国化的理论教育人民，把主流意识形态转化为社会群体意识。

进一步优化整合主流意识形态的媒介环境，家庭、学校、公共场所、社会共同体，包括大众传播媒介，它们本身深受经济、政治和文化环境的影响，但也对这些环境具有能动的反作用。其中，家庭、学校、公共场所和社会共同体等传统媒介在意识形态的传播中向来都具有重要作用。家庭是意识形态非正式的，也是最早的传播场所，学校则是主流意识形态宣传教育的正式机构，公共场所是意识形态的集散地，社会共同体则是意识形态定型化的空间。与之相对，大众传播媒介是随着科学技术的发展而发展起来的传播媒介，具有传播信息、提供娱乐和引导舆论的功能，并且随着科学技术日新月异的飞速发展，在当今世界已成为主流意识形态宣传教育最重要的渠道，对人们的生活产生越来越大的影响。当前，我们采用的大众传播媒介的管理体制还很不完善，对报纸、书籍、杂志、广播和电影、电视管理较为僵化，但对互联网、自媒体等新兴传媒却缺乏有效管理，对主流意识形态造成了严重冲击。因此，必须进一步改革和完善大众传播媒介的管理体制，多出高质量的主旋律作品，从而为主流意识形态的建设创造良好的媒介环境。

当前，大众传播媒体已成为现代社会影响国家生活、社会舆论和群众情绪的重要因素，成为主流意识形态宣传教育最重要的渠道，发挥着越来越重要的影响。江泽民指出，"思想宣传阵地，社会主义思想不去占领，资本主义思想就必然会去占领"②。特别是在西方意识形态加强对我国的

① 李希光，刘康，等. 妖魔化与媒体轰炸 [M]. 南京：江苏人民出版社，1999：184.
② 江泽民. 在庆祝中国共产党成立七十周年大会上的讲话 [N]. 人民日报，1991-7-2.

意识形态渗透下，必须高举中国特色社会主义伟大旗帜，明确马克思主义的指导方向，坚守主流舆论阵地，加强对思想文化领域的引导，增强主流舆论的说服力和影响力，做好宣传阵地建设。加强制度化管理，整合舆论阵地，提高政治识别能力和把握导向的能力，增强意识形态工作责任感，推进面向群众的精神文明建设和思想道德建设。加强文化市场监管工作，拓展主流意识形态的传播渠道，推进优秀精神文化产品创作生产，创作一大批体现社会主义核心价值观的优秀文艺作品。构建积极健康的基层公共文化服务和群众文化活动，寓教于艺，落实和体现社会主义意识形态，广泛开展群众性精神文明创建活动和思想道德建设。加强制度建设，把主流意识形态渗透到制度设计和社会管理之中，加强意识形态工作队伍建设，为加强和改进意识形态领域管理工作提供组织保障。

坚持正确的舆论导向，把主流意识形态贯穿到各级各类媒体传播之中。充分认识媒体在意识形态建设中的重要作用，整合舆论阵地，营造正面舆论强势，大力发展文化产业，把党的主张和人民心声统一起来，不断提高主流意识形态宣传教育的水平和效果。引导各级各类媒体认清肩负的责任，把主流意识形态的要求贯穿到日常宣传报道之中，使主流意识形态的宣传渗透到社会的各个领域。透过媒体把抽象的理论和价值观融化在具体的学习、工作和生活环境中，使人们在耳濡目染中自然而然地接受主流意识形态的理念，让主流意识形态为更多的人所了解，共同唱响主流意识形态的主旋律。在满足人民群众日益增长的精神文化需求的同时，努力促进人的全面发展，提高主流意识形态的影响力和中华文化的软实力，占领世界文化市场，推动中华文化走向世界，从而提高国际影响力，为我国社会主义和谐社会的建设营造良好的国际国内环境。

四、拓展主流意识形态传播的途径与影响

要加强主流意识形态传播的有效性，扩大其传播影响，必须从传播者、传播内容、传播途径、传播对象、传播方法、传播环境等方面加以研究。

第一，发挥思想政治教育中意识形态渗透功能，加强舆论宣传工作中意识形态导向功能。思想政治教育工作是一切工作的生命线，是传播主流意识形态的重要载体之一，其作用的发挥直接制约着意识形态建设的成效。学校是主流意识形态传播的首要阵地，是主流意识形态传播的专门机构，是学生主流意识形态价值情感、价值态度和价值观念系统化形成的强有力的社会化途径。在学校，思想政治课程成为传播主流意识形态的主要渠道，其他课程也肩负着维护主流意识形态的重要责任。一方面，通过学校正规的系统化学习，学生可以获得初步的主流意识形态的规范知识，并逐步内化为自身的政治态度、政治情感和价值观，然后通过行为模式表现出来；另一方面，通过参加学校组织的实践活动，如参观革命场所、访问时代英雄、参加各种相关竞赛等，让学生能增强政治认同感，并能通过行动践行主流意识形态价值观。主流意识形态建设应充分发挥思想政治教育的独特作用，以"润物细无声"的方式，增强主流意识形态的影响力和凝聚力。在经济社会剧烈转型的情况下，充分发挥主流意识形态社会导向的功能，推动在全社会形成积极向上的主流舆论。在思想文化日趋多样，舆论环境复杂多变的今天，正确引导社会舆论，改进舆论宣传方式，时刻关注民生，从解决群众最直接的利益诉求着手，加强主流媒体建设，创新舆论引导格局。树立传播者的良好形象，加强自身建设，增强党和政府的魅力。坚定社会主义的理想信念，把握主流意识形态的传播方向，提高主流意识形态

传播的有效性。

第二，拓展传播途径，构建全方位传播体系。家庭、社区和政党活动是主流意识形态传播的重要渠道。家庭是一个人最初的、影响最为直接的政治社会化媒介。在家庭生活中，长辈经常会把他们对世界和社会的看法，对政治事件的评价，对国家及党派的理解，有意或无意地传输给下一辈。那么，家庭成员在交流中所体现的政治态度、情感和价值观就会直接或间接地相互传播。在这里，长辈对晚辈明显地起着一种引导和政治启蒙的作用。社区是人们生活和居住的街道、乡（镇）的地区。一方面，我们要充分利用社区的宣传栏、社区网络沟通平台，通过举办一些社区活动来传播主流意识形态。另一方面，我们要充分开发和利用社区的教育资源，如人力资源：社区大批离退休老干部和劳模、英模、优秀企业家、科技工作者、优秀教师等。实践资源：开展革命传统教育以及社会主义建设成就的教育基地。因此，在社区文化和科技的熏陶中，在社区教育和综合治理的感受中，各方配合，紧密协作，使之形成教育的整体合力，从而加强社会意识形态教育的渗透。政党与政治活动也是主流意识形态传播的重要渠道。在政党与政治活动中，体现着主流意识形态政治、经济、价值观念等各方面的内容。因此，应充分利用人民代表大会、党代会和政协会议等政治活动的机会，扩大宣传，加强民主，程序公正，真正体现主流意识形态理论与实践的魅力。

第三，优化传播环境，探索意识形态传播路径的全新表达方式。在当今的网络信息化时代，必须加强对大众传媒尤其是网络的管理，优化主流意识形态的传播环境。信息化极大地改变了信息传播的结构和机制，使得人们在获取信息的同时，亦可传播信息，淡化了传播者与受众的界限，信息的交流沟通方式发生了革命性的变化。因此，必须采取相应对策，趋利避害，为主流意识形态的有效传播提供空间和载体，增强信息化条件下主流意识形态的引导作用。进一步加强对马克思主义及其中国化的研究，丰富马克思主义的相关理论资源，巩固网络时代主流意识形态的阵地。充分展示马克思主义的精神实质，对各种社会思潮予以正面回应并加以科学评析。坚持党管媒体的原则，坚持党对媒体的全方位、全过程领导，防止有害信息在网络的传播，坚守主流价值，引导舆论发展方向。建立健全网络管理的长效机制，完善网上新闻信息发布渠道，及时准确地用客观公正、生动翔实的报道引导舆论。健全网络信息传播体制和手段，完善社会主义意识形态的导向和控制功能。完善网络信息传播手段，创新意识形态传播理念和内容，增强信息网络化条件下主流意识形态建设的针对性与有效性，及时掌握网民的思想动态、心理变化与利益诉求，努力实现意识形态传播由单一封闭型向双向开放型转变。

第四，重视受众心理与需求，建立和谐互动的传授关系。任何传播都包含着传播者和受众的互动，在主流意识形态的传播过程中，对受众的研究不足，因而主流意识形态传播容易出现单向式传播、强制性传播、传播手段过于单一等情形，影响了传播效果。要扩展主流意识形态的传播影响，必须重视受众心理特征，了解受众的心理需求，建立和谐互动的传授关系。在大众传播领域里，主流意识形态要想获得比较满意的传播效果，只能增强对受众的服务功能，努力改进传播的内容和方式，认真对待受众的反馈，及时调整和改进主流意识形态的传播工作。与此同时，还必须重视受众的利益需求。"意识形态的传播则不一定在于它的正确和对它的理解，而是在于通过满足利益诉求、提供精神寄托、产生价值共鸣、形成情感认同等满足人的（精神）需要而得到传播。"[1]人的思想的获得不是外部的强制，而是内部的需要。社会个体总是在寻找实现自

---

[1] 朱兆忠. 意识形态的传播和接受问题研究——兼论中国马克思主义的传播与接受[J]. 上海行政学院学报，2007（4）.

我的道路和形式，而意识形态总是以提供满足人的某一方面需要的内容而形成自身的吸引力，一旦这两方面相互适配，就形成了意识形态的传播与接受。另外，主流意识形态的有效传播，还必须建立和谐互动的传授关系，传授关系是传播者和受众互动的产物，和谐的传授关系是一种良好心理状态，它能够宽容、理解并接受差别，借以扩大传播的积极影响，增强主流意识形态的传播效果。

五、优化主流意识形态的社会生态环境

在社会主义和谐社会的建设过程中，加强主流意识形态的建设一方面要从内部挖掘潜力，培养队伍，完善理论内容和主导方式，整合舆论阵地；另一方面，也必须从外部优化主流意识形态建设的社会生态环境。"人创造环境，同时环境也创造人。"[①] 在一定意义上甚至可以说，"人是环境的产物"。环境是人类存在和发展的前提条件，人类繁衍生息的活动与环境发生着密切关系，人改变环境，环境也改变着人，人们的社会心理和思想行为也与环境密切相关。因此，良好的主流意识形态建设环境，本身就是主流意识形态最好的宣传载体，能够潜移默化地影响人、感染人和熏陶人，使人在不知不觉中认同主流意识形态。因为意识形态只是以"想象的现实"来唤起人们"现实的想象"，而环境却能够给人们以真实的现实感受，当主流意识形态宣传的理念契合于人们现实世界的经验感悟时，就很自然地获得人们的认同；反之，当环境给人们的现实感受与主流意识形态宣传的理念不相符时，人们则会怀疑和否定主流意识形态。

第一，优化主流意识形态建设的经济环境。经济环境包括经济制度、

---

① 马克思恩格斯选集：第 1 卷 [M]. 北京：人民出版社，1995：92.

经济体制和经济生活条件。我国原有的经济制度和经济体制是在苏联模式的基础上建立起来的，存在着很大弊端。我国的改革首先从经济制度和经济体制的改革开始，建立了以社会主义公有制为主体、多种所有制经济共同发展的基本经济制度和社会主义市场经济体制；建立了按劳分配为主体、多种分配方式并存的制度，允许和鼓励一部分人一部分地区先富起来；实行了对外开放，积极参与国际经济竞争与合作，从而保持了国民经济的持续快速发展，迅速提高了综合国力和人民生活水平，并且也给主流意识形态建设带来了新的生机。必须进一步完善社会主义市场经济体制，为社会主义和谐社会建设提供坚实的物质基础，并为主流意识形态建设提供良好的经济环境。

第二，优化主流意识形态的政治环境。政治环境包括政治制度、政治体制和现实政治状况。在经济体制改革的同时，我们进行了政治体制改革，社会主义政治制度不断完善，社会主义民主和法制建设取得很大进展，有力地促进了主流意识形态地位的巩固。在现实生活中，我国还存在着一些违背民主法制的现象，以及人民民主权利不平等和司法不公正现象等，破坏了主流意识形态建设的政治环境。因此，在完善社会主义市场经济体制的同时，进一步完善中国特色社会主义民主政治，使全体民众平等享受当家做主的政治权利，有序地参政议政、参与管理国家和社会事务，为主流意识形态建设提供良好的政治环境。

第三，优化主流意识形态的文化环境。文化有广义和狭义之分，广义的文化即人化，指人的活动方式及其结果，是人类社会在发展过程中所创造的物质财富和精神财富的总和。狭义的文化是包括人们的知识、信仰、风俗习惯、行为规范以及各种意识形态在内的复合体。人创造文化，文化又塑造人，文化可以在潜移默化中影响和改变人们的价值取向、思维习惯和行为方式，在建构民族心理、塑造民族性格、形成民族传统等方面具有重要作用，对意识形态建设也具有重要影响。这里的文化是从狭义上讲的，文化环境包括文化体制、文化政策等"软环境"和文化设施建设等"硬环境"。改革开放以来，我们坚持用邓小平理论和"三个代表"重要思想武装全党和教育人民，坚持为人民服务、为社会主义服务的方向和"百花齐放、百家争鸣"的方针，批判继承优秀历史文化传统，汲取外国有益文化成果，建立起面向现代化、面向世界、面向未来的民族的科学的大众的社会主义文化，不仅提高了全民族的思想道德素质和科学文化水平，为人民提供了丰富的精神文化产品，而且促进了主流意识形态的建设。但是，我们的文化体制还有待创新，我们的劳动力素质和科技创新能力还不高，有些文化产业片面追求经济效益，无法满足人民多层次的精神文化需求。因此，我们需要继续推动文化体制改革，提升我国的文化软实力，为主流意识形态建设提供良好的文化环境。

第四，优化主流意识形态的社会心理环境。社会心理环境是人们的情感、意志、欲望、信念、信仰等各种心理状态，是人们对现实社会的各种心理反应，与意识形态分属社会的感性层面和理性层面，二者相互作用、相互影响。一方面，社会心理是意识形态发生作用的心理基础。马克思认为，人"是一个有激情的存在物。激情、热情是人强烈追求自己的对象的本质力量"[1]。社会心理影响人们对某种意识形态的认同和排斥，在某种程度上甚至可以影响到一种意识形态的存在和消亡。"一套成功的意识形态，首先必须经过心理说服过程，使群众认同其理念，这是意识形态确立的首要步骤——符号化（symbolization）。"[2] 如果某种意识形态能转化为社会心理，必然能够产生广泛的、持久的影响。另一方面，意识形态特

---

① 马克思恩格斯全集：第 42 卷 [M]. 北京：人民出版社，1979：169.
② 李英明. 哈贝马斯 [M]. 南京：东大图书股份有限公司，1986：79.

别是主流意识形态对社会心理也具有很强的影响力，可以维持、改变、激发和制约社会心理。当然，二者的关系是以社会存在为基础的。意识形态作为理性的因素，社会心理作为感性的因素，共同作用于人的实践活动，对社会存在产生反作用。为此，必须高度重视社会心理领域的问题，在实现社会和谐的基础上，加强主流意识形态对社会心理的引导和改造，实现心理转化，为主流意识形态建设营造良好的社会心理环境。

结束语

      当代中国正在发生广泛而深刻的变革，文化领域的变化亦是如此。从国际形势来看，世界范围内各种思想文化交流、交融、交锋日益频繁。随着国际交往日益紧密，各种思想文化在更大范围、更深层次相互激荡、彼此碰撞。从国内形势来看，社会思想多样、多变特征更加明显。经济体制、社会结构、利益格局的深刻调整，带来了思想文化、社会意识格局的深刻变化，人们思想活动的独立性、选择性、多变性、差异性明显增强。一方面，社会意识的多样化是社会开放和文明进步的产物，是人们思想活跃、个性张扬和创造力释放的标志，彰显了现代人精神世界的丰富性与精神需求的差异性，文化多样的态势既有利于民主政治的发展和民主意识的培育，也有利于个人价值的实现和人的全面发展，为主流意识形态的自我更新、完善发展、保持生命力提供了丰富的思想素材和理论资源，为社会发展进步注入了活力；另一方面，多样文化也使我国主流意识形态建设面临着前所未有的压力和挑战。这种挑战突出表现为，社会意识的多样化会冲击甚至动摇马克思主义在意识形态领域的主导地位。因此，在当代中国的文化生态中，在多样文化相互冲突中，如何正确处理指导思想与多样文化之间的关系，高扬主流意识形态，发挥其社会整合功能、凝聚功能、导向功能等，对社会中多样、开放的思想意识、思潮进行有效的引领，既尊重差异、又包容多样，最大限度达成思想共识、价值认同，成为当代主流意识形态建设的重大理论和现实问题。

在研究和思考过程中，我认为当今我国主流意识形态理论创新充满生机活力，成果显著，而这些理论创新成果服务于实践的动力不足，还不能卓有成效地转化为民众的日常文化认知，不能转化为当前社会的文化秩序与传统，尤其在社会道德与政治信仰方面还没有取得令人满意的实践效果。这就形成了意识形态建设悖论的现象。改革开放四十多年以来，以马克思主义为指导的主流意识形态以其科学性、实践性和与时俱进的品格，实现了理论成果的不断丰富发展，为中国的社会主义现代化建设，提供政治保障和精神支柱。

在当前的文化生态中，意识形态领域日渐显现着一些新变化和趋势：一是意识形态的感性化趋势。随着大众文化"润物细无声"地渗入人们的日常生活中，意识形态的感性化趋势日益鲜明。文化要素越来越成为意识形态的主要组成部分，意识形态的凝聚力和吸引力逐步由主要通过政治力量，向以文化为主要表现力的综合方式转变。作为意识形态内核的政治思想和政治纲领日益与文化结缘，更多地借助文化消费、心理认同、道德情感等独特风格和柔性魅力获得更加广泛而卓有成效的传播，逐步内化到人们的生活世界之中。二是意识形态的学术化趋势。当前意识形态作为政治标签的刚性特征正在逐渐被学术研究的理性话语所替代，意识形态日益渗透到学术研究之中，从学术发展的自身规律出发，按照国际通行的学术规范来约束自己，以弄清意识形态所关涉的学理问题为目的，借助学术思潮、学术话语等加以表达，通过学科建设和国民教育体系扎根，二者日益相得益彰。三是意识形态的日常生活化趋势。"一般而言，日常生活蕴藏的意识形态至少分为两方面：意识层面和无意识层面。前者体现为意识形态的宣传、体系的构造和思想的创新，后者体现为大众对政治意识、思想观念的接受、积淀，进而体现为一种无意识的心理。"① 各种意识形态以其特殊的文化理念和价值符号，以长期潜移默化的功能作用于人们的现实生活中。人们的日常生活中越来越多地体现着意识形态的价值追求。这些发展趋势要求我们在更加注重理论彻底性的同时，尤其要注重实践方式的创建。

主流意识形态建设需要与时俱进。在多样文化的兴起与博弈中，主流意识形态建设应以此为契机和动力，广纳百川、汲取诸家之精华，遵循主流意识形态自身发展的普遍规律，顺应时代前进的脉络，积极调整、发展与完善自身。只有这样，才能永远立于不败之地。当然，主流意识形态建设是一个内容极广、涵盖面极宽、问题错综复杂的研究整体，又是一项长期、艰辛的、综合性的工程。本书对一些问题的探索只是初步的，阶段性的，在这一领域，还有很多的研究需要进一步完善，进一步梳理。比如，一方面可从学术研究的角度出发进一步探究中国特色社会主义理论体系的逻辑性和思想深刻性的建设，积极探索主流意识形态研究的学术取向，针对现实问题，要以弄清学理为本分，因为这是其思想力量的重要支撑和增强说服力、凝聚力的重要途径；另一方面，我们还要通过通俗易懂、喜闻乐见的形式使主流意识形态扎根于人民大众之中，真正做到马克思主义中国化、时代化、大众化，解决好理论和大众的心理和思想上结合的问题。避免曾经出现过的僵化、教条化或"无根漂游"的现象等，通过这些研究，使主流意识形态具有更强大的理论力量和有效的现实解释力。总之，马克思主义没有过时，以马克思主义为指导的主流意识形态建设需要随着时代的发展而发展，开放多样和复杂的社会转型。这就要求我们在多变多样的现实实践中应具有与时俱进的自觉意

---

① 吴学琴. 日常生活的意识形态分析及其认同 [J]. 马克思主义研究，2009（3）.

识：第一，对马克思主义有关文本做全面、系统的研究，让我们尽可能"走近马克思"。第二，提倡以实际问题为中心的研究方法，"像马克思那样思考问题"。本人将继续积极主动关注我国主流意识形态建设的诸多问题，期望在这一领域有所收获、有所创新。

参考文献

一、经典著作

[1] 马克思恩格斯选集：第 1-4 卷 [M]. 北京：人民出版社，1995.

[2] 马克思恩格斯全集：第 1 卷 [M]. 北京：人民出版社，1995.

[3] 马克思恩格斯全集：第 2 卷 [M]. 北京：人民出版社，2005.

[4] 马克思恩格斯全集：第 3 卷 [M]. 北京：人民出版社，2002.

[5] 马克思恩格斯全集：第 48 卷 [M]. 北京：人民出版社，2007.

[6] 列宁选集：第 1-4 卷 [M]. 北京：人民出版社，1995.

[7] 列宁全集：第 4 卷 [M]. 北京：人民出版社，2007.

[8] 毛泽东选集：第 1-4 卷 [M]. 北京：人民出版社，1991.

[9] 毛泽东文集：第 2 卷 [M]. 北京：人民出版社，1993.

[10] 邓小平文选：第 1、2 卷 [M]. 北京：人民出版社，1994.

[11] 邓小平文选：第 3 卷 [M]. 北京：人民出版社，1993.

[12] 江泽民文选：第 1-3 卷 [M]. 北京：人民出版社，2006.

[13] 中共中央文献研究室. 三中全会以来重要文献选编（上、下）[C]. 北京：人民出版社，1982.

[14] 中共中央文献研究室. 建国以来重要文献选编（1-2）[C]. 北京：中央文献出版社，1992.

[15] 中共中央文献研究室. 十二大以来重要文献选编（上、中、下）[C]. 北京：

人民出版社，1986-1988.

[16] 中共中央文献研究室.十三大以来重要文献选编（上、中、下）[C].北京：人民出版社，1991-1993.

[17] 中共中央文献研究室.十四大以来重要文献选编（上、中、下）[C].北京：人民出版社，1996-1999.

[18] 中共中央文献研究室.十五大以来重要文献选编（上、中、下）[C].北京：人民出版社，2000-2003.

[19] 中共中央文献研究室.十六大以来重要文献选编（上、中、下）[C].北京：人民出版社，2005-2008.

[20] 中共中央文献研究室.十七大以来重要文献选编（上、中）[C].北京：人民出版社，2009-2011.

[21] 中共中央文献研究室.改革开放四十年重要文献选编（上、下）[C].北京：中央文献出版社，2008.

[22] 中共中央宣传部理论局.六个"为什么"——对几个重大问题的回答[M].北京：学习出版社，2009.

[23] 中共中央文献研究室.十八大以来重要文献选编（上、中、下）[C].北京：中央文献出版社，2014-2018.

[24] 中共中央宣传部.习近平新时代中国特色社会主义思想学习纲要[C].北京：学习出版社、人民出版社，2019.

二、国内学术著作

[1] 邵汉明.中国文化研究 30 年（中卷）[M].北京：人民出版社，2009.

[2] 常士阇.异中求和：当代西方多样文化主义政治思想研究 [M].北京：人民出版社，2009.

[3] 杨洪贵.澳大利亚多样文化主义研究 [M].成都：西南交通大学出版社，

2007.

　　[4] 陈云生. 超越时空：加拿大多样文化主义 [M]. 石家庄：河北人民出版社，2000.

　　[5] 张爱民. 美国多样文化主义起源研究 [M]. 沈阳：沈阳出版社， 2003.

　　[6] 王俊芳. 从盎格鲁认同到多样文化主义 [M]. 北京：中国言实出版社，2007.

　　[7] 罗成富，等. 文化多样化背景下高校马克思主义理论教育创新研究 [M]. 长春：吉林大学出版社，2012.

　　[8] 常士闇，等. 多样文化与国家建设 [M]. 天津：天津人民出版社，2012.

　　[9] 尹丕安. 多样文化范式导入 [M]. 西安：西北工业大学出版社，2011.

　　[10] 刘阿荣. 多样文化与公民社会 [M]. 台北：扬智文化事业股份有限公司，2009.

　　[11] 沈壮海. 思想政治教育的文化视野 [M]. 北京：人民出版社，2005.

　　[12] 张爱民. 美国多样文化主义起源研究 [M]. 沈阳：沈阳出版社，2003.

　　[13] 张海洋. 中国的多样文化与中国人的认同 [M]. 北京：民族出版社，2006.

　　[14] 石书臣，等. 主导论：多样文化背景下的高校德育主导性研究 [M]. 北京：人民出版社，2011.

　　[15] 林岳新. 多样文化背景下青少年价值观培养研究 [M]. 北京：中国社会科学出版社，2011.

　　[16] 沈壮海. 思想政治教育有效性研究 [M]. 武汉：武汉大学出版社，2008.

　　[17] 马德普，等. 普遍主义与多样文化：霸权主义与恐怖主义的文化根源及其关系研究 [M]. 北京：人民出版社，2010.

　　[18] 冯建军. 差异与共生：多样文化下学生生活方式与价值观教育 [M]. 成都：四川教育出版社，2010.

[19] 沈壮海 . 软文化·真实力——为什么要提高国家文化软实力 [M]. 北京：人民出版社，2008.

[20] 俞吾金 . 意识形态论 [M]. 上海：上海人民出版社，1993.

[21] 俞吾金 . 意识形态论（修订版）[M]. 北京：人民出版社，2009.

[22] 童世骏 . 意识形态新论 [M]. 上海：上海人民出版社，2006.

[23] 宋惠昌 . 当代意识形态研究 [M]. 北京：中共中央党校出版社，1993.

[24] 侯惠勤 . 马克思恩格斯列宁论意识形态 [M]. 北京：人民出版社，2009.

[25] 侯惠勤 . 马克思的意识形态批判与当代中国 [M]. 北京：中国社会科学出版社，2010.

[26] 杨海英 . 社会主义意识形态创新研究 [M]. 北京：中共中央党校出版社，2005.

[27] 聂立清 . 当代我国主流意识形态认同研究 [M]. 北京：人民出版社，2010.

[28] 张骥 . 中国文化安全与意识形态战略 [M]. 北京：人民出版社，2010.

[29] 叶启绩 . 当代中国经济与社会主义意识形态互动发展研究 [M]. 北京：人民出版社，2010.

[30] 石本惠 . 党的先进性建设与执政党的意识形态建构 [M]. 上海：上海人民出版社，2010.

[31] 张秀琴 . 马克思意识形态理论的当代阐释 [M]. 北京：中国社会科学出版社，2005.

[32] 张秀琴 . 西方马克思主义意识形态理论的当代阐释 [M]. 北京：中国传媒大学出版社，2005.

[33] 徐海波 . 中国社会转型与意识形态问题 [M]. 北京：中国社会科学出版社，2003.

[34] 郭文亮 . 加入 WTO 与中国社会主义意识形态发展研究 [M]. 广州：中

山大学出版社，2005.

[35] 朱育和. 当代中国意识形态情态录 [M]. 北京：清华大学出版社，1997.

[36] 周宏. 理解与批判：马克思意识形态理论的文本学研究 [M]. 上海：上海三联书店，2003.

[37] 张一兵. 问题式、症候阅读与意识形态 [M]. 北京：中央编译出版社，2003.

[38] 叶晓璐. 法兰克福学派的意识形态批判及其存在论视域 [M]. 上海：上海人民出版社，2009.

[39] 王晓升，等. 西方马克思主义意识形态理论 [M]. 北京：社会科学文献出版社，2009.

[40] 赵继伟. 马克思主义意识形态接受论 [M]. 武汉：武汉大学出版社，2009.

[41] 曹长盛，等. 苏联演变进程中的意识形态研究 [M]. 北京：人民出版社，2004.

[42] 戴焰军，李英田. 党的执政能力建设与意识形态工作 [M]. 北京：党建读物出版社，2005.

[43] 刘建飞. 美国与反共主义——论美国对社会主义国家的意识形态外交 [M]. 北京：中国社会科学出版社，2001.

[44] 周琪. 意识形态与美国外交 [M]. 上海：上海人民出版社，2006.

[45] 农华西，等. 意识形态与核心价值体系建设 [M]. 长沙：湖南人民出版社，2007.

[46] 许明，等. 当代中国的文化发展 [M]. 北京：中国大百科全书出版社，2008.

[47] 林国标. 中国社会主义意识形态发展史 [M]. 长沙：湖南人民出版社，2007.

[48] 杨生平.论马克思主义意识形态理论的形成与发展 [M].北京：首都师范大学出版社，1998.

[49] 王连法.当代中国意识形态研究 [M].济南：泰山出版社，2003.

[50] 张才国.新自由主义意识形态 [M].北京：中央编译出版社，2007.

[51] 董汉忠.新时期意识形态工作的理论和实践 [M].北京：红旗出版社，2007.

[52] 许明.新意识形态批评 [M].北京：首都师范大学出版社，2001.

[53] 林国标.中国社会主义意识形态发展史 [M].长沙：湖南人民出版社，2006.

[54] 戴焰军，李英田.党的执政能力建设与意识形态工作 [M].北京：党建读物出版社，2005.

[55] 孙洪敏.新世纪中国意识形态研究 [M].北京：当代中国出版社，2002.

[56] 单继刚.作为意识形态的进步话语 [M].沈阳：沈阳出版社，2004.

[57] 郭大方.熔铸中华民族之魂　中国社会意识形态研究 [M].北京：军事科学出版社，2004.

[58] 曹长盛，等.苏联演变进程中的意识形态研究 [M].北京：人民出版社，2004.

[59] 孟登迎.意识形态与主体建构：阿尔都塞意识形态理论 [M].北京：中国社会科学出版社，2002.

[60] 尹树广.国家批判理论 意识形态批判理论 工具论 结构主义和生活世界理论 [M].哈尔滨：黑龙江人民出版社，2002.

[61] 王睿欣.精神分析与法兰克福学派的意识形态批判 [M].北京：红旗出版社，2008.

[62] 孙士聪.影响与对话：西方马克思主义意识形态批评研究 [M].上海：上海人民出版社，2008.

[63] 张衍前.网络时代执政党意识形态建设研究 [M].北京：中共中央党校出版社，2008.

[64] 方珏.伊格尔顿意识形态理论探要 [M].重庆：重庆出版社，2008.

[65] 李忠军.意识形态安全与大学生政治价值观研究 [M].长春：东北师范大学出版社，2008.

[66] 袁铎.非意识形态化思潮研究 [M].北京：中国社会科学出版社，2008.

[67] 陈晓明，等.意识形态建设理论的新发展 [M].北京：社会科学文献出版社，2008.

[68] 张志祥.社会主义意识形态建设探析 [M].北京：中共中央党校出版社，2008.

[69] 胡爱玲.意识形态、领导权与知识分子：葛兰西实践哲学研究 [M].郑州：河南人民出版社，2009.

[70] 姜迎春.当代中国意识形态综论 [M].南京：江苏人民出版社，2009.

[71] 郭明飞.网络发展与我国意识形态安全 [M].北京：中国社会科学出版社，2009.

[72] 朱崇科.身体意识形态 [M].广州：中山大学出版社，2009.

[73] 郑永廷，等.宗教影响与社会主义意识形态主导研究 [M].广州：中山大学出版社，2009.

[74] 赵继伟.马克思主义意识形态接受论 [M].武汉：武汉大学出版社，2009.

[75] 徐海波.意识形态与大众文化 [M].北京：人民出版社，2009.

[76] 杨河.社会主义和谐社会与意识形态 [M].北京：北京大学出版社，2009.

[77] 韩振江.齐泽克意识形态理论研究 [M].北京：人民出版社，2009.

[78] 王晓升，等.西方马克思主义意识形态理论 [M].北京：社会科学文献

出版社，2009.

[79] 石本惠. 党的先进性建设与执政党的意识形态建构 [M]. 上海：上海人民出版社，2010.

[80] 晏辉. 现代性语境下的价值与价值观 [M]. 北京：北京师范大学出版社，2009.

[81] 叶启绩，等. 当代中国经济与社会主义意识形态互动发展研究 [M]. 北京：人民出版社，2010.

[82] 孟庆顺，等. 全球化时代世界意识形态流派述评 [M]. 北京：人民出版社，2010.

[83] 郭文亮，等. 当代国外社会主义意识形态发展导论 [M]. 北京：人民出版社，2010.

[84] 刘俊祥. 人本政治论 人的政治主体性的马克思主义研究 [M]. 北京：中国社会科学出版社，2006.

[85] 张志洲. 英国工党社会主义意识形态变迁研究 [M]. 北京：社会科学文献出版社，2011.

[86] 吴琦，等. 意识形态与国家安全 [M]. 武汉：华中师范大学出版社，2011.

[87] 李明. 后马克思主义意识形态理论研究 [M]. 北京：人民出版社，2011.

[88] 彭继红. 中国共产党意识形态工作研究 1949—2009[M]. 长沙：湖南大学出版社，2011.

[89] 刘世衡. 难以摆脱的幻象缠绕 齐泽克意识形态理论研究 [M]. 北京：知识产权出版社，2011.

[90] 刘建军. 文明与意识形态 [M]. 北京：中华书局，2011.

[91] 侯文莉. 儒学与意识形态 [M]. 成都：四川大学出版社，2011.

[92] 樊浩. 中国大众意识形态报告 [M]. 北京：中国社会科学出版社，2011.

[93] 陈锡喜 . 马克思主义意识形态和话语体系 [M]. 上海：华东师范大学出版社，2011.

[94] 郭大方 . 执政党政治整合的基石：中国共产党意识形态建设的研究与思考 [M]. 北京：军事科学出版社，2011.

[95] 吴向东 . 重构现代性　当代社会主义价值观研究 [M]. 北京：北京师范大学出版社，2006.

[96] 孔明安 . 赫尔墨斯国际前沿论文书系　精神分析视野下的意识形态 [M]. 开封：河南大学出版社，2012.

[97] 黄传新 . 社会主义意识形态的吸引力和凝聚力研究 [M]. 北京：学习出版社，2012.

[98] 莫雷 . 穿越意识形态的幻象：齐泽克意识形态理论研究 [M]. 北京：中国社会科学出版社，2012.

[99] 余一凡 . 从马克思到列宁 社会主义意识形态的确立 [M]. 北京：人民出版社，2012.

[100] 朱兆中 . 当代中国的价值追求 坚持马克思主义在意识形态领域指导地位的思考 [M]. 上海：上海人民出版社，2012.

[101] 赵勇 . 社会主义意识形态功能研究 [M]. 上海：上海人民出版社，2012.

[102] 刘少杰 . 当代中国意识形态变迁 [M]. 北京：中央编译出版社，2012.

[103] 孙民 . 政治哲学视域中的意识形态领导权　从葛兰西到拉克劳、墨菲 [M]. 北京：人民出版社，2012.

[104] 黄凯峰 . 时代之思·中国问题研究　变量共生、组合创新与意识形态多维视野下的中国特色社会主义文化 [M]. 上海：学林出版社，2012.

[105] 周民锋 . 当代中国意识形态观研究 [M]. 北京：人民出版社，2012.

[106] 徐大同，等 . 当代西方政治思潮 [M]. 天津：天津人民出版社，2001.

[107] 孙伯鍨、张一兵 . 走进马克思 [M]. 南京：江苏人民出版社，2001.

[108] 江流，等.苏联演变的历史思考 [M].北京：中国社会科学出版社，1994.

[109] 陆学艺.社会学 [M].北京：知识出版社，1996.

[110] 冯契.人的自由和真善美 [M].上海：华东师范大学出版社，1996.

[111] 陈筠泉，等.哲学与文化 [M].北京：中国社会科学出版社，1996.

[112] 邓安庆，等.文化建设论 [M].长沙：湖南人民出版社，1998.

[113] 俞可平.全球化——西方化还是中国化 [M].北京：社会科学文献出版社，2002.

[114] 孙晶.文化霸权理论研究 [M].北京：社会科学文献出版社，2004.

[115] 王浦劬.政治学基础 [M].北京：北京大学出版社，2005.

[116] 衣俊卿.现代化与文化阻滞力 [M].北京：人民出版社，2005.

[117] 衣俊卿.现代化与日常生活批判 [M].北京：人民出版社，2005.

[118] 衣俊卿.文化哲学——理论理性与实践理性交汇处的文化批判 [M].昆明：云南人民出版社，2001.

[119] 汤一介.儒学与 21 世纪 [M].北京：华夏出版社，1996.

[120] 梁漱溟.东西文化及其哲学 [M].北京：商务印书馆，2000.

[121] 俞可平.全球化——西方化还是中国化 [C].北京：社会科学文献出版社，2002

[122] 张耀灿，等.现代思想政治教育学 [M].北京：人民出版社，2001.

[123] 张耀灿，等.现代思想政治教育学科论 [J].武汉：湖北人民出版社，2003.

[124] 沈壮海.思想政治教育有效性研究 [M].武汉：武汉大学出版社，2001.

[125] 万光侠.思想政治教育的人学基础 [M].北京：人民出版社，2006.

[126] 项久雨.思想政治教育价值论 [M].北京：中国社会科学出版社，2003.

[127] 陈志尚.人的全面自由发展论 [M].北京：人民大学出版社，2004.

[128] 陈小鸿.论人的自由全面发展 [M].北京：人民出版社，2004.

[129] 李英华.儒道佛与中国传统文化教育 [M].武汉：武汉大学出版社，2006.

[130] 伍揆祁.思想政治教育人文关怀论 [M].北京：中国社会出版社，2007.

[131] 陶行知.陶行知全集（第 2 卷）[M].成都：四川教育出版社，2005.

[132] 徐行言.中西文化比较 [M].北京：北京大学出版社，2004.

[133] 龚书铎.中国近代文化概论 [M].北京：中华书局，1997.

[134] 徐行言.中西文化比较 [M].北京：北京大学出版社，2004.

[135] 沈壮海.思想政治教育的文化视野 [M].北京：人民出版社，2005.

[136] 翁世盛.中国经济特区社会主义意识形态建设 [M].福州：福建人民出版社，2000.

[137] 朱兆中.中国社会主义意识形态建设纵论 [M].上海：上海人民出版社，2003.

[138] 王永贵，等.经济全球化与社会主义意识形态建设研究 [M].北京：人民出版社，2005.

[139] 杨立英，等.全球化、网络化境遇与社会主义意识形态建设研究 [M].北京：人民出版社，2006.

[140] 刘明君，等.多样文化冲突与主流意识形态建构 [M].北京：中国社会科学出版社，2008.

[141] 黄传新.构建和谐社会与意识形态建设 [M].合肥：安徽人民出版社，2007.

[142] 张衍前.网络时代执政党意识形态建设研究 [M].北京：中共中央党校出版社，2008.

[143] 陈晓明. 意识形态建设理论的新发展 [M]. 北京：社会科学文献出版社，2008.

[144] 张志祥. 社会主义意识形态建设探析 [M]. 北京：中共中央党校出版社，2008.

[145] 廖胜刚. 新时期社会主义意识形态建设基本经验研究 [M]. 西宁：青海人民出版社，2009.

[146] 郭大方. 执政党政治整合的基石：中国共产党意识形态建设的研究与思考 [M]. 北京：军事科学出版社，2011.

[147] 申小翠. 全球主义批判与当代中国意识形态建设 [M]. 北京：光明日报出版社，2011.

[148] 敖带芽. 社会主义意识形态建设：热问题与冷思考 [M]. 北京：人民出版社，2011.

[149] 石云霞. 十六大以来意识形态建设研究 [M]. 武汉：武汉大学出版社，2012.

[150] 聂立清. 我国当代主流意识形态认同研究 [M]. 北京：人民出版社，2010.

[151] 郑冬芳，等. 冲击我国主流意识形态的错误思潮剖析 [M]. 西安：陕西人民出版社，2010.

[152] 邓正来. 市民社会的理论研究 [M]. 北京：中国政法大学出版社，2002.

[153] 王长江. 现代政党执政规律研究 [M]. 上海：上海人民出版社，2002.

[154] 黄苇町. 苏共亡党十年祭 [M]. 南昌：江西高校出版社，2002.

[155] 梅荣政、张晓红. 论新自由主义思潮 [M]. 北京：高等教育出版社，2004.

[156] 王长江. 政党现代化论 [M]. 南京：江苏人民出版社，2004.

[157] 王永贵 . 经济全球化与中国特色社会主义 [M]. 哈尔滨：黑龙江人民出版社，2003.

[158] 陆学艺 . 当代中国社会阶层研究报告 [M]. 北京：社会科学出版社，2002.

[159] 李庆霞 . 社会转型中的文化冲突 [M]. 哈尔滨：黑龙江人民出版社，2004.

[160] 李培林，等 . 社会冲突与阶级意识 [M]. 北京：社会科学文献出版社，2005.

[161] 马龙闪 . 苏联剧变的文化透视 [M]. 北京：中国社会科学出版社，2005.

[162] 王邦佐，等 . 中国政党制度的社会生态分析 [M]. 上海：上海人民出版社，2000.

[163] 姜华 . 大众文化理论的后现代转向 [M]. 北京：人民出版社，2006.

[164] 郑永廷 . 人的现代化理论与实践 [M]. 北京：人民出版社，2006.

[165] 李辽宁 . 当代中国思想政治教育意识形态功能研究 [M]. 武汉：武汉大学出版社，2006.

[166] 陈海燕，等 . 全球化视域下社会主义的理论与实践 [M]. 济南：山东大学出版社，2007.

[167] 胡惠林 . 中国国家文化安全论 [M]. 上海：上海人民出版社，2005.

[168] 周从标 . 全球化背景下的思想政治教育创新研究 [M]. 北京：中国社会科学出版社，2005.

[169] 张之沧 . 马克思主义与当代西方文化思潮 [M]. 上海：上海人民出版社，2003.

[170] 陈志尚 . 人学原理 [M]. 北京：北京出版社，2004.

[171] 毕红梅 . 全球化视野中的思想政治教育 [M]. 北京：中国社会科学出版社，2006.

[172] 周新城，等.苏联东欧国家的演变及其历史教训 [M]. 合肥：安徽人民出版社，2000.

[173] 阎志民.毛泽东的意识形态学说 [M]. 西安：陕西人民出版社，1993.

[174] 郑永廷.社会主义意识形态发展研究 [M]. 北京：人民出版社，2002.

[175] 王晓德，张晓芒主编.历史与现实：世界文化多样化研究 [M]. 天津：天津人民出版社，2007.

[176] 张志丹.意识形态功能提升新论 [M]. 北京：人民出版社，2017.

[177] 王承哲.意识形态与网络综合治理体系建设 [M]. 北京：人民出版社，2018.

[178] 闫方洁.自媒体时代意识形态工作研究 [M]. 北京：人民出版社，2018.

[179] 王永进.网络意识形态工作话语权研究 [M]. 杭州：浙江大学出版社，2018.

[180] 申文杰.高校意识形态工作领导权、话语权研究 [M]. 北京：光明日报出版社，2020.

[181] 王永进.高校意识形态工作话语权研究 [M]. 上海：上海交通大学出版社，2017.

[182] 杨文华，何翘楚.网络意识形态领导权研究 [M]. 沈阳：东北大学出版社，2017.

[183] 杨静逸.新世纪以来我国高校意识形态工作创新研究 [M]. 北京：经济日报出版社，2019.

[184] 陈艳萍.大数据时代高校意识形态教育工作研究 [M]. 徐州：中国矿业大学出版社，2018.

[185] 姚建军.主流意识形态建设与社会整合研究 [M]. 北京：光明日报出版社，2016.

[186] 夏一璞.互联网的意识形态属性 [M]. 北京：首都经济贸易大学出版社，

2015.

[187] 冯宏良. 国家意识形态安全与马克思主义大众化 [M]. 天津：天津人民出版社，2017.

[188] 申文杰. 马克思主义意识形态话语权理论阐释与实践探索 [M]. 北京：人民出版社，2017.

[189] 张梅主编. 网络文化视域下的意识形态 [M]. 哈尔滨：东北林业大学出版社，2016.

[190] 王娟. 社会思潮与大学生主流意识形态认同 [M]. 天津：天津人民出版社，2017.

[191] 匡长福，中国意识形态面临的挑战与对策研究 [M]. 北京：首都经济贸易大学出版社，2016.

[192] 吴学琴. 当代中国马克思主义意识形态话语体系的研究 [M]. 南京：江苏人民出版社，2018.

[193] 史小宁. 马克思主义视域中意识形态批判及其功能研究 [M]. 北京：中国社会科学出版社，2016.

[194] 陈先达. 坚持马克思主义在意识形态领域指导地位研究 [M]. 北京：经济科学出版社，2015.

[195] 杨永志，吴佩芬. 互联网条件下维护我国意识形态安全研究 [M]. 天津：南开大学出版社，2015.

[196] 朱文婷. 当代中国主流意识形态话语权范式借鉴与自主构建研究 [M]. 武汉：华中科技大学出版社，2019.

[197] 程洪宝. 执政党视域下党的意识形态建构研究 [M]. 北京：新华出版社，2016.

[198] 郭鹏飞. 意识形态价值论 [M]. 北京：人民出版社，2014.

[199] 徐成芳. 坚持马克思主义在我国意识形态领域指导地位研究 [M]. 北京：

人民出版社，2017.

[200] 张骥. 意识形态的战争 [M]. 北京：中国言实出版社，2018.

[201] 杨仁忠. 新时代意识形态建设理论研究 [M]. 北京：经济管理出版社，2019.

[202] 汤家玉. 意识形态基本问题研究 [M]. 长春：吉林人民出版社，2016.

[203] 郭国祥. 马克思主义意识形态理论中国化、时代化、大众化研究 [M]. 上海：上海三联书店，2014.

[204] 杨河. 当代中国意识形态研究 [M]. 北京：北京大学出版社，2015.

[205] 刘慧，李艳. 当代中国意识形态安全现状与路径选择 [M]. 北京：中国社会科学出版社，2015.

三、国外学术著作

[1] 特森. 多样文化主义 [M]. 叶兴艺，译. 长春：吉林人民出版社，2005.

[2] 金里卡. 少数的权利、民族主义、多样文化主义和公民 [M]. 邓红风，译. 上海：上海译文出版社，2004.

[3] 巴拉达特. 政治意识形态与近代思潮（2000 年重译本）[M]. 陈坤森，等，译. 新北：韦伯文化事业出版社，2004.

[4] 杜威. 人的问题 [M]. 上海：上海人民出版社，1965.

[5] 卡西尔. 人论 [M]. 上海：译文出版社，2003.

[6] 赫舍尔. 人是谁 [M]. 贵阳：贵州人民出版社，1994.

[7] 罗奇. 重新思考公民身份 现代社会中的福利意识形态和变迁 [M]. 长春：吉林出版集团有限责任公司，2010.

[8] 巴拉达特. 意识形态起源和影响 [M].10 版. 北京：世界图书出版公司，2010.

[9] 贝尔. 资本主义文化矛盾 [M]. 上海：三联书店，1989.

[10] 萨拜因. 政治学说史（上册）[M]. 盛葵阳，崔妙因，译. 北京：商务印书馆，1986.

[11] 托克维尔. 论美国的民主（下卷）[M]. 董果良，译. 北京：商务印书馆，1988.

[12] 萨义德. 文化与帝国主义 [M]. 李琨，译. 北京：生活·读书·新知三联书店，2003.

[13] 罗素. 中西文明的对比 [M]. 上海：学林出版社，1996.

[14] 马斯洛. 人类价值新论 [M]. 石家庄：河北人民出版社，1988.

[15] 亚里士多德. 政治学 [M]. 吴寿澎，译. 北京：商务印书馆，1981.

[16] 帕尔默，等. 冷战到全球化：意识形态的终结 [M]. 北京：世界图书出版公司，2011.

[17] 葛兰西. 狱中札记 [M]. 北京：人民出版社，1983.

[18] 卢卡奇. 历史与阶级意识 [M]. 重庆：重庆出版社，1989.

[19] 麦克里兰. 意识形态 [M]. 孔兆政，蒋龙翔，译. 长春：吉林人民出版社，2005.

[20] 贝尔. 资本主义文化矛盾 [M]. 上海：三联书店，1989.

[21] 汤普森. 意识形态与现代文化 [M]. 高铦，等，译. 南京：译林出版社，2004.

[22] 德里达. 马克思的幽灵 [M]. 北京：中国人民大学出版社，1999.

[23] 亨廷顿. 文明的冲突与世界秩序的重建 [M]. 北京：新华出版社，1999.

[24] 亨特. 意识形态与美国外交政策 [M]. 北京：世界知识出版社，1999.

[25] 曼海姆. 意识形态与乌托邦 [M]. 北京：商务印书馆，2000.

[26] 詹姆逊. 政治无意识 [M]. 北京：中国社会科学出版社，1999.

[27] 吉登斯. 现代性的后果 [M]. 南京：译林出版社，2000.

[28] 哈贝马斯. 重建历史唯物主义 [M]. 北京：社会科学文献出版社，2000.

[29] 贝尔 . 意识形态的终结：五十年代政治观念衰微之考察 [M]. 南京：江苏人民出版社，2001.

[30] 阿尔都塞 . 保卫马克思 [M]. 北京：商务印书馆，2010.

[31] 汤姆林森 . 全球化与文化 [M]. 南京：南京大学出版社，2002.

[32] 菲斯克 . 解读大众文化 [M]. 南京：南京大学出版社，2001.

[33] 鲍柯克，汤普森 . 宗教与意识形态 [M]. 成都：四川人民出版社，1992.

[34] 卡斯特 . 网络社会的崛起 [M]. 北京：社会科学文献出版社，2001.

[35] 哈贝马斯 . 交往与社会进化 [M]. 重庆：重庆出版社，1989.

[36] 卡斯特 . 认同的力量 [M]. 北京：社会科学文献出版社，2003.

[37] 詹姆逊 . 文化转向 [M]. 北京：中国社会科学出版社，2000.

[38] 马尔库塞 . 单向度的人：发达工业社会意识形态研究 [M]. 刘继，译 . 上海：上海译文出版社，2006.

[39] 马尔库塞 . 单向度的人 [M]. 长沙：湖南人民出版社，1988.

[40] 舍勒 . 人在宇宙中的地位 [M]. 上海：上海文化出版社，1989.

[41] 罗斯金 . 政治学 [M]. 北京：华夏出版社，2002.

[42] 哈贝马斯 . 合法化危机 [M]. 上海：上海人民出版社，2002.

[43] 哈贝马斯 . 作为"意识形态"的技术与科学 [M]. 上海：学林出版社，1999.

[44] 亨廷顿，哈里森 . 文化的重要作用 [M]. 北京：新华出版社，2002.

[45] 齐泽克 . 意识形态的崇高客体 [M]. 北京：中央编译出版社，2002.

[46] 齐泽克，阿多尔诺，等 . 图绘意识形态 [M]. 方杰，译 . 南京：南京大学出版社，2006.

[47] 霍克海默，阿多尔诺 . 启蒙辩证法 [M]. 上海：上海人民出版社，2003.

[48] 雷迅马 . 作为意识形态的现代化 [M]. 北京：中央编译出版社，2003.

[49] 吉登斯 . 社会学 [M]. 四版 . 北京：北京大学出版社，2003.

[50] 福山 . 历史的终结及最后的人 [M]. 北京：中国社会科学出版社，2003.

[51] 麦克莱伦 . 马克思以后的马克思主义 [M]. 北京：中国人民大学出版社，2004.

[52] 拉雷恩 . 意识形态与文化身份：现代性与第三世界的在场 [M]. 上海：上海教育出版社，2005.

[53] 麦克里兰 . 意识形态 [M]. 长春：吉林人民出版社，2005.

[54] 奈 . 硬权力与软权力 [M]. 北京：北京大学出版社，2005.

[55] 麦克奈尔 . 政治传播学引论 [M]. 北京：新华出版社，2005.

[56] 汤普森 . 意识形态与现代文化 [M]. 南京：译林出版社，2005.

[57] 拉伦 . 意识形态与文化身份：现代性和第三世界的在场 [M]. 戴从容，译 . 上海：上海教育出版社，2005.0

[58] 史华慈 . 中国的共产主义与毛泽东的崛起 [M]. 北京：中国人民大学出版社，2006.

[59] 魏斐德 . 历史与意志：毛泽东思想的哲学透视 [M]. 北京：中国人民大学出版社，2005.

[60] 史密斯 . 民族主义理论 意识形态 历史 [M]. 叶江，译 . 上海：上海人民出版社，2005.

[61] 文森特 . 现代政治意识形态 [M]. 袁久红，等，译 . 南京：江苏人民出版社，2005.

[62] John Torrance, Karl Marx's Theory of Ideas, Cambridge University Press, 1995.

[63] J.B.Tompson, Ideology and Modem Culture, Cambridge：Polity Press, 1992.

四、期刊论文

245

[1] 王国炎，汤忠钢."文化"概念界说新论 [J]. 南昌大学学报，2003（2）.

[2] 林滨.当代意识形态的发展与"文化化"[J]. 教学与研究，2011（4）.

[3] 薛蓉.社会主义意识形态功能实现的文化视角[J]. 教学与研究，2009(8).

[4] 李笃武.社会转型期主流意识形态认同危机与对策[J]. 河南师范大学学报，2006（3）.

[5] 石本惠.论中国社会主流意识形态的建构及其整合的功能[J]. 社会主义研究，2006（6）.

[6] 杜仕菊.在多样文化碰撞中把握社会主义意识形态[J]. 理论探索，2007（2）.

[7] 王元骧.文化与意识形态刍议[J]. 高校理论战线，1997（7）.

[8] 方永刚，石家铸.西方国家对我进行意识形态渗透的特点及对策[J]. 南京政治学院学报，2001（3）.

[9] 江秀乐.论民族文化的系统特征[J]. 陕西师范大学学报，2006（9）.

[10] 王晓升.文化：意识形态抑或商品[J]. 哲学动态，2007（11）.

[11] 袁三标.试论多样文化语境中主流意识形态理性权威的建构[J]. 天府新论，2010（2）.

[12] 林红.多样文化交汇中社会主义意识形态主导性探析[J]. 马克思主义与现实，2005（2）.

[13] 王延华.多样文化态势下的意识形态文化诠释[J]. 长春大学学报，2010（7）.

[14] 杨文华.论意识形态的文化形构 [J]. 兰州学刊，2008（6）.

[15] 谢玉亮.基于文化情境下的意识形态建设[J]. 前沿，2011（11）.

[16] 吴学琴.日常生活的意识形态分析及其认同[J]. 马克思主义研究，2009（3）.

[17] 邓秋萍.论多样文化格局背景下坚持社会主义意识形态的主导性[J].

长春理工大学学报，2010（8）.

[18] 王俊拴. 略论思想政治教育的内在张力及其启示 [J]. 江苏高教，2011（2）.

[19] 胡凯，王灵芝. 网络文化的马克思主义人学意蕴 [J]. 学术论坛，2010（3）.

[20] 杨文华. 网络文化的意识形态流变及其攻势 [J]. 上海行政学院学报，2011（3）.

[21] 杨文华. 网络文化的意识形态渗透及其应对 [J]. 中国青年研究，2010（11）.

[22] 卢新德. 文化软实力建设与维护我国意识形态安全 [J]. 山东大学学报，2010（3）.

[23] 王继. 马克思主义社会建设思想探析 [J]. 毛泽东邓小平理论研究，2007（10）.

[24] 何江霞. 多样文化交汇中高校马克思主义意识形态主导性探究 [J]. 社科论丛，2007（6）.

[25] 颜旭. 多样文化态势对社会主义意识形态建设的挑战及对策 [J]. 黑河学刊，2008（1）.

[26] 王瑾. 文化软实力建设与意识形态安全 [J]. 当代世界与社会主义，2009（6）.

[27] 张博颖，苗伟. 文化软实力与社会主义意识形态安全 [J]. 天津社会科学，2010（3）.

[28] 曹和修. 西欧中世纪意识形态人本蕴含探析 [J]. 人民论坛：中旬刊，2011（4）.

[29] 李合亮. 意识形态·意识形态控制力·思想政治教育 [J]. 马克思主义研究，2011（8）.

[30] 王晓升. 意识形态就是把人唤作主体——评阿尔都塞对意识形态的四个规定 [J]. 福建论坛，2006（2）.

[31] 郭艳君. 意识形态研究的文化哲学视角 [J]. 学术研究，2011（2）.

[32] 阎树群，张瑞才．马克思主义社会发展动力理论中国化的历史轨迹与创新成果 [J]．思想战线，2010（6）．

[33] 陈答才．坚决反对腐败是中国共产党始终如一的重大政治任务 [J]．苏州大学学报，2010（3）．

[34] 苏平富，苏晓云．意识形态与人的生存境遇——齐泽克意识形态理论新探 [J]．求索，2010（9）．

[35] 郑永廷．论当代中国社会主义意识形态的发展及特点 [J]．学术研究，2003（5）

[36] 张九海．意识形态概念的发展历史与当代审读 [J]．学术界，2005（3）．

[37] 谢晓娟，郭京龙．意识形态在文化全球化背景下面临的挑战 [J]．中国特色社会主义研究，2002（4）．

[38] 郑永廷．论当代社会主义意识形态的发展与特点 [J]．学术研究，2003（5）．

[39] 宋惠昌．意识形态——政治无意识 [J]．中共中央党校学报，2002（4）．

[40] 郑永廷．论当代中国社会主义意识形态的领域发展 [J]．社会主义研究2003（1）．

[41] 梁周敏，王海昌．当代中国意识形态特征论 [J]．学术研究，2004（5）．

[42] 武展．意识形态与文化的互动关系探微 [J]．学术研究，2009（6）．

[43] 张秀玲．论意识形态的社会控制功能及现实意义 [J]．广东社会科学，2002（4）

[44] 张秀琴．早期西方马克思主义意识形态论研究——以卢卡奇、葛兰西和柯尔施为例 [J]．山东社会科学，2008（12）．

[45] 袁祖社．"人是谁？"抑或"我们是谁？"——全球化与主体自我认同的逻辑 [J]．马克思主义与现实，2010（2）．

[46] 马岩．意识形态与苏联解体 [J]．马克思主义研究，1997（3）．

[47] 张秀琴. 马克思意识形态理论发展的三个阶段 [J]. 马克思主义与现实，2008（5）.

[48] 梁周敏. 当前我国意识形态新特点和面临的主要任务 [J]. 马克思主义研究，2004（3）.

[49] 何林. 论社会主义意识形态安全 [J]. 教育论坛，2005（15）.

[50] 何怀远. 论江泽民社会主义意识形态战略思想 [J]. 扬州大学学报（人文社会科学版），2002（5）.

[51] 张治库. 社会主义意识形态的整合功能 [J]. 社会主义研究，2004（5）.

[52] 廖胜刚. 社会主义意识形态的当代境遇及其回应 [J]. 吉首大学学报（社会科学版），2007（3）.

[53] 陈锡喜. 当前意识形态工作面临的矛盾和加强意识形态工作思路的探索 [J]. 毛泽东邓小平理论研究，2005（5）.

[54] 张骥，张爱丽. 论社会主义核心价值体系与我国意识形态安全 [J]. 社会主义研究，2007（6）.

[55] 郭明飞. 全球化时代挑战我国主流意识形态的西方思潮分析 [J]. 社会主义研究，2007（1）.

[56] 仲崇东. 意识形态终结论评析 [J]. 天津社会科学，2002（4）.

[57] 赵勇，陈锡喜. 开放条件下社会主义意识形态建设路径选择 [J]. 学术论坛，2007（3）.

[58] 宋效峰. 文化全球化与我国的意识形态安全 [J]. 中共天津市委党校学报，2006（3）.

[59] 叶启绩. 中国特色社会主义意识形态的特征 [J]. 中山大学学报（社会科学版），1998（6）.

[60] 胡若雨. 论社会主义意识形态在中国的发展 [J]. 山西大学学报，2005（4）.

[61] 汪国培. 全球化与社会主义意识形态关系探析 [J]. 南京师大学报（社

会科学版），2005（2）.

[62] 何怀远. 论邓小平对社会主义意识形态建设的杰出贡献 [J]. 毛泽东邓小平理论研究，2004（7）.

[63] 李英田，对意识形态几组概念的辨析 [J]. 湖北社会科学，2007（1）.

[64] 朱虹. 论社会主义意识形态的基本功能 [J]. 江汉石油学院学报（社科版），2000（4）.

[65] 萧功秦. 改革开放以来意识形态创新的历史考察 [J]. 天津社会科学，2006（4）.

[66] 马振清. 经济全球化与当代社会主义意识形态建设 [J]. 当代世界与社会主义，2007（1）.

[67] 邱柏生. 关于坚持马克思主义在意识形态领域指导地位的几个问题 [J]. 思想理论教育导刊，2007（10）.

[68] 梅荣政. 用社会主义核心价值体系引领文化思潮的政策探索 [J]. 毛泽东邓小平理论研究，2008（10）.

[69] 李英田. 意识形态建设方式正在发生转变 [J]. 人民论坛，2009（3）.

[70] 王秀阁. 加强意识形态建设是构建社会主义和谐社会之必需 [J]. 马克思主义研究，2006（12）.

[71] 房玫. 关于中国在全球化进程中坚持并巩固马克思主义主流意识形态地位的思考 [J]. 当代世界与社会主义，2007（3）.

[72] 梅荣政，荣枢. 研究马克思主义中国化史的指导原则 [J]. 马克思主义研究，2010（1）.

[73] 杨金玲. 如何正确认识全球化下的多样文化 [J]. 理论界，2007（11）.

[74] 张岱年. 中国文化的基本精神 [J]. 齐鲁学刊，2003（3）.

[75] 王永贵，邱斌. 深化全球化背景下当代我国意识形态建设研究 [J]. 毛泽东邓小平理论研究，2006（10）.

[76] 张骥,等.网络时代中国文化安全面临的冲击与对策[J].社会主义研究,2001（4）.

[77] 秋石.为什么必须坚持马克思主义在意识形态领域的指导地位而不能搞指导思想的多样化[J].求是,2009（6）.

[78] 费孝通,李亦园.中国文化与新世纪的社会学人类学[J].北京大学学报,1998（6）.

[79] 李庆本.全球一体化与多样文化[J].中国文化研究,1999（1）.

[80] 赵玉华.中国传统文化基本内涵探析[J].东岳论丛,2003（9）.

[81] 亨廷顿.再论文明的冲突[J].新华文摘,2003（16）.

[82] 徐海波."意识形态"与科学性[J].学术界,2002（1）.

[83] 梅荣政,杨瑞.推进对马克思主义中国化、时代化、大众化的科学认识[J].思想理论教育,2010（7）.

[84] 温雪梅.文化全球化与多样文化的辩证关系[J].天津市工会管理干部学院学报,2002（1）.

[85] 张雷声.从整体性角度推进马克思主义大众化「J」.学术界,2010（6）.

[86] 靳辉明.中国特色社会主义理论科学体系的形成及逻辑结构[J].马克思主义研究,1997（5）.

[87] 李英田.从利益入手增强社会主义意识形态的吸引力和凝聚力[J].学习与实践,2008（1）.

[88] 韩源.中国主导意识形态建设的知识社会学考察[J].江汉论坛,2006(1).

[89] 何萍.意识形态与当代中国[J].毛泽东邓小平理论研究,2006（1）.

[90] 梅荣政,杨瑞.历史虚无主义思潮的泛起与危害[J].思想理论教育导刊,2010（1）.

[91] 黄蓉生.论提炼社会主义核心价值观的深厚基础[J].学校党建与思想教育,2010（22）.

[92] 徐海波."意识形态"研究的困境 [J]. 江西社会科学，2003（4）.

[93] 赵勇. 中国特色的社会主义意识形态的变化和生成 [J]. 探索，2006（6）.

[94] 颜旭. 关于增强社会主义意识形态吸引力的思考 [J]. 内蒙古社会科学，2008（1）.

[95] 王永贵. 论我国现阶段社会主义意识形态建设的目标指向及实现机制 [J]. 当代世界与社会主义，2009（1）.

[96] 袁祖社."文化公共性"价值信念的自觉与马克思主义哲学的自性澄明：学理视界多重变移的迷茫与新典范创造的理论诉求 [J]. 学术月刊，2009（12）.

[97] 张骥、方晓强. 论网络文化对我国社会主义意识形态建设的影响 [J]. 求实，2009（2）.

[98] 李培林. 社会结构转型理论研究 [J]. 哲学动态，1995（2）.

[99] 张雷声. 论社会主义社会主流意识形态 [J]. 马克思主义研究，2008（4）.

[100] 郑逸芳. 理性看待先富阶层 [J]. 福建师范大学学报，2004（1）.

[101] 孟浩明. 关于现阶段我国意识形态建设问题的战略思考 [J]. 马克思主义研究，2005（5）.

[102] 孟庆艳. 马克思意识形态理论科学性的阐释 [J]. 辽宁大学学报，2006（2）.

[103] 金延. 自由的现实存在的反思——黑格尔社会批判理论评析 [J]. 文史哲，2007（4）.

[104] 王继. 中国社会现代化错失机遇的历史考察 [J]. 社会学研究，2001（3）.

[105] 王永贵. 马克思主义意识形态理论的新发展 [J]. 南京师范大学学报，2007（5）.

[106] 石丽琴. 论多样化背景下社会主义意识形态建设 [J]. 思想教育研究，2009（9）.

[107] 汉明，吴海霞. 意识形态研究的回顾与总结 [J]. 社会科学战线，2005（5）.

[108] 戴焰军. 改进执政党的意识形态工作 [J]. 学习论坛，2007（9）.

[109] 沈湘平. 与时俱进地建构党的先进意识形态 [J]. 中国特色社会主义研究，2002（5）.

[110] 雷青松. 执政党的意识形态特征与我们党的意识形态建设 [J]. 理论与改革，2006（5）.

[111] 叶启绩. 中国特色社会主义意识形态的特征 [J]. 中山大学学报 1998（6）.

[112] 王振亚. 人的主体性建构：社会主义政治文明的人本规定 [J]. 科学社会主义，2007（4）.

[113] 马启民. 关于马克思主义中国化若干经验教训的思考 [J]. 马克思主义研究，2009（7）.

[114] 袁三标. 从话语权视角看国家意识形态的现代性转化 [J]. 党政论坛，2007（7）.

[115] 王永贵. 新中国 60 年社会主义意识形态建设的基本经验 [J]. 江海学刊，2009（5）.

[116] 廖胜刚. 新时期社会主义意识形态创新及其基本经验 [J]. 理论月刊，2008（3）.

[117] 张秀玲. 社会主义意识形态及我国意识形态建设 [J]. 江西社会科学，2003（1）.

[118] 魏则胜. 21 世纪我国意识形态的文化回应 [J]. 探索，2002（4）.

[119] 王体正，王皓. 党的三代领导核心关于意识形态问题的论述 [J]. 湖北大学学报，2002（3）.

[120] 徐海波. 中国特色社会主义意识形态在"大众文化"中的转化研究 [J]. 社会主义研究，2007（1）.

[121] 王俊拴. 略论思想政治教育的内在张力及其启示 [J]. 江苏高教，2011（2）.

[122] 阎树群. 马克思主义中国化最新成果的多维意蕴 [J]. 马克思主义研究，

2010（9）.

[123] 秦宣. 改革开放以来党的意识形态建设的基本经验 [J]. 思想政治工作研究，2009（5）.

[124] 赵周贤，徐志栋. 信息技术发展趋势与意识形态安全 [J]. 红旗文稿，2014（24）.

[125] 龚旭芳. 论社会主义核心价值观形成与确立的内在逻辑 [J]. 学校党建与思想教育，2014（24）.

[126] 崔翠，王立荣. 意识形态安全与国家文化软实力 [J]. 东南大学学报（哲学社会科学版），2014（S2）.

[127] 李海. 主流意识形态安全视域下的社会主义核心价值观培育 [J]. 科学社会主义，2014（6）.

[128] 侯惠勤. 意识形态话语权初探 [J]. 马克思主义研究，2014（12）.

[129] 张一，罗理章. 当代西方社会思潮对我国主流意识形态的影响及对策 [J]. 理论与改革，2014（6）.

[130] 张志丹. 意识形态概念上的"列宁与马克思对立说"献疑 [J]. 南京政治学院学报，2014（6）.

[131] 王永贵，夏禹. 邓小平意识形态建设思想及其现实意义 [J]. 马克思主义研究，2014（10）.

[132] 杨建新. 中国梦的思想根基与意识形态价值 [J]. 马克思主义研究，2014（10）.

[133] 赵欢春."国家治理"理念下意识形态安全探析 [J]. 马克思主义研究，2014（10）.

[134] 郑永扣. 社会主义核心价值观之于中国精神的三重意义 [J]. 社会主义核心价值观研究，2015（1）.

[135] 魏建国. 牢牢把握意识形态工作主导权的若干思考 [J]. 中共济南市委

党校学报，2015（6）.

[136] 李辽宁. 当前我国意识形态建设亟须澄清的几个理论问题 [J]. 马克思主义研究，2015（12）.

[137] 金朝晖. 试析十八大以来党中央坚持马克思主义的新要求新举措 [J]. 毛泽东邓小平理论研究，2015（11）.

[138] 颜旭. 当前我国意识形态安全面临的主要威胁及对策 [J]. 中国井冈山干部学院学报，2015,8（6）.

[139] 张耀灿. 推进综合改革创新建设思想政治理论课 [J]. 中国高等教育，2015（21）.

[140] 张建明. 从战略高度认识高校意识形态工作 [J]. 求是，2015（21）.

[141] 郇庆治. 生态文明理论及其绿色变革意蕴 [J]. 马克思主义与现实，2015（5）.

[142] 蔡晓红，李春华. 以"三个自信"筑牢意识形态安全屏障 [J]. 红旗文稿，2015（18）.

[143] 郭凤志. 加强高校意识形态建设的文化主体意识及话语体系创新 [J]. 红旗文稿，2015（18）.

[144] 沈贺. 马克思主义与社会主义核心价值观关系辨析 [J]. 思想教育研究，2015（8）.

[145] 叶娜. 互联网时代如何巩固党在意识形态领域主导权 [J]. 人民论坛，2015（23）.

[146] 邹庆华. 推进主流意识形态认同机制建设 [J]. 理论探索，2015（4）.

[147] 李鸿忠. 切实肩负起意识形态工作的主体责任 [J]. 求是，2015（8）.

[148] 孟威. 当前中国中产阶层意识形态特征及其网络聚像 [J]. 人民论坛，2016（36）.

[149] 姜志强. 马克思主义视野下意识形态领导权的多视角阐释 [J]. 马克思

主义研究，2016（12）.

[150] 王伟光.学习贯彻落实习近平总书记关于哲学社会科学重要讲话精神，加快构建中国特色哲学社会科学 [J]. 中国社会科学，2016（12）.

[151] 林芳.意识形态媒介传播与话语权构建的哲学反思 [J]. 中共福建省委党校学报，2016（11）.

[152] 胡刚.当代中国马克思主义意识形态话语权的审视与建构 [J]. 社会主义研究，2016（5）.

[153] 梁培林，靳晓斌.国家治理视域下的意识形态话语权建设 [J]. 广西社会科学，2016（9）.

[154] 张波，谈娅.网络评论的意识形态解构及引导 [J]. 中共天津市委党校学报，2016（5）.

[155] 庄文城.论意识形态话语权的本质与建设之要 [J]. 中国社会科学院研究生院学报，2016（5）.

[156] 丁俊萍，谭晓玲.马克思主义理论研究和建设工程实施情况的研究述评 [J]. 理论月刊，2016（9）.

[157] 甘晖.牢牢把握高校意识形态工作的主动权 [J]. 学校党建与思想教育，2016（17）.

[158] 吴家庆，曾贤杰.实施国家大数据工程维护意识形态安全 [J]. 湖南师范大学社会科学学报，2016,45（4）.

[159] 张一.多样文化场域下中国主流意识形态建设的五个统一 [J]. 黑龙江社会科学，2016（4）.

[160] 李合亮，高庆涛.十八大以来共产党对意识形态认识的创新与深化 [J]. 马克思主义研究，2016（7）.

[161] 赵剑英.论十八大以来中国共产党意识形态理论创新 [J]. 马克思主义研究，2016（7）.

[162] 葛舒阳. 中国特色新型智库的意识形态价值探析 [J]. 学校党建与思想教育，2016（12）.

[163] 钟君. 中国特色社会主义进入新时代的政治逻辑 [J]. 红旗文稿，2017（24）.

[164] 李辽宁. 着力提升主导意识形态的竞争力 [J]. 思想教育研究，2017（12）.

[165] 朱继东. 努力开创新时代意识形态工作新局面 [J]. 红旗文稿，2017（22）.

[166] 郑洁. 大数据时代我国意识形态安全面临的机遇、挑战与对策 [J]. 教学与研究，2017（11）.

[167] 曹建文. 警惕自媒体舆论场中非主流意识形态话语表达的"泛自由化"[J]. 红旗文稿，2017（20）.

[168] 张蕴. 用马克思主义引领社会思潮走向 [J]. 人民论坛，2017（28）.

[169] 刘丽. 习近平意识形态思想探析 [J]. 科学社会主义，2017（4）.

[170] 揭晓，王永贵. 新媒体空间生产与社会主义意识形态大众传播 [J]. 社会主义研究，2017（4）.

[171] 王永贵，岳爱武. 着力打造清朗的网络空间——学习习近平总书记网络意识形态治理思想的重要论述 [J]. 中南民族大学学报（人文社会科学版），2017,37（4）.

[172] 邓卓明，王刚. 新时代引领社会思潮的价值意蕴 [J]. 思想教育研究，2018（12）.

[173] 韩致宁. 当代中国意识形态工作史研究的国内相关学术史梳理 [J]. 科学社会主义，2018（6）.

[174] 姜迎春. 社会主义意识形态发展的"三个辩证统一"[J]. 人民论坛，2018（34）.

[175] 李洁. 思想论争是意识形态阵地建设的必然选择 [J]. 思想教育研究，2018（11）.

[176] 陈联俊. 网络空间党的政治建设问题探析 [J]. 当代世界与社会主义, 2018（5）.

[177] 张珍荣. 在强化党建中筑牢高校思想堡垒 [J]. 人民论坛, 2018（23）.

[178] 吕峰, 王永贵. 新时代我国主流意识形态话语权建构的多重维度 [J]. 社会主义研究, 2018（4）.

[179] 王永贵. 不断开辟中国特色社会主义意识形态建设的新境界——新中国 70 年意识形态建设的历程、经验和新时代前景 [J]. 当代世界与社会主义, 2019（5）.

[180] 吴文新. 运用唯物史观防范化解意识形态风险 [J]. 人民论坛, 2019（26）.

[181] 高中建. 主流意识形态的自媒体话语研究——关系逻辑、矛盾冲突、生产调控 [J]. 求索, 2019（5）.

[182] 李慎明. 重点做好国内改革、发展和稳定工作——我国未来发展重要战略机遇期的相关问题 [J]. 毛泽东邓小平理论研究, 2019（8）.

[183] 何虎生, 赵文心. 论习近平关于意识形态工作重要论述的五重特征 [J]. 马克思主义理论学科研究, 2019,5（4）.

[184] 陈锡喜. 中国梦的意识形态底蕴再探究 [J]. 马克思主义与现实, 2019（4）.

[185] 黄明理. 论新时代意识形态的批判精神 [J]. 马克思主义与现实, 2019（4）.

[186] 范美香. 新时代意识形态治理的使命担当与实现路径 [J]. 南通大学学报（社会科学版）, 2019, 35（4）.

[187] 贾鹏飞. 新时代意识形态建设理念创新析论 [J]. 东南学术, 2019（4）.

[188] 曹建文. 话语权视域下维护意识形态安全的"三重逻辑" [J]. 马克思主义研究, 2019（6）.

[189] 贾立政. 关于新发展阶段意识形态领域使命的思考 [J]. 人民论坛·学

术前沿，2020（24）.

[190] 程桂龙. 以总体国家安全观指导网络意识形态安全治理 [J]. 中学政治教学参考，2020（41）.

[191] 赵立峰. 马克思"意识形态阶层"思想及现代意义 [J]. 马克思主义研究，2020（12）.

[192] 张林. 自媒体"舆论圆桌"的意识形态负效应及其治理 [J]. 理论导刊，2020（12）.

[193] 张红建，商植桐. 推进马克思主义在意识形态领域指导地位制度化的三维解读 [J]. 理论导刊，2020（12）.

[194] 陈建兵，郝一博. 新时代意识形态"人民话语"及其重要意义 [J]. 湖湘论坛，2020，33（6）.

[195] 王哲. 近年来错误思潮表现方式的变化及应对 [J]. 当代世界与社会主义，2020（5）.

[196] 张传泉. 新时代中国特色社会主义话语权探析 [J]. 科学社会主义，2020（5）.

[197] 陈留根. 坚持马克思主义在意识形态领域指导地位根本制度的三重逻辑 [J]. 社会主义研究，2020（5）.

[198] 邱源泉，粟迎春. 论主流意识形态凝聚力和引领力的生成逻辑 [J]. 新疆社会科学，2020（5）.

[199] 夏玉汉. 习近平关于意识形态工作方法论述的辩证思维 [J]. 思想理论教育导刊，2021（4）.

[200] 唐爱军. 百年未有之大变局中的中国意识形态战略选择 [J]. 思想理论教育导刊，2021（4）.

[201] 田旭明，李阳. 中国共产党提升社会号召力的百年历史经验 [J]. 科学社会主义，2021（2）.

[202] 段鹏. 5G 背景下互联网主流意识形态传播机遇、挑战与创新路径 [J].

中国出版，2021（6）.

[203] 宋辰婷. 5G 数字技术赋能下网络权力的拓展 [J]. 社会科学辑刊，2021（2）.

[204] 韩昀. 习近平关于意识形态工作重要论述的逻辑探析 [J]. 理论学刊，2021（2）.

[205] 肖唤元，郑晶晶. 新时代党的意识形态工作制度化取向论析 [J]. 当代世界与社会主义，2021（1）.

[206] 徐阔. 新时代学校意识形态建设略探 [J]. 中学政治教学参考，2021（7）.

[207] 贾鹏飞. 论马克思主义意识形态创新的三重边界 [J]. 思想理论教育，2021（2）.

[208] 王易. 增强人民精神力量推进文化强国建设 [J]. 红旗文稿，2021（2）.

[209] 郝保权. 网络意识形态治理新趋势 [J]. 马克思主义研究，2021（1）.

[210] 崔庆君，张士海. 新时代中国共产党意识形态领导权的生成逻辑 [J]. 山东社会科学，2021（1）.

[211] 乐志二，郝时远. 在差异中求和谐、求统一的思考 [J]. 国际经济评论，2005（11）.